Ein sehr vornehmer Reiher spricht französisch; das Schwein Tip bringt die anderen mit seinen Sprüchen zum Lachen, bis es Dickster ist und geschlachtet wird; der Bär Burlót hat einen kalten Po ... Anton Koolhaas hat aus der traditionellen Tiergeschichte etwas völlig Neues gemacht. Seine Bären und Flöhe, Reiher, Schweine und Schwäne sind keine Menschen-Stellvertreter, die uns deren Charakterschwächen vor Augen führen sollen, sondern eben Bären, Flöhe, Reiher, etc., die in ihrer Welt leben, der Welt der Tiere, in der der Mensch allenfalls als Bedrohung vorkommt. »Anrührende, faszinierende, seltsame Geschichten. Nicht die Tiere werden vermenschlicht, sondern der Mensch, in diesem Falle der Leser, wird ins Wesen der Tiere eingeweiht.« (Roland Weis, Radio FR1, Freiburg)

Anton Koolhaas, 1912 in Utrecht geboren, arbeitete als Journalist, Theater- und Ballettkritiker und wurde 1968 Direktor der Niederländischen Filmakademie. Er publizierte Theaterstücke, Romane und Erzählungen und wurde bei einem großen Publikum vor allem mit seinen Tiergeschichten berühmt. Sie zählen heute zum »klassischen« Bestand der niederländischen Gegenwartsliteratur und begeistern in immer neuen Ausgaben und Auflagen junge wie alte Leser. Koolhaas erhielt kurz vor seinem Tod (1993) die bedeutendste literarische Auszeichnung der Niederlande, den P. C. Hooft-Prijs.

Anton Koolhaas

Der dünne Pelz des Bären Burlót

Tiergeschichten

Illustriert von Peter Vos
Deutsch von Ira Wilhelm

Deutscher Taschenbuch Verlag

Ungekürzte Ausgabe
November 1998
Deutscher Taschenbuch Verlag GmbH & Co. KG,
München

Umschlagkonzept: Balk & Brumshagen
Umschlagbild: © Wolf Erlbruch
Satz: Fotosatz Reinhard Amann, Aichstetten
Druck und Bindung: C. H. Beck'sche Buchdruckerei,
Nördlingen
Gedruckt auf säurefreiem, chlorfrei gebleichtem Papier
Printed in Germany · ISBN 3-423-12579-9

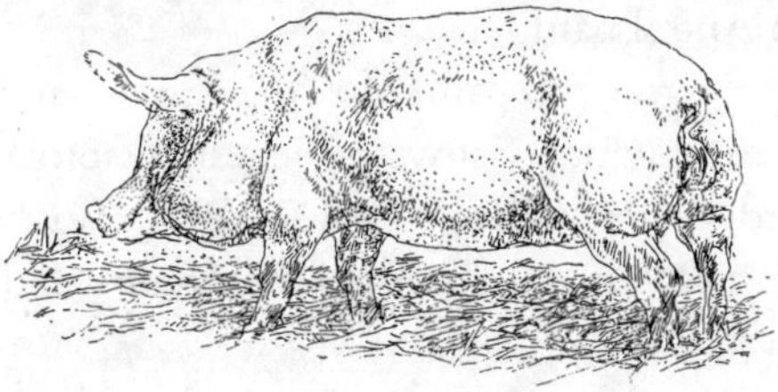

Herr Tip ist der dickste von allen

»Alles paletti?«

Mit dieser Frage begrüßte das Schwein Tip morgens im Koben seine Schweinegenossen. Tip war ein junges und fröhliches Schwein, und wenn er die Frage gestellt hatte, schaute er die anderen unter seinen etwas drollig nach vorn gestellten Ohren verschmitzt forschend an, bis er eine Antwort bekam. Das machte er auf eine so unwiderstehliche Art, daß sich alle redlich bemühten, die Antwort einigermaßen vergnüglich klingen zu lassen, so daß bei Tips Rundgang durch den Koben Dinge wie diese zu hören waren:

»Palettikaleppi«, »Leiden Sie unter fetten Beinen?« oder »Schlabber dich durchs Schlabberland« und der geistreichen Sätze mehr, denn Schweine sind von tüchtigem Verstand und haben an einem halben Wort genug.

Nachdem Tip seinen Rundgang bei den dreizehn Schweinen im Koben beendet und sie gefragt hatte, wie es denn ginge, stellte er sich auf die Hinterbeine und schaute über

die Trennwand in den Verschlag zur Linken. Dort lag die Sau Ali 4 mit sieben Jungen, die ein paar Monate nach Tip auf die Welt gekommen waren, an der Konversation aber schon regen Anteil nahmen.
»Palettikaleppi«, rief Tip dann über die Trennwand hinunter, worauf die kleinen Schweine jedesmal sofort äußerst munter wurden. »He, Tip«, riefen sie sehr erwachsen und stellten sich in einem Halbkreis vor die Trennwand, auf die Tip sich stützte.
»Was habt ihr uns voraus?« fragte Tip sie dann.
»Das Alter«, riefen die sieben aus einem Munde.
»Was ist euer Dank?«
»Gestank!« johlten die Kleinen, die jedoch noch kaum stanken und obendrein sehr sauber waren. Und zum saukomischen Abschluß des Ganzen rief Tip noch: »Wem blasen wir den Marsch?«
»Dem Huhn mit dem nackten Arsch«, jauchzten die sieben; mit einigem Recht, denn das war gar nicht so einfach auswendig zu lernen gewesen.
An dieser Stelle ließ sich Tip von der Trennwand herab und wartete mit frohgestimmtem Herzen auf das stets wiederkehrende Ergebnis. Die sieben im anderen Verschlag stellten sich nun ihrerseits auf die Hinterbeine und versuchten über die Trennwand zu schauen. Aber sie waren noch zu klein dazu, und man konnte nur ihre kleinen Schnauzen sehen, wie sie oben auf der Trennwand entlangrüsselten und wieder verschwanden. Ein außerordentlich vergnügliches Schauspiel, das die Schweine in Tips Koben immer wieder heiteren Sinnes verfolgten, und so herrschte, noch ehe der Morgen richtig begonnen hatte, zumindest in diesen beiden Koben prächtige Laune.
Nachdem Tip eine Weile dem Tanz der Schnauzen zugeschaut hatte, wandte er sich der Trennwand zu seiner

Rechten zu. Er stellte sich wieder auf die Hinterbeine und lehnte sich hinüber.
In diesem Verschlag lag Mort, der Zuchteber, ihrer aller Erzeuger. Mort war ein Morgenmuffel und ein Hypochonder, der immer glaubte, sterben zu müssen.
»Das ist mal wieder ein ziemlich fideler Haufen«, sagte Tip und deutete mit dem Kopf hinter sich, als ob er mit alledem nichts zu tun hätte und es für vernünftiger hielte, ein so beschauliches Leben zu führen wie Mort.
Der Vater von ihnen allen stöhnte leise.
»Schon wieder eine schlechte Nacht gehabt?« fragte Tip. In Morts Stöhnen mischte sich nun ein stark unterdrücktes, aber doch schrilles Quieken. »Ich kann nicht mehr pissen!« flüsterte er, was nun gewiß nicht der Wahrheit entsprach – denn Tip konnte sich durch einen Blick in Morts Verschlag unmittelbar vom Gegenteil überzeugen. Morts Mitteilung machte ihn dennoch traurig. »Ach je, das ist was!« sagte er und betrachtete Mort, der seine Ohren nun in voller Länge über die Augen geklappt hatte und in Erwartung weiterer körperlicher Beschwerden unter diesen kleinen Dächern hervor borstig ins Leere stierte.
Tip hatte das Gefühl, noch ein paar tröstende Worte sagen zu müssen, aber die anderen Schweine seines Kobens waren über die Versuche der kleinen Nachbarn, einen Blick über die Trennwand zu erhaschen, so heiter geworden, daß Ferry, eines der Schweine aus Tips Verschlag, ihm den Kopf zwischen die Hinterbeine steckte und ihn ruckweise nach oben bugsierte, wobei Tip jedesmal ein Stückchen höher über Morts Trennwand wippte und wieder zurücksank. Er schrie innerlich vor Lachen, denn es war ein irrwitziges Gefühl und außerdem eine teuflisch gute Idee von Ferry, aber es paßte nicht besonders gut zu Morts Morgenjeremiade. Er spürte, daß er sich schleunigst dem Trei-

ben hinter sich zuwenden mußte, denn Ferry hob ihn, je länger es dauerte, immer höher. Gleichzeitig aber ärgerte es ihn auch ein wenig, daß er dadurch an weiteren Betrachtungen über Mort gehindert wurde, denn ehrlich gesagt bezweifelte er inzwischen ernsthaft, daß bei der Frage, ob Mort würdig oder eher widerwärtig sei, ersterem überhaupt eine reelle Chance eingeräumt werden konnte. Im Moment jedoch war das nicht zu entscheiden, denn Ferrys Spaßvogeleien wurden so heftig und alleserschütternd, daß Tip unfreiwillig ein ausgelassenes Quieken ausstieß, worüber sich Mort, der noch nichts von den fröhlichen Unternehmungen im Koben neben sich bemerkt hatte, höchlich wunderte. Er hob eines seiner Ohren und sah, wie Tip, blitzend vor Blödsinn, beinahe über die Trennwand gehoben wurde.

»Wir werden uns darüber ein andermal den Kopf zerbrechen«, hörte er Tip unter kehligem Gelächter sagen, aber zu mehr kam dieser nicht, denn der drollige Ferry hob ihn nun sehr hoch und bewegte sich gleichzeitig nach vorne, so daß Tip plötzlich allen Halt verlor und rücklings über Ferry weg in den Koben fiel. Als Tip so allerplötzlichst verschwunden war, klappte Mort das Ohr wieder zurück, murmelte »Läusesprengel« und duselte ein.

Nachdem Tip wieder auf allen vieren stand, ging er mit Ferry tüchtig ins Gericht. Es gab einen dumpfen Laut, als sie aufeinanderprallten, aber Tip hatte zuwenig Kraft eingesetzt, und Ferry blieb aufrecht stehen. »Heut ist der Tag der Kartoffelknolle und des Börsenkrachs, Jungs«, rief Tip. Im gleichen Augenblick war das übrige Dutzend ebenfalls auf den Beinen, und vierzehn Schweine rasten wie irr durch den Stall, wobei sie dauernd aneinanderstießen, übereinanderstrauchelten, durcheinandersausten, sich mitunter aber auch behende auswichen. Der Witz an der

Sache war, sich zu viert oder zu fünft in eine Ecke des Verschlags zu kauern und so zu tun, als ob es von dort kein Entkommen mehr gäbe. Ferry und Tip hatten dann die Aufgabe, den Knoten zu lösen, was immer sehr lustig war, weil sie sich dabei völlig aberwitziger Kommandos bedienten. »Hievt das Schielauge aus der Ölwanne«, schrie Ferry und gab Simon Artzt (dem dicksten in der Schweinemannschaft) einen Puff in den Bauch, der dann schreiend vor gespieltem Schmerz rückwärts bis in die äußerste Ecke des Kobens raste, um dort mit seinem dicken Hinterteil derart laut gegen die Wand zu donnern, daß sich alle schimmelig lachten. Angespornt durch diese Hochstimmung, klatschte Simon sofort ein zweites Mal mit dem Hintern gegen die Wand und quiekte dabei wie ein Wahnsinniger. Er brachte den Haufen fast um den Verstand, wenn er dann wie ein Gummiball zurückprallte, auf seinen kurzen Beinen zurück zum Knäuel in der Ecke hastete und sich wieder zwischen die anderen drängelte, um dort kraftlos und mit hängendem Kopf stehenzubleiben. Hätte man ihm unter den Ohren in die Augen geschaut, hätte man die Vorfreude darin blitzen sehen können, denn nun folgte etwas ganz Besonderes: Tip und Ferry setzten alles daran, um Simon Artzt von neuem aus dem Gedrängel zu locken. Sie knabberten an der äußersten Falte seines Ohrs, wo es in den Nacken überging, und flüsterten Verrücktheiten wie: »Lakritzlachen, die in keine Fässer passen« und »Mariechen liegt zu Bette, an Pfoten und an Flügeln krank«, worüber sich Simon Artzt so kwibbelig und schlapp lachte, daß er schmatzte und sabberte, sich mit einem Ruck hochwarf, drehte und wendete und mit den Vorderbeinen über die Rücken seiner Kumpane ruderte, bis er frei war und allein inmitten des Verschlags stand. Dann riefen alle wie aus einem Munde:

»Fetter Bums, der Ferkelkneifer
taugt nicht viel als Scherenschleifer.«

Nachdem Simon dies voll Wonne vernommen hatte, trottete er in seine Ecke und legte sich hin. Früher hatte er oft noch eine Weile das übermütige Treiben der anderen beobachtet, aber neuerdings verspürte er dazu nicht mehr die rechte Lust. Und als Tip und Ferry dann noch einmal versuchsweise sein Ohr beknabberten und leise wieder von Marie und den Lakritzlachen anfingen, wurde Simon grantig und griesgrämig und schnauzte sie an: »He, was soll das? Laßt mich in Ruhe!«
Dieses Spiel wurde immer mit dem Dicksten im Koben gespielt. Logischerweise kam jeder einmal an die Reihe, denn der Bauer kam regelmäßig in den Koben, klopfte dem Dicksten prüfend auf die Flanken, kraulte ihn im borstigen Nacken und zerrte ihn dann aus der Gesellschaft in den Gang hinaus. Da der Dickste niemals zurückkam, wurde deshalb unverzüglich ein anderer zum Dicksten ernannt. Manchmal fungierte auch der Zweitdickste schon als Dickster, bevor der tatsächlich Dickste abgeholt wurde, weil der Dickste keine Lust mehr hatte, mit den anderen zu spielen. Es war immer das gleiche: Erst spielte er einige Tage lang mit erkennbar weniger Spaß und nur mehr aus Pflichtgefühl, um schließlich ganz damit aufzuhören. Dann konnte man tun, was man wollte, der Dickste wurde nur noch wütend. Wenn man trotzdem weitermachte, schrie er schließlich »He« oder »He, was soll das?«, oder »Laßt mich in Ruhe!« und schnappte nach einem. Am nächsten Tag wurde der Zweitdickste vorzeitig zum Dicksten ernannt und mußte mit dem Hintern voraus gegen die Wand rennen und es so laut wie möglich klatschen lassen. Dem ehemals Dicksten ließ man für den Rest des Tages

oder manchmal sogar für einige Tage lang seine Ruhe, bis der Bauer kam, um ihn abzuholen. Warum dem Dicksten diese Ehrfurcht entgegengebracht wurde, wußte niemand, vielleicht aus Angst oder aus Ahnungslosigkeit. Es war immer ein nervenaufreibender Augenblick, wenn der Dickste oder, wie einige Male auch geschehen, mehrere der Dicksten gleichzeitig aus dem Koben hinausbugsiert wurden. Man lehnte sich dann über die vorderste Trennwand des Verschlags und schaute ihnen nach, wie sie langsam an den anderen Verschlägen des Stalls vorbeitrabten und schließlich durch die Stalltür ins Licht verschwanden. Sie gingen mit Sicherheit nach draußen, wo möglicherweise etwas war, wo man hinmußte, wenn man nicht mehr spielen wollte.

Wie dem auch sei: Wer zerbricht sich darüber schon gerne den Kopf? Jedenfalls kam danach immer ein Neuer in den Koben; manchmal sogar mehrere, die etwa die gleiche Größe hatten oder einen Deut kleiner waren und so schnell wie möglich in die Clubgeheimnisse eingeweiht werden mußten.

Oft, wenn einer abgeholt wurde, hatte Tip das Bedürfnis, über die Trennwand zu Mort hinüberzuschauen, denn der war noch viel größer und dicker als derjenige, der gerade weggebracht worden war. An Mort konnte man gewissermaßen sehen (so dachte sich Tip), was später wurde. Auch nachdem Simon Artzt »He, was soll das?« geschnauzt und damit sozusagen seinen Weggang angekündigt hatte, ging Tip wieder zur Trennwand und schaute zu Mort hinüber. Ihrer aller Erzeuger hatte sich nach Tips plötzlichem Verschwinden auf die andere Seite gedreht und starrte vor sich hin ins Leere. Er überließ sich mit großer Lust einer uferlosen Melancholie und begann zu diesem Zweck mit einem seiner famosesten Kunststücke: einem tief aus der

Kehle hervorschnarrenden Grunzen, das in einen kleinen Schluchzer mündete. Es war wie das Schluchzen eines sehr jungen, noch sehr zarten Wesens, das plötzlich vollkommen schutzlos und verlassen war und unfähig, einer widrigen Situation zu trotzen. Es folgte siebenfaches Gegrunze mit anschließendem Schluchzer plus Variationen, in denen sich der leichte und zarte Charakter des Schluchzens in einen Ton wissenden Schmerzes verwandelte, gesättigter und gewichtiger wurde und einen stetig wachsenden Beiklang von Bösartigkeit bekam. Das Schluchzen, das zuerst ein kaum hörbarer Ausläufer des Grunzens gewesen war, verdrängte das Grunzen schließlich ganz und geriet zu einem quiekenden Gejammer, das Morts enormen, schwer atmenden Leib durchschüttelte.

Tip hatte sich gerade über die Trennwand gelehnt, als die Schluchzer einsetzten. Sie erinnerten ihn an die Schluchzer, die er von sich gab, wenn er bei seiner Mutter eine besonders ertragreiche Zitze ergattert hatte. Kein Grund zum Schluchzen, könnte man meinen, doch der Überfluß, den Tip dort vorfand, oder die Glückseligkeit (der eigenen bestürzenden Geringfügigkeit angesichts des riesigen Mutterbergs zum Trotz) trugen bereits den Kummer darüber in sich, daß es damit dereinst ein Ende haben werde. Denn das Glück ist bei einem Ferkel stets mit zweierlei gepaart: mit der Unruhe, immerzu etwas anderes erleben zu wollen, und mit der Dummheit des Körpers, der satt wird, bevor sich die Glückseligkeit der Sattheit für immer in ihm niederlassen kann. Folglich schluchzte Tip bei einer außerordentlich guten Zitze immer leise. Genau wie Mort zum Auftakt seiner Variationen.

Daß an Mort alles versaut war, entging Tip nicht im mindesten. Er betrachtete die kleinen Schweinsfüße dieses von Mißmut geschüttelten Riesenwesens, die im Orkangebrüll des Schmerzes sinnlos hin und her zuckten. Plötzlich hielt Mort inne, um nachzusehen, ob vielleicht nicht doch einer über die Trennwand schaute. Er war äußerst zufrieden mit seinem Jammercrescendo und wollte wissen, ob man es andernorts auch gebührend würdigte.

Tip stieß sich von der Trennwand ab und wußte immer noch nicht, was denn nun wirklich zu tun sei. Aufschluß darüber, was die Dicken draußen im Licht erwartete, hatte er strenggenommen nicht erhalten.

Simon Artzt war in tiefen Schlaf gesunken, Ferry gab vor, aus dem Trog zu schlabbern, und die anderen hatten sich zueinander gelegt, waren aber wach und zu allen Späßen bereit.

»Damals mit dem Eimer, Mensch, war das lustig«, sagte Tip zu Ferry.

»Ja, und das mit dem dicken Jaap, das war schon sehr lustig«, erwiderte Ferry.

»Ja, und weißt du noch, damals die Sache mit dem Hahn?« fragte Tip.

»Und ob«, antwortete Ferry. »Mann, war das lustig.«

»Herrje«, wiederholte Tip ziemlich zerstreut und nur, um das Gespräch im Gange zu halten, »war das lustig.«

»Weißt du noch, als der dicke Jaap nicht aus seinem Koben wollte?« sagte Ferry. »Das war lustig. Alle fanden's absolut lustig.«

»Stimmt«, bestätigte Tip. »Nur der dicke Jaap nicht.«

»Das war ja gerade so lustig daran«, meinte Ferry. »Der dicke Jaap hatte ja schon eine ganze Weile keinen Spaß mehr mitgemacht. Es war gar nicht mehr lustig mit ihm gewesen, aber als er dann wegmußte, wurde es dann doch noch ganz lustig.«

Tip antwortete ihm nicht und fragte sich, ob es tatsächlich so lustig gewesen war, als der Bauer den dicken Jaap mit

Hilfe zweier Knechte aus dem Verschlag zerrte. Wenn Tip sich recht erinnerte, hatte niemand richtig Spaß an der Sache gehabt, denn das eine Ohr vom dicken Jaap war bei dem Gezerre eingerissen und hatte stark geblutet. Außerdem lag etwas im Widerstand und Jammergeschrei des feisten Jaap, das mit dem Scheingejammere von Mort nichts zu tun hatte.

»Ja, lustig ist es gewesen«, sagte er dessenungeachtet zu Ferry, und dann schwiegen sie wieder.

»Als er das Weibchen hat bestiegen,
wollt ihm vor Lust die Luft versiegen«,

hörten sie Mort ganz allein in seinem Verschlag singen. Wenn Mort anfing zu singen, erwartete er immer, daß alle mitsangen, doch Tip war dazu nicht aufgelegt. Im Grunde war ihm Mort, wenn er ihn mit dem dicken Jaap verglich, zuwider.

Ferry hingegen war nach Singen zumute. Er hatte lange genug in den leeren Trog hineingeschmatzt, und es war höchste Zeit für den einen oder anderen Zeitvertreib. Also stimmte er fröhlich mit ein:

»Und als er wieder Luft wollt haben,
da kühlt er seinen Arsch im Graben.
Die Weibchen sahen das nicht gern,
sie ...«

Doch weiter kam er nicht, denn noch ehe es jemand bemerkte, hatte der Bauer die vorderste Trennwand beiseite geschoben und war in den Koben getreten. Er gab Simon Artzt einen Tritt in den Hintern. Simon erhob sich sofort, und ohne daß man ihn in irgendeiner Weise bugsieren mußte, trippelte er grußlos an den anderen vorbei, sprang über den Trog in den Gang hinein und dann durch die

Tür zum Licht. Bevor der Bauer die Trennwand wieder zurückgeschoben hatte und sich alle darüberlehnten, war von Simon schon nichts mehr zu sehen.
Der war jetzt also auch weg!
»Nun sind Sie der Dickste«, sagte Dolores zu Tip.
»Ich?« fragte Tip unschuldig, denn das war nun wirklich das letzte, woran er gedacht hatte.
»Ja, Sie!« antworteten die anderen, und Ferry rief:

»Fetter Bums, der Ferkelkneifer
taugt nicht viel als Scherenschleifer.«

Er gab Tip probehalber einen kleinen Stoß, um zu testen, ob der neue Dickste vielleicht schon Lust hätte, rückwärts zu stieben und mit dem Hinterteil gegen die Wand zu donnern. Aber Tip war nicht danach zumute. Der plötzliche Abgang Simons hatte ihn sehr nachdenklich gestimmt. Nicht, daß das Verschwinden so vor sich gehen mußte wie beim dicken Jaap, aber dieses stille Davontraben von Simon Artzt war doch sehr gespenstisch. Heiliger Strohsack, wie schön hatten sie immer mit Simon gespielt. Wie gut gelaunt war er immer gewesen und wie unbekümmert. Niemals war er böse geworden, wenn sie es einmal zu toll mit ihm getrieben hatten. Tip glaubte, dieser Unbekümmertheit Simon Artzts etwas schuldig zu sein, und wollte deshalb morgen auf eine besonders komische Weise gegen die Wand donnern, denn Simon war darin einzigartig gewesen. Als Ferry ihm nun jedoch einen zweiten Puff versetzte, wäre Tip ums Haar wütend geworden, und es wäre beinahe aus ihm herausgeplatzt: »He, was soll das!« Aber er nahm sich gerade noch rechtzeitig zusammen und sagte nur: »Nein, Jungs, morgen früh. Offiziell bin ich erst ab morgen früh der Dickste.«
»Mumpitz!« rief Dolores, aber Ferry beschwichtigte die

aufkommende Unzufriedenheit und gab Tip recht: »Gut, morgen früh, aber dann mußt du es auch wirklich richtig donnern lassen.«
Tip betrachtete Ferry und maß in Gedanken ab, ob dieser denn jetzt der Zweitdickste wäre, war aber dann doch der Meinung, daß erst Melisande an die Reihe käme. Nun ja, es brauchte seine Sorge nicht länger zu sein, jetzt, wo er selber der Dickste war. Bisher war Tip nach dem Abgang des jeweils Dicksten jedesmal mit viel Tamtam in die Runde getreten und hatte mit geistreichen Worten zu eruieren versucht, wer nun dessen Nachfolger sein würde. Dabei umschrieb er mit lustigen Worten die auffallendsten körperlichen Eigenarten aller Anwesenden. »Und wie ist es mit dir, Tip?« riefen dann die anderen, und Tip gab stets zur Antwort:

»Mein Name ist Tip van Ginkel,
bin dürr wie der Jesus im Herrgottswinkel«,

und damit war alles in schönster Ordnung. Jetzt jedoch, wo er selbst der Betroffene war, war ihm der Vers keinen Augenblick lang in den Sinn gekommen. Er fiel ihm erst wieder ein, als er über die Trennwand in Morts Verschlag blickte. Mort hatte aufgehört zu singen und schlief. Sehr friedlich und von oben bis unten eingesaut. Letzteres waren die Schweine in Tips Koben nicht, dazu waren sie zu jung, zudem wurde ihr Verschlag sehr saubergehalten, und sie kamen, anders als Mort, niemals hinaus.
Wenn Mort ins Freie ging, brauchte er dazu nicht erst durch den Stall zu gehen und dann durch die Tür ins Licht, er besaß in seinem Verschlag eine Luke, die ab und zu geöffnet wurde. Meist blieb er lange weg, aber manchmal ging er auch nur für kurze Zeit nach draußen. War er zurück, schimpfte er immer laut und lange vor sich hin. Tip

hörte jedesmal sehr aufmerksam hin, denn schließlich kam Mort von draußen. Zwar nicht durch die große Stalltür, die zum Licht führte, aber immerhin durch etwas, was damit in irgendeiner Verbindung stand. Mit dem, wo die Dicksten hingingen. Das war alles sehr undurchschaubar, und Schweine mögen es nicht, wenn etwas undurchschaubar ist. Deshalb wollte Tip, wenn er das nächste Mal mit Mort sprechen würde, doch einiges darüber in Erfahrung bringen. Morgen vielleicht, beim Morgengejammer. Dann könnte Tip das Gespräch mit der Frage beginnen, was sich hinter der Luke befände. Ich muß es unbedingt wissen, dachte Tip, und wenn ich dafür eine Weile so tun muß, als ob ich noch immer gerne spielen würde. Sonst werde ich noch abgeholt, bevor ich es weiß. Er warf einen letzten Blick auf Mort, der nicht danach aussah, als ob er heute noch irgendwelche Geheimnisse offenbaren würde, und fiel auf seine vier Füße zurück. Die anderen Schweine lagen dicht zusammengedrängt und sahen sehr schläfrig aus. Tip quetschte sich dazwischen, lag bald bequem zwischen Dolores und »Herrn Mispel« (so nannten sie ein Schwein, das zwar rund, doch auffallend klein war) und schlief ein, nachdem er, ohne es beabsichtigt zu haben, ganz leise geschluchzt hatte.

Am folgenden Morgen galt keine Ausrede mehr. Noch bevor Tip ganz wach war, stupsten sich die anderen schon an. Sie wollten sofort anfangen, aber Tip stellte sich erst wieder vor der Trennwand auf (was, wie er zum ersten Mal bemerkte, für einen Dicksten gar nicht so einfach war) und bat sie: »Einen Augenblick noch, Jungs! Erst das Morgengespräch mit unser aller Erzeuger.«
Es wurde ihm zugestanden.
»Guten Morgen«, sagte Tip zu Mort, der ihn bereits erwar-

tet hatte, »haben Sie sich gesundgeschlafen?« Mort antwortete nicht, sondern brummte, wie an allen anderen Morgen auch, nur leise vor sich hin.
»Sicher wieder eine schlimme Nacht gewesen«, sagte Tip.
»Hab arg husten müssen«, antwortete Mort ruhig.
»Dann würde ich heute alle Anstrengungen vermeiden«, riet Tip. Und dann fragte er Mort: »Gehen Sie heute noch zur Luke hinaus?«
»Darmwäscher!« murmelte Mort (ein von Tip noch nie zuvor vernommenes Schimpfwort).
»Geht's denn draußen wirklich so schlimm zu?« fragte Tip. »Da draußen, hinter der Luke?«
»Bleib lieber hier drinnen, mein Junge«, entgegnete Mort. »Dein Vater löffelt die Suppe schon aus! Geh da nur nie hin, mein Sohn!« rief er und erhob sich doch wahrhaftig auf seine Beine. »Versprichst du mir das?« fragte er, als ob er das wirklich befürchtete und ihm etwas an Tip läge.
»Ich werde es schon nicht tun«, sagte Tip nervös. »Aber ich würde doch gerne wissen, warum nicht, verstehen Sie, und die anderen vielleicht auch.«
»Es herrscht dort die Hefe der gespaltenen Zunge«, murmelte Mort dunkel und völlig ohne Sinn.
»Oh!« rief Tip, dem es glühend durch den ganzen Leib lief, dem dicksten im ganzen Koben. Diese Erkenntnis brannte in ihm. Ein magerer Eiferer müßte man werden, dachte Tip voller Angst. Ein magerer Eiferer, der niemals aus seinem Koben kommt. Bei ihm selbst allerdings waren die Aussichten dazu denkbar gering ...
»Ich hab schon wieder nicht pissen können«, rief Mort, der sich nun direkt unter Tip an der Trennmauer scheuerte, weil es ihn ein wenig juckte.
Diese triviale Mitteilung machte Tip geneigter, an der Ernsthaftigkeit der Hefe der gespaltenen Zunge zu zwei-

feln, und er sagte deshalb nur vage: »Ach je, das ist was«, wie gestern auch, und ließ Mort allein, der nun schon an zwei aufeinanderfolgenden Tagen erleben mußte, daß man seinen Klagen so gut wie keine Aufmerksamkeit schenkte.

»Darmwäscher«, rief er Tip hinterher. »Misthahn!«

Aber Tip war schon weg. In Gedanken versunken stand er zwischen den anderen, die bereit waren für das Spiel. Da fiel sein Auge auf den Tanz der kleinen Schweineschnauzen im Nachbarkoben. Die mußten erst noch zufriedengestellt werden. Er trabte zur Trennwand, lehnte sich hinüber und rief trübselig: »Was habt ihr uns voraus?«

»Das Alter, Herr Tip«, riefen die Ferkel, die schon vernommen hatten, daß nun Tip der Dickste war. »Sie sind der Dickste, nicht wahr, Herr Tip? Ist das nicht prima, Herr Tip? Sie donnern doch sicher lauter gegen die Wand als alle anderen vor Ihnen, Herr Tip. Wir werden genau hinhören, Herr Tip.«

Tip traten Tränen in die Augen, als er die begeisterten Ferkel betrachtete, die aufgeregt gegen die Trennwand polterten.

Eines von ihnen, es hieß Kerveltje, rief: »Ich muß nur noch ein bißchen wachsen, dann kann ich über die Trennwand sehen. Wenn Sie bis dahin nicht weg sind, Herr Tip, seh ich, wie Sie es machen.«

»Ich warte solange, Kerveltje«, sagte Tip. »Kannst dich darauf verlassen!«

»Fein, Herr Tip«, rief Kerveltje, und Tip stand wieder zwischen den Schweinen seines eigenen Kobens.

Gefaßt und gelassen.

»Alles paletti«, jauchzte Ferry.

»Palettikaleppi«, antwortete Tip.

»Leiden Sie unter fetten Beinen?« fragte Melisande.

»Die dünnen Beine eines Eiferers nenne ich mein eigen«, sagte Tip geziert.
»Schlabber dich durchs Schlabberland?« fragte Miel.
»Mein Name ist Tip van Ginkel, bin dürr wie der Jesus im Herrgottswinkel«, rief Tip so fröhlich er konnte.
»Meine Nase, ich hab 'ne dürre Nase«, schrie Ferry und trat einige Schritte zurück. Tip hatte sich kaum mit fünf anderen in eine Ecke gedrängelt, als Ferry schon quiekte:

»Fetter Bums, der Ferkelkneifer
taugt nicht viel als ...«,

und zum Anlauf ansetzte. »Scherenschleifer!« brüllte er und gab Tip einen mächtigen Stoß. Auf diese Aufforderung hin sauste Tip rückwärts und donnerte mit seinem Hintern derart dröhnend gegen die Wand, daß aus dem Ferkelverschlag von Ali 4 ein Freudengeheul ertönte.
»Rekord! Rekord!« hörte Tip Kerveltje kreischen.
Auch die Schweine in Tips Koben gerieten über dieses Donnern völlig aus dem Häuschen, und Planta schrie: »Da capo!« Tip trabte bereitwillig zurück und drängelte sich wieder zwischen die anderen. Nun war Planta mit dem Anlauf an der Reihe.
»Fetter Bums«, rief er, »der Ferkelkneifer ...«, aber da konnte er schon nicht mehr vor Lachen und taumelte so erschöpft auf Tip zu, daß der ihm nur einen kaum merklichen Schubs versetzen konnte. Aber Tip wäre nicht Tip gewesen, wenn er nicht noch schneller rückwärts gesaust wäre als zuvor und mit seinem Hintern so gegen die Wand krachte, daß es klang wie ein Donnerschlag. Das Blut schoß ihm in den Kopf, und er brauchte etwas Zeit, um unter dem Tumult seiner Freunde und dem neuerlichen »Rekord, Rekord!«-Geschrei von Kerveltje wieder zu sich zu kommen. Er merkte nicht, daß es plötzlich ganz still

wurde. Die vorderste Trennwand war schon abgenommen, und der Bauer trat in den Verschlag, zeigte auf Tip und sagte zu dem Knecht, der hinter ihm stand: »Der wird sich noch seinen Arsch verstauchen. Na geh schon, Junge!« Er packte Tip kräftig am Ohr.

Tip hörte nur noch, wie Mort sich über den Aufruhr nebenan erregte und in einem äußerst unflätigen Ton vor sich hin schimpfte: »Darmwäscher, Knotenstinker!« Tip wollte sich wehren, schreien, sich die Ohren einreißen lassen wie Jaap, hierbleiben, toben, beißen, quieken, alle und alles zum Teufel schicken, fluchen, scheißen, sich herumwerfen. All das wollte er tun und am liebsten alles zugleich. Aber er tat nichts. Er trabte, ohne auf- oder sich umzublicken, aus dem Verschlag, in den Gang und zur Tür hinaus ins Licht. Noch schneller als Simon Artzt gestern. Draußen vor der Tür stand ein zweiter Knecht und gleich daneben der Lieferwagen der Exportschlachterei GmbH, vormals Gebr. Taat.

Noch nie zuvor hatte jemand ein Schwein gesehen, das ohne anzuhalten aus der Scheune heraustrabte, die Planke des Lieferwagens hinaufspurtete und sich flach auf die Bretter zwischen die anderen Schweine im Wagen kauerte. Auch sie die Dicksten, wohl aus einem anderen Koben.

In Tips Koben herrschte einige Verwirrung, als die Trennwand wieder sicher davor saß. Niemand sprach ein Wort.

»Dieser Tip«, sagte Melisande endlich.

»Mit dem konnte es lustig sein«, entgegnete Planta.

»Nie ist er böse geworden. Nicht ein einziges Mal, auch nicht, als er der Dickste war«, warf Ferry ein.

»Jungejunge, was war das lustig mit dem Tip«, sagte Miel.

Jetzt, wo es stiller geworden war, nahm Mort sein vergnügliches Grunz- und Schluchzspiel wieder auf.

»Ist Herr Tip schon weg?« fragte Kerveltje, der gerade zum ersten Mal und völlig unerwartet über die Trennwand schauen konnte. Aber er sah es nun selbst, und niemand gab ihm Antwort.

»Ach ja, mein Gott, war das lustig«, rief Dolores.

»Herr Tip hält den Rekord«, sagte Kerveltje, aber da fiel er auch schon von der Trennwand zurück in seinen Koben.

»Wer ist denn jetzt dran?« fragte Planta.

»Ferry, glaube ich«, sagte Melisande.

»Dann wird es besonders lustig!« sagte Herr Mispel, und alle schauten voller Erwartung auf Ferry, der nun der dickste von allen war.

Von einem glänzenden Ei

»Ma, ich hab schon wieder ein Ei gelegt!« Eilig kam das Huhn Sientje angerannt.

Ma schien darüber weniger entzückt zu sein.

Es war eine seltsame Sache mit dem Huhn Sientje. Ein bereits selbständig legendes Huhn sagt zu einem anderen im allgemeinen nicht Ma, nur weil es von diesem zufällig ausgebrütet worden ist. Bei Sientje war das anders. Sie sagte Ma und hörte auch nicht auf damit.

»Deshalb brauchst du doch nicht so zu schreien«, flüsterte Ma, der anderen Hühner wegen. »Das ist doch nichts Besonderes.«

»Ich weiß, Ma, aber ich find's phantastisch«, antwortete Sientje.

»So 'ne Verrückte«, murmelte Ma zu ihrer Nachbarin, der seit ein paar Tagen nicht sonderlich wohl war und die sich darum abwandte. Tief in ihrem Innern jedoch war Ma stolz auf Sientje, die wirklich sehr viele Eier legte, und betrachtete sie eine Weile, wie sie vor der Stalltür wonneselig ihren Kopf in der Sonne hin und her drehte.

»Ne ziemlich Aufgeweckte, nicht?« begann Ma wieder, aber jetzt zu Suus. »Von denen gibt's nicht mehr so viele.«
Es war ein schöner, sonniger Tag. Kein Mensch befand sich auf dem Hof, und es war so ruhig, wie man es sich nur wünschen konnte. Vor der Stalltür glitzerte ein altes Fahrrad in der Sonne, und ein Stückchen weiter, mitten im Licht und in der Hitze, stand eine alte Schubkarre, an der noch etwas Stroh hing.
Nur im Schweinestall ging es wieder hoch her. Das Schwein Mort war aus unruhigem Schlaf erwacht, war rastlos hin und her gelaufen und hatte schließlich mit viel Gedöns im Trog geschlabbert, obwohl nichts drin war. Die übrigen Schweine waren mit einigem Entsetzen hochgeschreckt, weil sie gedacht hatten, Mort bekäme etwas zu fressen und sie nicht, und waren böse, weil die ganze Aufregung umsonst gewesen war.
»Was für ein Tag – was für ein Tag!« sagte Pa, ein sehr kümmerlicher Hahn, der dem Schlachtermesser bislang nur aufgrund seiner krankhaften Magerkeit entgangen war. »Ich kann mich überhaupt nur an einen einzigen Tag wie diesen erinnern. Im Juli '33.«
»Das wirst du gerade noch wissen!« kicherte Truus.
»Das weiß ich auch«, sagte Pa. »Wir haben damals ein neues Pferd bekommen.«
»Ach, hör doch auf!« rief Ma und blinzelte Truus zu, ihn einfach stehenzulassen.
»Ein neues Pferd!« bestätigte Pa. »Ich war gerade auf dem Wagen, und deshalb konnte ich's sehen.«
»Und wo, bitteschön, ist das Pferd jetzt?« fragte Truus, die ganz sicher wußte, daß seit Jahren kein neues Pferd angeschafft worden war.
»Das hat man mir nicht gesagt. Aber es war ein schönes, grünes Pferd.«

In ihrem ganzen Leben hatte Ma noch nie so gelacht. Ein Spatz, der genau vor ihr in der Sonne saß und sich eifrig Sand über den Rücken warf – und das mit einem Elan, als ob er sich mit einem groben Handtuch trockenriebe –, flog ohne einen Piep hastig auf und schrie erst im nachhinein aus einem Baum: »Mach das nicht noch mal!«, was kein Huhn hören konnte und bei den Spatzen allenfalls Mitleid weckte.

Wenn Truus lachte, dann mit einem äußerst langen Puuh, auf das hin jedesmal alle angerannt kamen.

»Pa ist wieder mal gut zugange«, murmelte Matthias, der erste Hahn, und sah nicht einmal auf.

»Was ist los? Was ist los?« kamen die Hühner angekleckert.

Ma stand bei der Schubkarre und lachte, daß alle davon angesteckt wurden.

»Ach, du gute Güte!« puuhte Truus. »Er hat ein grünes Pferd gesehen, und er hat auch noch draufgesessen.«

»Das ist nicht wahr, das hab ich nicht gesagt, daß ich auf dem Pferd gesessen habe. Das stimmt hinten und vorne nicht, meine Damen!«

»Meine Damen!« kreischte Mijntje.

»Hab ich gesagt, ich hätte auf einem Pferd gesessen?« fragte Pa beleidigt Ma, die noch immer bei der Schubkarre stand, aber allmählich der Meinung war, daß sie genug gelacht hatte.

»Nein, du hast gesagt, daß das Pferd auf dir gesessen hätte«, sagte sie ordinär.

Die an vielen Stellen kahlgepickte Rika mit dem schicksalsvollen Blick, die wegen ihrer partiellen Nacktheit windiges Wetter besonders eklig fand, kam ebenfalls angerannt. Sie war nicht besonders beliebt.

Es wurde still.

»Noch eine Dame!« sagte Truus.

»Was ist los?« fragte Rika einfältig.
»Pa hat schon den ganzen Tag nach dir gefragt«, sagte Mijntje und warf den anderen einen verschmitzten Blick zu.
»Ja, ja, dieser Pa! Dieser Pa!« säuselten die anderen und gingen weiter.
Pa und Rika blieben allein zurück. Ma stand etwas weiter weg bei ihren Freundinnen, und Mijntje erzählte mal wieder eine Skandalgeschichte von einem Hahn aus der Nachbarschaft.
Rika schaute Pa an. Sie hatte Lust, einen Roman zu schreiben, der mit den Worten begann: ›Es war eine stürmische und wilde Nacht.‹ »Worüber habt ihr gerade gesprochen?«
»Ach, nur Unsinn«, gab Pa zur Antwort. »Ich hab nur erzählt, daß heute genauso ein Wetter ist wie an dem Tag, an dem wir das neue Pferd bekommen haben, und das fanden alle schon wieder so komisch, daß sie sogar unter den Hecken hervorkrochen. Sogar die dumme Aartje kam aus ihrem Heuhaufen.«
Rika nickte, als ob sie sich an das Pferd erinnerte. »Was meinst du, was kriegen wir für ein Wetter?« fragte sie. »Ich frag nur wegen dem Wind.«
»Ich weiß nicht, aber ich werde jemanden fragen gehen«, versprach Pa erleichtert.
»Ach, das wär aber lieb von dir«, sagte Rika.
Pa war wirklich erleichtert, einen halbamtlichen Auftrag zu haben. »Dann geh ich mal«, sagte er und verschwand um die nächste Ecke mit der Absicht, sich für den Rest des Tages aus Rikas Blickfeld zu halten, weil es auf Erden schlicht und einfach niemanden gab, den man nach dem Wetter hätte fragen können. Bis zum Abend würde er sich hinter den Ställen im denkbar kühlsten Schatten herumtreiben und – falls jemand in seine Richtung käme – so tun, als würde er gerade etwas auswendig lernen. Zur

Nacht wäre er dann vor allen anderen im Hühnerhäuschen, ohne sich jedoch auf seinen gewohnten Platz zu setzen. Und wenn die anderen dann mit einer gewissen Feierlichkeit hereinkämen, würde er so tun, als ob er schliefe und unruhig träumte. Denn normalerweise saß er nachts neben Rika.

Auch das hatte einen ausgemachten Grund. Rika wurde von den anderen dauernd gequält und gepickt, vielleicht, weil sie wegen des schicksalsvollen Blicks in Rikas matten Augen eine abergläubische Furcht vor ihr hatten. Obwohl es gerade nachts, wenn alle nebeneinandersaßen, gewiß nichts gab, wovor man sich hätte fürchten müssen. Einmal war ganz plötzlich ein junger Hahn aufgetaucht, von irgendwoher – von draußen, meinten die Hühner –, der unbedingt dazugehören wollte. Die ersten Nächte saß er neben Rika, und um sich beliebt zu machen, gab er ihr – die doch wahrlich genug gebeutelt war – jedesmal, wenn sie gerade wegdämmerte, einen kleinen Stoß, so daß sie mit viel Getöse von der Stange fiel. Die ganze Nacht über saß er mit aufgerissenen Augen da, nur um wach zu bleiben und den Spaß gebührend in die Länge zu ziehen. Am Anfang stand die Belohnung denn auch in einem angemessenen Verhältnis zur aufgewendeten Mühe, man hatte gelacht wie selten zuvor, wenn Rika im Dunkeln herumscharrte, mit der Zeit aber war es dann doch lästig geworden, jede Nacht geweckt zu werden, nur um Rika herunterfallen zu hören, um so mehr, als Mijntje einmal mit hinuntergestürzt war. Deshalb hatte Matthias den Neuling, als er ihm einmal zufällig über den Weg lief, tüchtig in den Hals gepickt und ihm klargemacht, daß er von nun an neben jemand anderem zu schlafen hätte. Daraufhin hatte es viel Hickhack um alte Vorrechte gegeben, aber am Ende standen die neuen Plätze fest, und Pa saß von nun an neben Rika.

Nur eben heute nacht nicht. Zur großen Überraschung all derer, die es bemerken würden.

Die Hühner bei der Schubkarre unterhielten sich über Toos' Landwirtschaftsausstellung.

Toos war früher – sehr viel früher – ein schönes Huhn gewesen. Sie war sogar so schön, daß der Bauer sie eines Tages unter großer Mühe und lautem Gekeuche einfing, in einen Korb packte und per Bahn zur Ausstellung schickte. Dort gab es ausschließlich schöne Hühner, und Toos erregte nicht die mindeste Aufmerksamkeit. Aber diese Ausstellung!

Vier Tage hatte sie gedauert, und vier Tage lang hatte Toos neugierig alles betrachtet, um herauszufinden, wo sie danach hingebracht würde, bis sie merkte, daß es nur wieder nach Hause ging. Alles in allem war die ganze Ausstellung eine ziemliche Enttäuschung für sie gewesen, aber davon war ihr nichts anzumerken, wenn sie darüber sprach.

Anfangs hatte Toos immer behauptet, sie wäre das einzige Huhn gewesen, doch später erzählte sie hie und da von den »anderen«, so daß einige Verwirrung darüber herrschte. Schließlich meinte sie, man könne ihr das Ganze immer noch ansehen, aber sie sagte niemals, wo und wodurch, so daß auch in diesem Punkt Zweifel entstanden. Im Moment jedoch war sie mal wieder tüchtig am Schwadronieren.

»Da gingen Männer herum, die einen von oben bis unten anschauten«, berichtete Toos. »Dann tat man so, als ob man kein Wässerchen trüben könnte, und jedesmal, wenn wieder einer vorbeikam, mußte man ein Ei legen. Und es kam oft einer, ich sage euch ...« Die Hühner um die Schubkarre lachten genüßlich.

»Ich wär nicht so blöd, ein Ei zu legen, nur weil die schauen kommen«, sagte Truus und drehte sich vor lauter Aufregung einmal um sich selbst.

»Das habe ich auch nicht, meine Liebe«, fuhr Toos hastig fort. »Aber es gab genug, die es getan haben. Dabei habe ich genau hingesehen, es hat ihnen absolut nichts eingebracht. Hinterher ist gar nichts passiert. Ein paar kriegten eine weiße Karte vor ihren Käfig gesteckt, was wohl hieß, daß sie was gewonnen hatten.«

»Hast du auch so eine Karte bekommen?« fragte Ma, die sehr gut wußte, daß das nicht der Fall gewesen war.

»Ich …?« erwiderte Toos und tat sehr überrascht. »Du hättest sie sehen müssen, mit ihrer Karte. Mit einer Karte vor der Käfigtür konnte man nicht mehr sehen, was sonst noch so passierte. Du, ich hätte gar keine haben wollen. Ich wollte, daß sie mich in Ruhe lassen, damit ich alles gut sehen konnte. Und dann bin ich mit dem Zug zurückgefahren, na, und da bin ich nun wieder!«

Das »Da bin ich nun wieder« war immer das Ende der Geschichte, die niemand anders so hätte erzählen können. Es hatte ohnehin schon genug Neid und Streit darum gegeben.

»Mir wäre angst und bange, wenn ich dahin müßte«, sagte Mijntje voller unausgesprochener Sehnsucht, auch einmal zu einer Ausstellung zu dürfen, und sie hegte die sonderbare optimistische Überzeugung, dort alle, und die Hühnerjury im besonderen, mit ihrer Schönheit blenden zu können.

Dabei war Mijntje ganz zu Anfang, als die anderen in ihrer Verblüffung noch gar keine Meinung hatten, die erste gewesen, die Toos' Abwesenheit mit allerlei erfundenen Details als verdächtig hinstellen wollte. Doch nun war sie jedesmal die erste, die in freundlicher Demut verlauten ließ, daß ihr »angst und bange wäre«, worauf die anderen sich wieder einmal vornahmen, Mijntje gegenüber in Zukunft etwas vorsichtiger zu sein, jedoch immer wieder da-

von abkamen, weil am Ende an dem, was Mijntje gesagt hatte, doch immer was dran gewesen war.
Matthias schritt vorbei, es war einzigartig, wie dieser Hahn ging.
»Solltet ihr nicht mal was wegen Faantje unternehmen?« fragte er, und das gar nicht so freundlich.
Um Himmels willen ja, Faantje!
Faantje war krank. Faantje war schon immer krank gewesen, aber jetzt stand es schlimm um sie. Wenn die Hühner irgendwo ein Ei von Faantje fanden, machten sie mit einer gewissen Scheu einen Bogen darum, denn Faantjes Eier waren immer »etwas arg dünne«, wie Margaretha Jacoba sich ausdrückte, ein stolzes, stattliches, ansehnliches Huhn, das tüchtig gackern konnte und »größten Wert auf ihre Arbeit legte«. Faantje hatte also Grund genug, den ganzen Tag zu lamentieren. In den letzten Tagen aber war eine erschütternde Wende in ihrem Krankheitsbild aufgetreten, sie saß wie ein sich hinziehendes Memento mori mit hängendem Kamm unter der Kinderschaukel und versuchte, ihre Gedanken zu ordnen.
Die Veränderung war ganz plötzlich eingetreten. Seit die anderen auf ihr Gejammere nur noch ein »Wirklich?« erwiderten und sie stehenließen, hielt Faantje sich abseits. So war sie eines Tages in den Schweinestall geraten, um dort im Trog zu picken. Wunder über Wunder schmeckte ihr das Fressen sogar. Die Schweine taten, als ob sie schliefen, in Wirklichkeit jedoch lagen sie nur still beieinander und sangen unter verschwörerischen Blicken unverständlich seltsame Weisen, und das hatte Faantje erst nach einer ganzen Weile gemerkt. Darüber war sie zutiefst erschrocken.
Sie verlor zu allem die Lust, und am Ende wollte sie überhaupt ganz aufhören, mit allem.

Da saß sie nun und versuchte nachzudenken.
Für die anderen war die ganze Angelegenheit nicht sonderlich amüsant, nicht nur, weil sie Faantje beim langsamen Sterben zusehen mußten, sondern auch, weil sie die Leiche bald drei Wochen lang im Graben liegend ständig vor Augen hätten. Nachdem Matthias wie zur ausgleichenden Gerechtigkeit auf Faantje zu sprechen gekommen war, war die vergnügliche Stimmung sofort dahin.
»Faantje ist 'ne miese Nulpe«, sagte Ma.
Damit hatte sie zweifellos recht, und zu tiefschürfenderen Äußerungen konnte sich im Moment niemand durchdringen.
Gerrigje meinte noch, für Faantje sei es sowieso das beste, sie würde sterben, denn so wie jetzt, das wär ja gar nichts, und bat Matthias, ihr doch ein paar aufmunternde Worte zu sagen.
»Ich habe genug zu tun, das weißt du doch«, erwiderte Matthias und stolzierte vor sich hin pickend auf Zehenspitzen davon.
»Laßt sie doch einfach, wo sie ist, dann merkt sie am wenigsten«, sagte Mijntje altklug, und damit war Faantje als Gesprächsthema erledigt.
»Es ist wie im Roman«, begann die dumme Aartje wieder, die mit Toos' Landwirtschaftsausstellung noch immer nicht fertig war. »Eigentlich gibt es entsetzlich viel zu erleben.«
»Und die Karten, warum habt ihr die gekriegt?« fragte sie etwas später, als alle noch darüber rätselten, was sie mit dem Vorigen gemeint hatte.
»Ich wollte doch gar keine Karte«, sagte Toos ein bißchen verlegen, weil sie jetzt wieder auf diesen Punkt zurückkommen mußte.
»Ja, aber ihr habt sie doch gekriegt«, sagte Aartje.
»Nun ja, die anderen, die hatten doch auch gewonnen.«

»Wie denn, gewonnen?«
»Na, als Hühner.«
»Wieso als Hühner?«
»Jemine, es war doch eine Ausstellung.«
»A-ach so.« Die dumme Aartje wußte auch nach einer genaueren Erläuterung nicht, was eine Ausstellung ist, spürte aber, daß sie sich lächerlich zu machen begann, und nickte deshalb. »Ich hab halt gedacht, du weißt schon«, sagte sie.
Toos nickte schnell und versöhnlich.
»'s ist schon komisch«, sagte sie dann plötzlich.
»Was denn?« fragten die anderen.
Damit saß Toos in der Falle, denn auf die schnelle fiel ihr nichts ein, was tatsächlich komisch gewesen wäre. Deshalb fing sie einfach an zu lachen. Ganz laut. So laut, daß die anderen, die zuerst überhaupt nichts begriffen, bald mitlachten. Es war ein einziges großes Gelächter. Truus mit ihrem Puuh hoch über allen. »Was ist denn hier los?« fragte Matthias, aber da konnte auch er schon nicht mehr an sich halten. Es wurde so gelacht, daß sogar die kranke Faantje kurz den Kopf hob, um dann sofort und noch trauriger als zuvor wieder in sich zusammenzusinken, weil das Gelächter nichts mit ihr zu tun hatte, und noch viel wehmütiger, weil sie nichts fand, worüber sie nachdenken konnte.
Ganz plötzlich, wie es nur an sonnigen Tagen geschehen kann, und ohne den geringsten Grund fiel das Fahrrad vor der Stalltür um. Die Fahrradklingel schepperte schrill. Es war ein gewaltiges Getöse.
Im Nu hatten sich die Hühner aus dem Staub gemacht und gackerten laut, daß sie ja gar nichts getan hätten. Nur Matthias stolzierte in seiner bekannten ruhigen Art davon, als ob er gerade im Begriff wäre, nicht allzu weit entfernt einen neuen Erdteil zu entdecken.
Auch das Huhn Sientje wurde von der allgemeinen Panik

erfaßt und rannte davon, doch plötzlich ging es mit ihr durch, und sie hörte nicht mehr auf zu rennen und rannte sogar am Nest vorbei, wo doch tatsächlich noch ein Ei von ihr lag.

Weiß, glänzend und still.

Das Heu roch.

Sientje überlief ein Schauer, und sie hoffte, daß sie es diesmal würde ausbrüten dürfen, rannte weiter und gackerte dabei ein zweites Mal – was eigentlich verboten war –, verschluckte sich dabei fürchterlich und kam erst vor dem Heuhaufen im vorderen Hof zum Stehen, unter dem plötzlich seltsam gackernd Pa hervorstob.

Sientje schnaubte, setzte sich unter das überhängende Heu und überließ sich ihren Gedanken.

Das angebliche Schmuckhuhn

»Ich lauf zwar nicht gerade weg, wenn du in meine Nähe kommst, aber deshalb brauchst du noch lange nicht den ganzen Tag hinter mir herzulaufen«, sagte das Huhn Mijntje müde und böse zum Hahn Pa, der in den letzten Tagen wirklich sehr aufdringlich gewesen war.
»Nein, das brauch ich wirklich nicht«, antwortete Pa erschrocken und blieb stehen. Mijntje schaute sehr verärgert drein und hielt gleichzeitig Ausschau, ob die anderen Hühner nicht irgendwo standen und sie auslachten, weil sie Pa wieder mal nicht loswerden konnte. In letzter Zeit unterhielt sie sich öfter mit ihm. Warum sie sich dazu immer wieder überreden ließ, wußte sie selbst nicht, aber wenn man Pa zuhörte, staunte man manchmal schon sehr, wo er das alles hernahm. Was man von den anderen Hühnern nicht behaupten konnte, sie erzählten immer und immer das gleiche. Mijntje hatte einmal versucht, Ma die Sache mit Pa zu erklären, aber unglücklicherweise stand Pa ausgerechnet in diesem Augenblick in der Nähe und hörte alles mit. Für den Rest des Tages verzapfte er dann eine

derart monströse Menge an Unsinn, daß allen höchst peinlich zumute wurde, was seinem Ansehen erstaunlicherweise nicht schadete.

Mijntje konnte so verärgert schauen, wie sie wollte, Pa blieb dicht neben ihr stehen.

»Na, erleb ich's noch?« fragte sie.

»Wo soll ich denn hin?« fragte Pa betreten und ganz unnötig.

Jetzt hatte Mijntje zumindest einen Grund, sich aufzuregen.

»Wo du hin sollst? Das fragst du mich? Abhauen sollst du, 'ne Fliege machen.«

»Äußerst freundlich!« entgegnete Pa. »Dabei wollte ich dir gerade was Schönes erzählen! Aber ich geh ja schon.« Nach einer kleinen Pause fuhr er fort: »Es war was besonders Schönes«, er stand noch immer neben Mijntje, »über Rika!« Das war sein letzter Trumpf und zugleich elender Verrat, denn Rika war das einzige Huhn, das tief in ihrem Herzen wirklich etwas für Pa übrig hatte. Aber alle hatten sie eine diebische Freude daran, über Rika zu tratschen, und das war der Grund für Pas Verrat. Die Chance, daß Mijntje dadurch wieder etwas freundlicher zu ihm werden würde, vergrößerte sich.

»Rika ist mir scheißegal«, sagte Mijntje jedoch. »Und wenn du nicht sofort abhaust, dann ruf ich die anderen, und wir jagen dich in den Wassergraben.«

Es gibt nichts Schlimmeres für einen Hahn, als auf solch eine Drohung hin nachgeben zu müssen, aber er zählte als Hahn ohnehin nicht viel und konnte sich deshalb auch kaum blamieren.

Er ging und konnte sich nur mit Mühe verkneifen, sich umzudrehen, um zu sehen, ob Mijntje ihre Meinung vielleicht noch ändern würde. Die aber ging, allem Anschein

nach blitzvergnügt, in die entgegengesetzte Richtung davon, und er war entlassen.
Jedesmal, wenn Pa etwas Arges widerfuhr, ging er zum Wassergraben. Dort war alles so anders, und bei stillem Wetter wie heute konnte es an diesem schwarzen Wasser sogar etwas unheimlich sein. Er scharrte ohne Ziel und Zweck in der Erde. Angesichts der jüngsten Demütigungen kam ihm der Gedanke, ob er nicht gut daran täte, einmal fürchterlich laut zu krähen.
Doch gerade, als er den Kopf reckte und streckte und tief Luft holte, sah er auf der anderen Seite des Wassergrabens ein weißes Huhn stehen. Es trug einen Kranz aus weißem Flaum um den Hals.
Pa schluckte die ganze Luft wieder hinunter, was entsetzlich unangenehm war, und tat, als hätte er nie vorgehabt zu krähen, bis er sich verschluckte. Mißtrauisch betrachtete er das weiße Huhn auf der anderen Seite. Lachte es ihn vielleicht aus? Nein, das weiße Huhn sah voll Interesse zu Pa herüber: Offenbar hatte es nichts gemerkt.
»Sind Sie von drüben?« fragte Pa.
Das Huhn drehte den Kopf etwas nach links und dann wieder nach rechts. Es sagte nichts.
»Sie sind sicher ein Huhn vom Zadder-Hof« (denn so hießen die Nachbarn), sagte Pa etwas lauter.
Das Huhn antwortete noch immer nicht, aber es trat etwas dichter an den Wassergraben heran.
»Stimmt's, oder hab ich recht?« fragte Pa kokett.
»Eigentlich bin ich unabhängig.«
Das weiße Huhn sagte das ganz beiläufig und scharrte kurz mit dem linken Fuß über die Erde. Das machte Eindruck.
»Wie meinen Sie das?« fragte er.
»Wie ich das meine?« rief das Huhn. »Zadder kann mich mal ...«, und es machte eine ziemlich seltsame Gebärde.

»Aber für wen legen Sie dann?« fragte Pa, ganz eingeschüchtert von soviel nonchalanter Überlegenheit.
»Ich lege nur selten, und wenn ich lege, dann gewiß nicht für Zadder«, sagte das Huhn. »Zadder kann mich mal . . .«
Es folgte eine Pause.
»Sind Sie der Hahn da drüben?« fragte das Huhn jetzt und zeigte auf die andere Seite.
»Ja!« log Pa, der Matthias, der tatsächlich der Hahn auf dem Hof war, in Gedanken mit Verve überging.
»Und der Alte?« fragte das Huhn, das Matthias anscheinend doch einmal zu Gesicht bekommen hatte.
Pa fing an sich zu schämen, was ihn jedoch erstaunlich schamlos machte. »Das ist der alte Hahn«, sagte er. »Ich bin der junge.«
»Und wer von euch beiden hat das Sagen?«
»Ich natürlich«, log Pa wieder, und das schon ziemlich flüssig.
»Da bist du aber früh dran«, sagte das Huhn. »So alt bist du doch gar nicht.«
»Der Alte ist zu alt geworden, und jetzt bin ich der Chef«, versetzte Pa, und damit war die Sache erledigt.
»Und wer ist bei Ihnen der Hahn?« fragte er.
»Bei mir?« fragte das Huhn von Zadder schnippisch zurück. »Ich bin unabhängig!«
»Ja, aber bei Ihnen auf dem Hof?«
»Das weiß ich doch nicht«, gab das Huhn zur Antwort.
Darauf war nichts zu sagen, und es wurde schwierig, das Gespräch in Gang zu halten.
»Sind Sie schon einmal bei uns gewesen, über dem Graben?« fragte Pa daraufhin.
»Ich wüßte nicht, welchen Grund es dafür geben sollte. Bei euch scheint ja nicht gerade viel los zu sein«, erwiderte das weiße Huhn.

»Ich muß mich doch sehr wundern, wie kommen Sie dazu!« empörte sich Pa geziert.
»Habt ihr Hühner, die unabhängig sind?« fragte das Huhn.
»Nein, aber ...«
»Habt ihr Hühner, die nicht legen, wenn sie nicht legen wollen?«
»Nein, aber wir ...«
»Habt ihr Hühner, die sich nichts, aber auch gar nichts sagen lassen?«
»Nein, aber wir haben ...«
»Dann brauchen wir darüber kein weiteres Wort zu verlieren«, sagte das weiße Huhn. »Ich bleibe hier!«
»Und ich hier!« entgegnete Pa, auch wenn ihm diese Antwort ein bißchen unangenehm war.
Wieder entstand eine Pause. Pa bekam große Lust, noch jemand Dritten herbeizubitten, Mijntje vielleicht, sie hatte ein Huhn wie dieses hier sicher auch noch nie gesehen.
»Ich bin«, sagte das Huhn schließlich, »eine teure Rasse.«
Pa antwortete mit Absicht nicht.
»Ich habe einmal unheimlich viel Geld gekostet. Ich bin nämlich ein Schmuckhuhn«, fuhr das Huhn fort.
Pa lag ein kleiner Scherz über das Wort Suppenhuhn auf der Zunge, aber er verkniff ihn sich, weil er ihm nicht besonders taktvoll zu sein schien.
»Das sieht man!« sagte er nur. »Sie sind ja vollkommen weiß.«
»Vollkommen!« bestätigte das weiße Huhn und drehte sich einige Male um seine Achse.
»Wir sind braun«, sagte Pa, jedoch ohne sich um sich selbst zu drehen.
»Ach drum!« erwiderte das weiße Huhn schlagfertig.
Pa schaute sich um, ob Mijntje vielleicht nicht doch irgendwo in der Nähe war, aber er sah sie nicht. Er sah über-

haupt niemanden, und das machte die Situation nicht gerade angenehmer.
»Ich denke, ich muß mal nach dem Rechten sehen!« sagte er zum weißen Huhn.
»Was wird es bei euch schon zu sehen geben!« antwortete es spöttisch.
»Wieso?« fragte Pa, dem es doch allmählich ungemütlich wurde.
»Darfst du nicht mit mir sprechen?« fragte das weiße Huhn zurück.
»Nicht mit Ihnen sprechen? Warum denn das?«
»Einfach so!« sagte das weiße Huhn und drehte sich noch mal um sich selbst.
»Und ob ich mich mit Ihnen unterhalten darf! Es ist nur nicht besonders amüsant!« sagte Pa beklommen und wäre am liebsten auf der Stelle davongerannt.
Das weiße Huhn lachte geheimnisvoll.
»Nicht besonders amüsant, soso! Tapfer bist du nicht gerade, mein Kleiner.«
Man hatte schon viel zu Pa gesagt, aber noch niemals »mein Kleiner«! Dämliches weißes Huhn, dachte er verächtlich.
»Und gefährlich außerdem«, höhnte er.
»Sag mal, kannst du nicht rüberkommen?« fragte das Huhn.
»Wohin?« antwortete Pa.
»Nun, über den Graben!«
»Über den Graben ...?« fragte Pa, um Zeit zu gewinnen.
»Ja, über den Graben. Das schaffst du doch.«
»Aber sicher!« versetzte Pa und schaute sich wieder um.
»Einmal mußt du ja doch über den Graben kommen!« sagte das weiße Huhn.
»Morgen!« sagte Pa.
»Morgen?«
»Ja, in der Früh!« antwortete Pa etwas schwach.

»Wie früh?«
»Ganz früh«, erwiderte Pa. »So, und jetzt geh ich.«
»Kriegst du Prügel, wenn du lange wegbleibst?« fragte das weiße Huhn höflich.
Pa war ganz danach, in ein fürchterliches »Jetzt platzt mir aber gleich der Kragen«-Geschrei auszubrechen. Aber er schrie nicht und starrte nur dümmlich vor sich hin.
»Kriegst du wirklich Prügel? Ich würd mich ja nicht anfassen lassen«, sagte das weiße Huhn. »Nie! Aber ich bin ja auch ein weißes Schmuckhuhn, und denen tut man nichts. So, jetzt bist du wieder dran.«
»Und ich bin ein Hahn, mich faßt man noch viel weniger an, und in den Graben jagen sie mich auch nicht. Im übrigen empfehle ich mich jetzt«, sagte Pa recht mutig.
»Misthahn«, murmelte das Huhn leise.
»Wie bitte?« fragte Pa, der es wirklich nicht verstanden hatte.
»Wenn du rüberkommst, flüstere ich's dir ins Ohr.«
»Ich will's ja gar nicht wissen«, antwortete Pa, obwohl er sehr neugierig war.
»Weißt du, was ich gesagt habe?« fragte das weiße Huhn.
»Nein!« erwiderte Pa gespannt.
»Soll ich's wiederholen?«
»Ja!«
»Ich hab gesagt ... ich hab gesagt ... Nein, ich sag's doch nicht!« antwortete das weiße Huhn und rannte davon, zum Hof hinauf. Als es jedoch sah, daß Pa erleichtert und glücklich kehrtmachte, um möglichst schnell bei den anderen zu sein, stellte es sich breitbeinig hin und schrie so laut es konnte: »Misthahn! Miisthaahn!«
Diesmal konnte Pa es gut verstehen und lief schneller, damit er es nicht mehr hören mußte.
Mijntje war allein.

»He, Mijntje!« rief Pa schon von weitem und mit solchem Nachdruck, daß Mijntje all ihre sorgfältig erwogenen Pläne, heute so zu tun, als ob sie Pa noch nie gesehen hätte, geschweige denn von seiner Existenz überhaupt wußte, über Bord warf und auf ihn zueilte.

»Was ist denn nun schon wieder?« fragte sie bissig, um nicht völlig das Gesicht zu verlieren.

»Ich muß mich erst mal kurz setzen!« sagte Pa und ließ sich sofort auf einen nassen Fleck plumpsen, von dem er sich nicht wieder erhob.

»Also, warum mußt du dich setzen?« fragte Mijntje.

»Mijntje ...«, stöhnte Pa.

»Was denn!« sagte Mijntje.

»Mijntje ...«, fing Pa wieder an. Mijntje wurde neugierig.

»Verschnauf erst mal«, sagte sie dann. »Aber schnell.«

»Mijntje«, begann Pa zum dritten Mal. »Wie lange kennen wir uns jetzt schon?«

»Hoppla, was hat das denn zu bedeuten«, sagte Mijntje und begann laut zu lachen. »Du bist ja noch nicht mal trocken hinter den Ohren.«

»Mijntje, kennst du das weiße Huhn von Zadder?« fragte Pa etwas feierlich.

»Ich kenne kein einziges weißes Huhn, und das weiße Huhn von Zadder schon gar nicht«, antwortete Mijntje.

»Ich kenne es«, murmelte Pa.

Mijntje ruckte ihren Kopf zurecht.

»Ach!« entfuhr es ihr. »Und?«

»Nichts und«, sagte Pa. »Ich sag ja nur, daß ich's kenne.«

»Muß schon was Besonderes sein, so ein weißes Huhn.«

»Es ist unabhängig«, sagte Pa.

»Kann schon sein«, gab Mijntje mürrisch zur Antwort.

»Es hat weißen Flaum um den Hals.«

»Ts!« zischte Mijntje.

»Es hat sich eine ganze Weile mit mir unterhalten«, berichtete Pa. »Und dann hat es mich gefragt, ob ich nicht rüberkommen will.«
»Pf!« machte Mijntje.
»Ich hab ihm gesagt, daß ich gerne mal käme, und jetzt geh ich morgen früh hin. Es ist vollkommen weiß, und es hat einen Flaum um den Hals.«
»Ich würde ja gleich gehen«, sagte Mijntje.
»Nein, morgen!« erwiderte Pa, der noch immer saß.
»Wenn ich du wäre, ginge ich auf der Stelle.«
Pa schwieg eine Weile, dann sagte er: »Gut, dann geh ich jetzt!« Er machte aber keinerlei Anstalten aufzustehen.
»Wenn das Huhn glaubt, daß es etwas Besseres ist, dann soll es erst mal zu mir kommen«, sagte Mijntje, die ihre leichtfertigen Ermutigungen zu bereuen begann. Pa schwieg und setzte sich bequemer hin.
»Wenn die Hühner von drüben denken, sie sind was Besseres« – Mijntjes Gerede begann etwas eintönig zu werden –, »dann haben wir dazu auch noch einiges zu sagen.«
»Schließlich hat Toos auf ihrer Ausstellung ich weiß nicht wieviel Preise gewonnen«, sagte Mijntje. »Das soll das weiße Biest erst mal nachmachen. Toos und ich ähneln uns übrigens fast wie ein Ei dem anderen.«
»Es ist ein Schmuckhuhn!« entgegnete Pa.
»Wer?«
»Das weiße Huhn von Zadder.«
»Ein was?«
»Ein Schmuckhuhn«, flüsterte Pa.
Für eine Weile schwiegen sie beide. Dann rückte Mijntje etwas näher an Pa heran. Sie sah ihn freundlich an und gluckte leise.
Pa warf ihr einen kurzen Blick zu und starrte ins Leere, weil ihm ganz bange wurde.

Zum Sonnenhorizont

Der alte Hahn Matthias war gestorben.
Er war Opfer seiner Gewohnheit geworden, nachmittags, wenn die Sonne auf den Weg schien, vorsichtig vom Hof zu verschwinden, sich in der Nähe des Zaunes in eine Sandkuhle mitten auf dem Weg zu legen und in der Sonne zu dösen. Mit größter Regelmäßigkeit wurde das Schläfchen jedoch nachmittags um vier Uhr unterbrochen. Um diese Zeit fuhr der Wagen mit den Milchkannen vorbei, und der alte Matthias sprang dann jedesmal erschreckt auf und rannte auf den Hof. War der Wagen dann vorbei, kehrte er nach einer Weile vorsichtig zurück.
Am Tage seines Todes jedoch kam alles ganz anders. Als er das Milchauto kommen hörte, überlegte er sich: Warum stehe ich eigentlich jedesmal auf und renne weg? Es ist doch noch nie was passiert. Ich kann also genausogut sitzen bleiben. Im selben Augenblick wurde er Opfer dieses Gedankens. Er saß noch ganz vergnügt in der Kuhle, da überfuhr ihn der Wagen zuerst mit dem Vorder- und dann mit dem Hinterreifen.

Die Folge dieses Todes war, daß der kleine Hahn Pa zum ersten Hahn wurde.
Das begriff jeder, der den Bauern mit dem toten Matthias sah, und Pa begriff es schneller als alle anderen, denn auf diesen Moment hatte er – wenn auch mit gemischten Gefühlen – schon ein ganzes Jahr lang gewartet.
Pa war gerade mit Rika im Gespräch, die ihm wieder einige ihrer unsinnigen Fragen à la »Was ich eigentlich schon immer mal wissen wollte« gestellt hatte, auf die er allerdings nur äußerst vage Antwort zu geben wußte. Als er den toten Matthias sah, verfiel er in Schweigen. Rika, mit dem Rücken zum Bauern, sah nichts und wartete geduldig auf die Antwort.
Doch auf Pa stürzten so viele Gedanken ein, daß er überhaupt nicht mehr denken konnte. Leer starrte er vor sich hin und schluckte nervös. Rika glaubte, daß es eine ihrer Fragen gewesen war, die den Hahn so durcheinandergebracht hatte, all seiner Klugheit zum Trotz, und das erfüllte sie heimlich mit Stolz. »Nun ja, ich dacht halt einfach«, sagte sie, »aber komisch ist's schon, daß es noch nie jemandem vorher aufgefallen ist.«
»Was denn?« fragte Pa scharf.
»Nun ja«, antwortete Rika verlegen, »ein Schwein hat doch auch Stroh, und doch sieht man nie, wie ein ...«
Das Huhn Toos kam auf Pa zu.
»Was ist los, Toos?« fragte er.
»Was los ist?« entgegnete Toos schockiert und entsetzt. »Frag doch nicht so blöd!«
»Ich plaudere gerade mit meinem Schützling«, sagte Pa nasal, »und da kommst plötzlich du daher. Da wird man doch wohl noch fragen dürfen, was los ist, oder?«
»Wie du meinst«, sagte Toos steif. »Wenn du lieber mit ihr allein sein willst, brauchst du's nur zu sagen.«

Das war das erste Mißverständnis.
»Ich muß schon sagen, als Hahn paßt mir das gar nicht«, sagte Pa in einem Ton, der deutlich machen sollte, daß diese Antwort durchaus ihre Berechtigung hatte. Trotzdem klang es sehr unsicher, weil er dieser Art verwirrender Mißverständnisse rasch ein Ende setzen wollte.
»Rika, geh bitte ein Stück beiseite«, sagte er streng. »Ich hab mit Toos was zu besprechen.« Toos kehrte sich in voller Breite zu Rika, und ihre Züge besagten: Ich warte!
Rika war, als hätte ihr jemand auf die Flügel getatzt, aber sie gehorchte, denn offenbar gab es Dinge, die wichtiger waren als ihre albernen Fragen.
»So, jetzt können wir in Ruhe reden, also frag ich noch mal: Was ist los?«
»Och ... eigentlich nichts«, sagte Toos, die aufgrund der Tatsache, daß sie zweimal zu einer Landwirtschaftsausstellung geschickt worden war, als die weltgewandteste von allen galt. »'s ist nur so komisch!«
»Was ist komisch?« fragte Pa, auf alles gefaßt.
»Nun ja, komisch halt«, sagte Toos und scharrte mit dem rechten Fuß im Sand. »Irgendwie komisch! Jetzt bist du ... Pa, du bist jetzt der Hahn!«
»Mhm, da wird sich wohl 'ne ganze Menge ändern müssen«, sagte Pa gewichtig.
»Auf mich kannst du zählen, das weißt du«, sagte Toos.
»Dank dir, Toos«, antwortete Pa.
»Nun?« fragte Toos feierlich und erhaben. »Wollen wir zu den anderen gehen?«
»Gute Idee, Toos.«
»Geh du voran«, sagte Toos, »ich komm nach. Nimm dich vor Mijntje in acht.«
»Gute Idee«, wiederholte Pa unbeholfen und schritt unsicher und hie und da wie beiläufig nach völlig unsinnigen

und unbrauchbaren Dingen pickend auf die anderen Hühner zu.
Von denen ging nicht die geringste Herzlichkeit aus. Mijntje schwieg, Neeltje schwieg, Sientje wandte sich ab, Truida kicherte, Efrinadine pickte an einem großen Stein, Gerrigje setzte sich, und die dumme Aartje schnaubte mit einem seltsamen Geräusch durch die Nase.
Nur Rika sagte was. »Hallo, Pa«, sagte sie.
Ein unterdrücktes Gegacker der anderen war die Folge, und Ma pickte Rika tüchtig ins Hinterteil, so daß sie beleidigt davonrannte.
»Immer zu einem Späßchen aufgelegt«, sagte Pa, er wollte sich locker und jovial geben.
»Pah, Volksvergnügen!« entgegnete Efrinadine, die sich für ein Perlhuhn hielt.
Nun kam auch Toos. »So, da ist ja unser Hahn«, sagte sie herzlich und gab Pa, als wär es das natürlichste auf der Welt, einen kleinen Stoß. »Schön, daß du da bist!« Das war Landwirtschaftsausstellungskonversation, und darauf wußten die anderen keine Antwort. Wütend auf Toos, begannen sie nun alle wild auf Pa einzureden und achteten besonders darauf, sich so geziert wie möglich auszudrücken.
Aber als die dumme Aartje sagte: »Komm doch mal vorbei, und dann plaudern wir ein bißchen«, fing alles schreiend zu lachen an, und nach Pas Worten: »Kommt, Kinder, genug für heute, nun schnell auf die Stange gehupft«, kannte die Heiterkeit keine Grenzen mehr, und man begab sich grölend und johlend ins Hühnerhäuschen.
Als Rika zurückkam, vernahm sie aus dem Häuschen immer wieder: »Ach, dieser Pa!«, er hatte die Sache für den heutigen Tag offenbar für sich entschieden.
Dieser Meinung war er selber auch, und als er in seinem Übermut so weit ging, die schon eingedöste Efrinadine so

zu schubsen, daß sie von der Stange fiel, hörte er die Hühner zu seiner innigsten Genugtuung flüstern: »Dieser Pa!«, was doch wieder ganz anders gemeint war als der Ausruf gleichen Inhalts von vorhin. Er war nun Hahn auf dem Hof und plusterte sich so stark wie möglich auf. Müde und zufrieden schlief er ein.

Er erwachte als erster und hatte sofort den ganzen Kopf voller Sorgen. Nicht nur, weil er jetzt zum ersten Mal offiziell zu krähen hatte, sondern weil er einen ganzen Tag mit seiner Hühnerschar durchzubringen hatte. Und den ganzen Tag lang Witze zu reißen wie gestern war schlichtweg unmöglich. Pa verfiel so sehr ins Grübeln, daß er die Zeit vergaß. Als auch die anderen Hühner wach wurden, blieben sie sitzen, weil Pa noch nicht gekräht hatte. Sie sahen zu ihm hinüber und stellten fest, daß er ziemlich klein ausgefallen war, zumindest glaubte Pa, daß sie das dachten, und als er sie anschaute, kniffen sie schnell ihre Augen zu. Pa konnte sich trotz der angespannten Situation zu keinem Entschluß durchringen und blieb sitzen, bis es nicht mehr auszuhalten war. Alle waren hellwach.

»Was ist, gehen wir nicht hinaus?« fragte Rika dumm.

»Nein«, sagte Gerrigje, die schon lange wach war. »Psst!« Sie zeigte auf Pa. »Psst, er weiß nicht, wie er krähen muß.«

»Un? Mueß i schreie?« fragte Mijnte in derbem Dialekt.

»Vielleicht haben wir heute gar keinen Tag?« murmelte Ma mürrisch.

»Morgen wird's besser!« sagte Efrinadine vernichtend.

»Ist ja gut«, sagte Pa fast zitternd, »ich kräh ja schon, aber ich hab einen Plan, und ihr müßt mir versprechen, ihn nicht weiterzuverraten. Den ziehen wir durch, und ihr müßt euch alle dran beteiligen. Es wird sicher lustig, aber ihr müßt den Mund halten! Ich meine, wir werden schon sehen.« Und dann krähte er traurig, mickrig und erbärmlich, um zu zeigen, daß nun der Morgen angebrochen sei (was schon längst der Fall war), und wenig später stapfte er, gefolgt von den Hühnern, zum Hühnerhäuschen hinaus, um festzustellen, daß es schon reichlich spät und so ein Hof auf den ersten Blick doch recht befremdlich sei.

Alle waren sehr neugierig auf Pas Plan, aber aus ihm war nichts herauszubekommen. Irgendwann nahm er Toos beiseite und sagte: »Ihr werdet schon sehen, es lohnt sich. Geht einfach hinter mir her.« Dann rollte er mit den Augen und flüsterte vieldeutig: »Zum Sonnenhorizont!«

Toos wurde nicht im mindesten klug daraus, aber ihre Neugier war doch so groß, daß sie mit bedeutungsschwerer Miene zu den anderen Hühnern zurückging, jedoch ohne ihnen etwas zu sagen.

Worauf das Ganze hinauslaufen sollte, wußte Pa selbst nicht. Es war ihm am Morgen nur der Gedanke gekommen, daß er die eine oder andere größere Unternehmung starten müsse, und davon ließ er sich nicht wieder abbringen. Zuerst dachte er daran, sich etwas wirklich Wichtiges und Nützliches auszudenken, das allen etwas zu bieten hatte, aber das wollte ihm nicht gelingen, und da ihm auf die Schnelle etwas einfallen mußte, war er auf den Sonnenhorizont gekommen.

Normalerweise gingen die Hühner unter der Leitung des alten Matthias auf die Wiese hinter dem Hof. Nur ein einziges Mal waren sie dabei bis zu jenem Stück Land kurz vor dem Graben gekommen. Hinter dem Graben befand sich wieder eine Wiese, auf der man jedoch schon zu weit vom Bauernhof weg war, deshalb ging niemand jemals dorthin. Nur Pa hatte diese Wiese schon öfter verträumt betrachtet und an die anderen Wiesen gedacht, die dahinter liegen mußten. Oft erwachte er mit dem Wort »Sonnenhorizont« aus seinem geistesabwesenden Gegrübel und meinte damit das Land hinter dem Graben, das, wenn man lange genug in die Sonne schaute, zu glitzern anfing und sich seltsam veränderte.

Sonnenhorizont, das hatte er auch eben gerade gesagt, und die erste Unternehmung mit ihm als Hahn auf dem Hof würde ein Ausflug mit seinen Hühnern in dieses unbekannte Land sein.

Um die Mittagszeit herum rief er alle zusammen: »Wir gehen!« sagte er simpel und war schon auf dem Feld. Er stapfte einfach drauflos, und wer mit ihm mithalten wollte, konnte weder Nahrung suchen noch in die Erde picken. Darüber ärgerten sich Mijntje und Ma sehr, denn sie hatten für derartige Abenteuer im Grunde nicht viel übrig. Doch ihre Neugier war so groß, daß sie sich fügten und hinterherstapften.

Mit bangem Herzen flatterte Pa über den Graben und betrat die Wiese. Ma und Mijntje zögerten, flogen dann aber mit den anderen hinüber. Als diese dann jedoch weitergingen, blieben sie einfach stehen.

»Genug gezwickerzwackelt«, entschied Ma.

»Kommst du auch endlich drauf!« sagte Mijntje. Ma und Mijntje blieben, wo sie waren, und taten sich an den Würmern gütlich.

Der Rest aber folgte, wenn auch mit einem gewissen Grimm und ohne sich umzuschauen, Pa, der sich ebenfalls nicht umschaute, weil er sich nicht traute.

Beim zweiten Graben schaute Efrinadine die dumme Aartje an, und die dumme Aartje Gerrigje und Gerrigje Truida. Pa flog hinüber.

Rika folgte ihm und fiel dabei halb ins Wasser. Danach Toos, wütend, traurig und hilflos.

»Es muß da drüben wohl 'ne Landwirtschaftsausstellung stattfinden«, sagte Truida. »Damit hätte sie aber warten sollen, bis ihr hinten wieder was nachgewachsen ist«, sagte Gerrigje und zeigte nicht ohne Schadenfreude auf das sichtbarste Körperteil von Toos, das unter den Scharmützeln, die sie untereinander ausfochten, tatsächlich sehr gelitten hatte. »Da wär ich als Perlhuhn doch wohl besser geeignet«, bemerkte Efrinadine. »So ein Scheißhahn!« rief die dumme Aartje, und dann traten sie gemeinsam den Rückweg an.

Mitten auf der dritten Wiese wurde es Toos zuviel. Sie blieb stehen. Zuerst tat sie, als ob sie etwas Merkwürdiges entdeckt hätte, aber als Pa sich nicht umdrehte und auch Rika nicht, schämte sie sich über die Maßen, setzte sich in Positur und rief in einem ungewohnt schroffen Ton so laut sie konnte: »Heee, Haaahn!« Das war Rache genug, fand sie und kehrte um.

Rika wurde nun sehr bang zumute, und sie drängte sich dicht an Pa heran. »Ist's noch weit?« fragte sie.

»Vielleicht«, murmelte Pa.

»Wo gehen wir denn hin?«

»Son-nen-hori-zont«, skandierte Pa, als ob er eine Haltestelle ausriefe.

»Und wo ist das?« fragte Rika.

»Weiß ich nicht«, antwortete Pa patzig.

»Muß ich wirklich mit?« fragte Rika.

»Nein!« fuhr Pa sie an. »Geh nach Hause oder setz dich her und faß dich in fetter Geduld.«

Das war sehr ungerecht von Pa und sehr gemein, denn Rika war mit Sicherheit das anhänglichste aller Hühner. Die Antwort betrübte sie denn auch sehr.

»Ich würd ja schon mitkommen«, sagte sie. »Ich wüßte nur gern, ob ich bis zum Abend zurück bin. Gelegt hab ich auch noch nicht.«

»Rika«, sagte Pa entsetzlich traurig. »Geh ruhig nach Hause

und sag den anderen nichts davon. Du bist die Beste von allen, vergiß das nicht, auch wenn das meine letzten Worte sein sollten.«

Vor lauter Fassungslosigkeit und Elend ließ Rika sich flach auf die Erde plumpsen und schaute Pa nach. Der schritt weiter, unsicher wie immer, und merkwürdig hoch auf den Beinen. Das alles erfüllte Rika mit solcher Traurigkeit, daß sie sitzen bleiben mußte, wobei ihr immer beklemmender zumute wurde. Als sie schließlich aufstand, hatte sie zum Gackern wahrlich Grund genug und machte sich halb stolpernd, halb fliegend auf den Heimweg. Beim zweiten Graben stiefelte sie geradewegs durchs Wasser und kam zerzaust, voller Reue über das nichtgelegte Ei und laut schluchzend bei den anderen an.

Pa marschierte bis zu einem breiten Kanal mit Schilf am Ufer. Er war von der Enttäuschung über den mißlungenen Plan so niedergeschlagen, daß er bis zum Bauch ins Wasser stieg und dort für den Rest des Tages bewegungslos im Schilf sitzen blieb.

Als die Hühner auf den Hof zurückkamen, trafen sie im Hühnerhaus auf einen Hahn. Es war ein stämmiger, junger Hahn, der sehr selbstbewußt auf den Beinen stand, ab und zu krähte und mit ungewöhnlicher Betriebsamkeit den Erdboden absuchte. Als er die Hühner kommen sah, sagte er mit einem Dialekt, der deutlich verriet, daß er aus einer anderen Gegend stammte: »Tach, Kippen!« Und fügte dann mit einer gewissen Verschmitztheit und sehr höflich hinzu: »He, Hennen!« Alle waren freudig überrascht.

Arnold hieß der neue Hahn, und er war wirklich sehr stattlich. So stattlich sogar, daß die Hühner zur Schlafenszeit nur schüchtern auf der Stange Platz nahmen, auf der sich Arnold anmutig, aber unerschütterlich mit einer Kralle festhielt und mit der anderen kräftig hinter dem Ohr

kratzte. »Nacht, 'ne«, sagte er, und die Hühner antworteten das gleiche, verlegen wie Junghühner, die noch nie gebrütet haben.
Spät in der Nacht kehrte Pa zurück. Er schoß ins Hühnerhaus und fand seinen Platz besetzt. Seltsam, alle Plätze waren besetzt. Er versuchte, sich in eine Reihe zu drängen, wovon der Hahn Arnold wach wurde, den Eindringling sah und ihn äußerst kräftig und zielsicher in den Kamm pickte: »Slapen laten«, sagte er, und Pa mußte es sich auf dem Boden bequem machen.
Von oben hörte er Gekicher.
»Toos!« rief er schwach und mit einem letzten Hoffnungsschimmer.
»Schleich di!« rief die dumme Aartje grob.
»Nicht gerade die feine englische Art!« sagte Toos (ein Ausspruch, den sie auf der Landwirtschaftsausstellung aufgeschnappt hatte). Das stellte ihr Ansehen wieder her, und die anderen wiederholten ihn voll Bewunderung. Dabei wandten sie sich noch mehr von Pa ab, als sie es ohnehin schon getan hatten.
»Nu, Ogen dicht!« befahl Hahn Arnold.
»Sonnenhorizont«, sagte Toos.
Nach diesem einen Tag Hahn-Sein hatte Pas Kamm einen tüchtigen Knick.
»Genug gezwicker ... zwa ... ckelt«, murmelte Ma im Schlaf.

Mein Vater inspizierte jeden Abend den Nil

»Ich bin ein blauer Fischreiher, ›*Une truite au bleue*‹.« Richtiger wäre es, Viieschreiher zu sagen, weich und gedehnt, Viiiesch. Und jedes ›u‹ müßte im Grunde ein ›ü‹ sein, üne trüite blö. Anstelle von *truite* könnte auch ein anderes Wort stehen, denn eine Forelle ist schließlich kein Reiher. Wer die Sprache allerdings nicht dazu benutzt, um sich mit anderen zu unterhalten, kümmert sich meist wenig um die genaue Bedeutung der einzelnen Wörter, wenn er sie denn kennt. Letzteres geschieht im allgemeinen nur, um sich mit anderen unterhalten zu können, und der Fischreiher Jerôme Flaudeville unterhielt sich nicht mit anderen, oder, genauer gesagt: er tat es nicht mehr.

Übrigens hieß er weder Jerôme Flaudeville noch *de* Flaudeville.

Seine Mutter hatte ihn, im unklaren über sein Geschlecht, Aardje genannt. So konnte man leicht Aardje mit einem d daraus machen, wenn es ein Männchen wurde, und Aartje mit einem t, wenn es ein Weibchen werden sollte. Der

Nachname lautete van der Voort. Aardje v. d. Voort, ein Reiher in den Niederlanden. Ein Fischreiher in den Niederlanden, inzwischen erwachsen, verträumt und üne trüite blö. Jerôme de Flaudeville, ein Viieschreiher, der nicht an den Ufern des Nils stand, sondern am Rand eines Wassergrabens, Fröschlein und Fischlein fing, manchmal die Flügel spreizte, mit ihnen schlug, die Beine hob und wieder senkte.

Er fand seine Beine nicht besonders schön, nannte sie veritable Krallen und suchte nach immer neuen Bezeichnungen, die seinen Ekel vor ihrer Kümmerlichkeit in Worte faßten.

Oft tat er das beim Fischen.

Wenn er etwas gefangen und begierig verschlungen hatte, sah er an seiner Brust hinunter auf die Beine und flüsterte »Jerôme de Flaudeville«, spreizte die Flügel, schlug mit ihnen, sah, wie sich die Krallen vom Boden lösten, hob sie an und setzte sie wieder ab. Immerhin konnte er auf ihnen stehen. Stundenlang, wenn es sein mußte: Sie waren gefühllos wie Holzlatten. Aber Holzlatten besagt auch nicht viel, denn die besaßen immerhin so etwas wie Form oder Substanz, und die Beine von Jerôme hatten nicht einmal das.

De Flaudeville. Das ist doch etwas anderes als Vlohdefiel. Zuerst das F und dann das V, das klingt wie das anmutige Abheben zweier Flügel. Keine andere Abfolge von F und V bringt das zuwege.

Aardje v. d. Voort.

Kaum vorstellbar, daß ein solcher Reiher nicht in der Philosophie bewandert war.

Man halte sich nur einmal den Winter vor Augen! Die schneebedeckten Wiesen und die zugefrorenen, blau oder schwarzblau durch den Schnee schimmernden Wassergrä-

ben, die eine eisig weiße Fläche zerschneiden. (Unter dem Eis: Fische und Frösche, doch das ist im Moment nicht von Belang.)
De Flaudeville.
De Flaudeville *père* war Attaché am ägyptischen Hof, rechte Hand des Ambassadeurs, von seiner Umgebung Embrassadeur genannt, weil er von den ägyptischen Frauen geradezu besessen war. *Les seins, les fesses, le ventre.* Nicht ihre Beine. *O non*, ihre Beine nicht. Und die Augen erst, *les yeux, mon chèr.* Aardje v. d. Voort.
Er erschien eines Tages bei mir, Notar meines Zeichens, und wollte seinen Namen ändern lassen. Ein kompliziertes Verfahren, vor allem, weil die familiären Gegebenheiten keinesfalls so waren, daß sie ihn zum Tragen des Namens de Flaudeville berechtigt hätten. Um ein Aussterben des Namens zu verhindern, zum Beispiel. Auch nicht von der mütterlichen Seite her. Seine Mutter hieß ganz einfach Gerrigje van de Voort-Brussaard. Von den Inseln. Delta-Phase 1001, und alle übrigen Nächte wie immer auf dem Nest.
Jerôme de Flaudeville war von matter, bleicher und fast durchsichtig blauer Gesichtsfarbe, hatte eine zarte Gesundheit, große Augen und einen Strohhut gegen die ägyptische Sonne auf dem Kopf, und er war viel mit *maman* unterwegs. De Feauchamps d'Hébercourt. Wie das aufstieg. De Feauchamps!
Mit einem Flügelschlag los vom Erdboden und sofort in beträchtlicher Höhe, d'Hébercourt, ohne viel Federlesens unterwegs zu einem Ziel. Verheiratet mit de Flaudeville und schon auf Reisen nach Ägypten. Die Mitgift mißfiel, doch was tut ein de Flaudeville? Er verspielt, noch am Tag der Hochzeit, die ganze Summe im Casino von Biarritz. Genauer gesagt, noch während der Hochzeitsnacht. Unver-

zeihlich, und zugleich ein diskreter Hinweis darauf, wie sehr ihm die Höhe der Mitgift tatsächlich mißfiel. Dennoch wurde Jerôme geboren, und sogar noch eine kleine Schwester. Suzette. Aus Eiern, deren Vollkommenheit den Mond entzückten, wenn sich die brütende Mutter kurz erhob, um sie glänzen zu lassen.

Suzette ist inzwischen verheiratet. Mit ihrer Heirat blieb sie dem diplomatischen Umfeld treu. Botschaftersgattin. So gut wie kein Kontakt zu Aardje v. d. Voort, ihrem Bruder. Verbreitungsgebiet des Fischreihers, steht kurzgefaßt im Vogelführer, von dort bis dort. Ägypten wird selten genannt.

Hatte Jerôme de Flaudeville Gründe, das ewige Grün der niederländischen Wiesen zu verabscheuen? Es würde sich lohnen, vor der Beantwortung dieser Frage die Abhandlung über den Stellenwert der Jahreszeiten als Stimulans des Denkens und Gefühlslebens aus dem Band VII seiner Memoiren noch einmal durchzulesen. Bei der neuerlichen Lektüre entschlüpfte Jerôme sicher ab und zu ein »Tiens!« Hatte er das geschrieben?

Apart, apart! So etwas würde ihm heute wohl nicht mehr gelingen. Er staunt immer wieder, wenn aus seinen Memoiren zitiert wird. Was für treffliche Formulierungen sie doch enthalten! Gedanken, die von höchstem Scharfsinn zeugen und von bewundernswürdiger Tiefe sind. *»Tiens!«* Gerrigje v. d. Voort-Brussaard würde fragen: »Wo hat er das nur her?« Wohl kaum aus dem Dordtenaarer Kreisblatt.

Merkwürdig ist, daß Jerôme andere Fischreiher haßt. Es ist nicht einmal Haß. Sie existieren für ihn einfach nicht. Nur die *truite bleue*, die existiert. Die ist er selber. Wenn er durch die Luft gleitet, die in seinem Gefieder säuselt, und zu einem Wassergraben segelt, dann beschwört dies in ihm eine Hügellandschaft herauf, die einzig und unverwechselbar ist. In der Tiefe sind schwarz die Fische im Wasser zu sehen. Eine Fischzucht. (Was der Besitzer weiß, aber kein Reiher.)

»Man muß scharf trennen zwischen der Phantasie, die bei der Lösung handfester Probleme ihre unmittelbare Anwendung findet, und jener Art des Phantasierens, die einfach nur zu einer Bereicherung des Lebens beiträgt, ohne materiell von unmittelbarem Nutzen zu sein«, schreibt Jerôme in Band III. Eine Aussage, die so originell nun auch wieder nicht ist, vor allem, wenn man zusammen mit Jerôme einmal der Frage nachginge, woraus denn die Phantasie, »die bei der Lösung handfester Probleme ihre unmittelbare Anwendung findet«, eigentlich bestünde. Man wäre wohl bald beim Fischen angelangt, doch die Phantasie, die es dafür braucht, erschöpft sich in Stillhalten und Geduld. Bemerkt man den Fisch oder den Frosch, darf nichts, außer einer leichten Bewegung der Augen, verraten, daß man die Beute entdeckt hat. Gibt sie ein *Summen* von sich, muß alles vermieden werden, was dieses Summen unterbrechen könnte. Die Beute darf nicht das leiseste Gefühl des Unbehagens verspüren oder ihrem Summen einen anderen Ton geben.

»In dem Moment, in dem die Beute den Gang ihrer Gedanken ändert, hat sie als Beute schon an Gewißheit verloren«, hätte es aus Jerômes Feder fließen können, wenn er sich in seinen Schriften solch trivialen Dingen gewidmet hätte. Aber das hat er nicht. Fischen findet im Wassergraben statt, und dort nehmen Memoiren nur selten Gestalt an. Auch Soldaten schildern niemals ausführlicher, wie sie getötet haben; nur manchmal verraten sie Einzelheiten über offenbar recht komplizierte strategische Berechnungen, die der Feind nur in unzureichendem Maße hatte nachvollziehen können. Wie auch immer: Wenn die Beute

summt, achte darauf, daß sie damit nicht aufhört. Pack mitten im Summen zu, und wenn sie aufs Mal verschluckt werden kann, so tue dies. Nicht aus Gründen der Humanität, sondern der Sicherheit wegen; einen Fisch, der einem wieder aus dem Schnabel fällt, setzt man allzuleicht aufs Spiel (Maxime LXV).
Und der Clou an der Sache ist: Aardje v. d. Voort kann es mit einem Kilo Fisch pro Tag aufnehmen!

Nicht jeder hat schon mal den Nil im Mondlicht gesehen. Vielleicht ist es schade, daß am Ufer dieses Flusses so viel Schilf wächst, und möglicherweise wäre es noch schöner, das Wasser flösse murmelnd – aber natürlich nicht nur einfach murmelnd, sondern hieroglyphenmurmelnd – zwischen schnurgeraden Rändern der Wüste. Der Sudan liegt zum Greifen nahe, ebenso Nofretete und Jerômes Vater. Herbert de Flaudeville, ununterbrochen in diplomatischen Diensten tätig, erhebt sich mit müden Gebärden zum abendlichen Rapport, der noch vor Einbruch der Nacht depeschiert werden muß, in die Lüfte, um zu sehen, ob mit der Mündung des Nils alles in Ordnung ist.
La douleur insupportable, die Müdigkeit im Blick dieses Würdenträgers kann einen zu Tränen rühren und ist nicht etwa auf die Ehe v. d. Voort-Brussaard zurückzuführen, sondern auf die Tatsache, daß es auch noch andere Orte gibt als die Ufer des Nils.
»Ah mes ailes ...«, hatte Herbert ausgerufen, als er das Ei sah, aus dem Jerôme schlüpfen sollte. Es war das erste Mal, seit er die Mitgift Clairette Feauchamps d'Hébercourts verspielt hatte, daß er und Clairette ein Lächeln tauschten. Seine Flügel waren in diesem Ei. Seine Flügel, die ihn in der Dämmerung über das Nildelta trugen. *L'histoire se repète*, dachte Clairette vielleicht, denn das Äußere von

Jerôme hatte sie sofort beruhigt. Nichts von den Flaudevilles, alles von den Feauchamps!
Wenn Jerôme am Wassergraben stand, seine Beine betrachtete und sich über sie ärgerte, glaubte er manchmal, der einzige mit solch mißgestalteten Gliedern zu sein. Es ist nicht bekannt, ob er diesen Gedanken weiterverfolgte und bis zur Vermutung steigerte, sein Vater sei wesentlich besser ausgerüstet. Immerhin schreibt er in einem seiner Bücher, daß die Vögel es mit ihren Beinen im allgemeinen nicht besonders gut getroffen hätten. Er bezeichnet sie als »Gestelle«, fügt aber versöhnlich hinzu, er habe seine »Stelzen« noch nie anders als »äußerst praktisch« empfunden. Auffällig ist dieser Wortlaut allerdings, und wohl eher ein Lippenbekenntnis, steht er doch in einem Absatz, der mit den Worten beginnt: »Im allgemeinen ist es wenig ratsam, sich mit seinem Äußeren allzu genau zu befassen.«
Hier sind wir bei einem wichtigen Punkt angelangt. Weder die de Flaudevilles noch die de Feauchamps d'Hébercourts haben sich über ihr Äußeres jemals den Kopf zerbrochen. Sie stiegen auf, sie flogen und sie landeten, hoben also vom Boden ab, zogen ihre Beine ein und streckten sie wieder, aber sie haben sie niemals einer Betrachtung unterzogen. Während Aardje v. d. Voort sie immer häufiger betrachtet und die Dinger verflucht, weil sie an ihm als einer *truite bleue* einige Zweifel entstehen lassen. An Tagen, an denen der Fang schlecht war und die Maximen über Stillhalten und Geduld wertloses Geschwätz waren, kam es vor, daß er mit dem Schnabel gegen seine Beine pochte und eine lange Liste der allerordinärsten Flüche folgen ließ. Das Pochen gegen die Beine machte das Maß voll. *»Ah, mes ailes . . .«*, hatte Herbert ausgerufen. »Aber ja doch, unterhalten wir uns mal über Flügel!« krächzte Jerôme. »Laßt uns doch verdammt noch mal über Flügel sprechen!«

Das allerdings sollte er in solchen Augenblicken lieber lassen, denn würde er dann seine Flügel ausstrecken und mit ihnen schlagen, bis er sich vom Boden löste, würde er die Beine anschließend nicht einziehen, sondern lang hängen lassen und so das einzige Glück darangeben, das ihn von allem befreien konnte: das Fliegen, das nur Körper-und-Flügel-Sein, die Existenz in der Luft. Vielleicht sogar für immer. Dann wären da zwar immer noch die fünfzehn Bände Memoiren, aber was wären schon fünfzehn in Leder gebundene Bände gegen zwei herabbaumelnde Beine? Kaum anzunehmen, daß je irgend jemand darin lesen würde. Sie wären vollkommen wertlos, kalkiges Gebrösel, dem Verdorren geweiht wie der Kiel einer ausgefallenen Reiherfeder.

Fische fressen alles, und das fast pausenlos. Mit Fröschen verhält es sich nicht viel anders. Wenn man sich vorstellt, was Fische und Frösche alles verzehrt haben, bis sie eines schönen Tages zu Jerômes Beute (ein Kilo Fisch und Frösche) beitragen, so wird er einen tüchtigen Happen aus Gottes Schöpfung genommen haben, wenn er schließlich aufsteigt und über die Wiesen fliegt. Proppenvoll mit grob zerkleinertem, kropflängs verschlungenem Leben, das in ihm verdaut. Herrje, wie fröhlich lebten die Fischchen doch in den Wassergräben! Ohne eine Ahnung von den Flaudevilles, von ihrer vornehmen Abstammung und der Frage, wie lange sie wohl am Hof des Königs von Ägypten akkreditiert gewesen sein mögen. Ganz zu schweigen von den v. d. Voort-Brussaards im Park von Gorkum beziehungsweise Gorinchem, die den Rasen vollkommen zuschanden schissen mit Fischen und Fröschen aus der Gegend.
Was ist ein Wassergraben? Ein Wasserlauf zwischen zwei

Wiesen, ein Abfluß oder Zufluß, darüber die Sonne und an den Ufern Schilf. Das Schilf steht mit den Stengeln im Wasser, manchmal schwimmt Entengrütze auf der Oberfläche. Vielleicht treibt darin ab und zu einmal ein Hecht sein Unwesen, sorgt auf eine irrwitzig flitzende Weise für Ordnung, saust mordend hin und her, verschluckt, verschlingt und freut sich fröhlich an dem Aufruhr, den er verursacht. Er gehört zu diesem Gewässer, und den Fischen droht durchaus die Gefahr, plötzlich von diesem Hechtmaul vereinnahmt zu werden und wie in einem Omnibus weiterzureisen.

Aber gehört Jerôme da wirklich hin? Jerôme, der den ganzen Tag auf seinen Stelzen steht, um plötzlich mit dem Schnabel herabzuschießen, zu stechen und zu stoßen, den Kopf zu heben und das gefangene Tier hinunterzutrichtern, bis er es in sich hat? Gluck, gluck, sieht man die Kehle glucksen, und bastacanasta!

Die Wiesen sind verlassen. Niemand sieht Jerôme, niemand denkt an Aardje. Das Ehepaar v. d. Voort-Brussaard ist längst verstorben. Der Aufenthaltsort von Jerômes Schwester Suzette de Flaudeville ist unbekannt. Die letzten Nachrichten kamen aus Triest. Jerôme selbst sitzt in einem holländischen Baum. Er hat gestern so entsetzlich viel gefressen, daß er kein Bedürfnis verspürt, auf Jagd zu gehen, jedenfalls kein dringendes. Wenn er in einem Baum sitzt, denkt er meist weniger über seine Beine nach als unten am Boden. Dort sind sie stinknormal und äußerst praktisch, und außerdem fallen ihm auf Bäumen stets ganz andere Dinge ein.

Zum Beispiel der Tod.

Eigentlich sitzt es sich recht sicher in einem Baum, aber es herrscht dort oft viel Schatten, und das Halbdunkel hält andere Gedanken fern. Wer sich in die Finsternis begibt,

fällt hinein. Und es gibt nichts, was dieses Fallen bremsen könnte. Kein Boden, kein Strauch. Es bleibt halbdunkel, wird immer kälter und bildet einen schrecklichen Gegensatz zur Wohligkeit des Eis. Zwar ist es auch dort vollkommen duster, aber etwas ist anders: Im Ei gibt es die Wohligkeit wachsender Flügel und sprießender Federn. Das Halbdunkel der Bäume aber ist alles andere als wohlig. Es ist nichts als ein endloses Hinunterfallen, dem man nur deshalb nicht nachgibt, weil es gleich wieder was zu fressen gibt. Und es weckt die Sehnsucht nach dem wärmenden Dunkel und nach dem, wenn auch kurzen, Zustand der Vollkommenheit von einst.
In dem sich regenden und schaudererregenden Grün der Bäume, das an die Stelle der Geborgenheit des Eis getreten ist, zieht es einem manchmal die Vogelzehen zusammen vor Angst, daß dies das ganze Vogelleben so weitergehen könnte und die Kälte, wenn das Fallen einmal begonnen hätte, sich unaufhaltsam näherte!
In Jerômes Memoiren findet sich keine Silbe von Bäumen und Nestern, und weil er in der Praxis aus dem Halbdunkel so oft und so fürchterlich viel hinunterscheißt, kommen ihm dort oben ganz andere Gedanken als auf einer Wiese oder am Rand eines Wassergrabens.
Den prallen Wanst und das pausenlose Scheißen kannte er noch gut von seinem Vater v. d. Voort und von seiner Mutter, die ihn im Nest hoch in den Bäumen füttern kam. Aus einer Zeit, als er noch nicht fliegen konnte und nur ans Fressen dachte und daran, daß es wohl wieder an der Zeit wäre, etwas in den Magen zu kriegen. Wenn er über den Nestrand schaute, war das schon ein Hinweis auf seine Empörung, wo die Eltern denn um Gottes willen blieben. Manchmal lagen er und seine Schwester mit so verschlungenen Hälsen im Nest, daß nicht auszumachen war, wel-

cher Hals zu wem gehörte, wären da nicht Jerômes Augen gewesen, die sich verärgert und schaurig schielend nach der nächsten Mahlzeit umschauten.

Kindheitserinnerungen sind süß, aber meist gefärbt von späteren Lebensumständen. »Dann kam meine Mutter, manchmal von sehr weit her, natürlich mit einem herrlichen Bissen, und wir waren vor Freude ganz aus dem Häuschen. Ich weiß noch genau, wie sicher wir uns fühlten, wenn sie auf dem Nest landete. Und wenn wir gefressen hatten, schauten wir hinunter auf diese fremde, fremde Erde, die uns so neugierig machte ... Und dann natürlich: das ewige Rauschen der Blätter im kühlen Wind. Oder manchmal, wenn es windstill war, das laue Zaudern der Lüfte mit allen Versprechen des Fliegens, nach denen wir nun immer mehr verlangten ...«

Anfangs rief das Fliegen sehr viel in ihm hervor. In erster Linie den Wunsch, es zurück zum Nest zu schaffen, dann die Möglichkeit, weit und weiter weg zu fliegen, hinein in die Unendlichkeit. Vielleicht in Gesellschaft von vielen anderen Reihern und hin zu Orten, die nichts von den Kümmernissen der bisher gesehenen hatten. »Es wird sich zeigen«, murmelte Jerôme gelegentlich. »Es wird sich zeigen.«

Das war der Grund dafür, daß er eines Morgens, als er schon längst selbst jagte, weit und immer weiter flog, nicht ohne vorher tüchtig gefressen zu haben. Nicht zum Baum im Park, sondern hoch darüber hinaus, in einen grauen Himmel und mit einem Drang in sich, der – es mag verrückt klingen – überwiegend mit Jerômes Widerwillen zu tun hatte. Widerwillen wovor? Dem Widerwillen vor Nußsaft!

Jerôme wußte nicht, was eine Nuß war, aber Nußsaft war

ein Gefühl, das einem den Brustkorb zusammendrückte, die Federn des Kleides ausfallen ließ, die Haut zu Blasen warf, die Beine brach und den Blick vergraute. Er flog Tag um Tag, mit weit ausholenden Flügelschlägen. Er schaute sich genausowenig nach den anderen um, wie die sich nach ihm, als ob es reiner Zufall wäre, daß sie so dicht nebeneinander in dieselbe Richtung flogen. Die Luft wurde wärmer.

Da lagen sie, die Hügel.

Er landete, wo viel Gras war, wo es viele, viele dicht beieinanderliegende Gräben gab, in denen das Wasser rauschte. Sie waren voller schwarzer Schatten. Und die waren ordentlich groß.

Er saß auf dem Rand eines weißgelben Felsens und schaute hinunter. *»Jerôme de Flaudeville vous êtes une truite au bleue«*, sagte jemand. *»Certainement«*, antwortete er, stieß sich ab, spreizte die Flügel und segelte hinab. Er, ein blauer Fischreiher, *fils aîné* d'Herbert de Flaudeville, Rapporteur des Nils, leidenschaftlicher Bakkaratspieler, landete und begann sofort damit, Fische hinunterzuschlingen. Einen nach dem anderen, Teufel ja! Glatte Fische, die nicht einmal gejagt zu werden brauchten. Die sich seinem Schnabel präsentierten wie wollüstige Hetären. Bis er satt war und aufflog, um einen Baum zu suchen, der anders war als die Bäume im Park, ohne den Mist anderer Reiher darunter, und dort zu schlafen.

War das Glück? Ja.

Das Fischeverschlingen und Schlafen im Baum wiederholten sich am folgenden Tag und am nächsten und so fort bis in alle Ewigkeit. O noble Familie, da sitzt Jerôme, Sohn des Herbert-mit-den-traurigen-Augen. Blauer Fischreiher auch er, Jerôme, der im ersten Morgenlicht die Forellen-

züchterei ausspäht, wo im Moment aber Männer herumlaufen, so daß es wenig ratsam ist, dort zu landen.
Die Männer fingen ebenfalls Forellen. Sie hielten Zettel mit Bestellungen in Händen und schöpften pfeifend die darauf notierte Anzahl Fische aus dem Wasser. Später machten sich kleine Lieferwagen auf den Weg zu Fischläden und Restaurants.
Geduld auf einem Baum zu üben ist etwas anderes als am Ufer eines Gewässers. Jerôme wollte zum Wasser hinunterfliegen, aber es war ihm nicht geheuer. Er kreiste ein paarmal, aber schon bei der zweiten Runde krachte ein Schuß, und Jerôme bekam eine Ladung Schrot in die Flügel, ein paar Körner blieben in seinem Körper stecken. An unschuldigen Stellen zwar, aber es empörte ihn trotzdem. Den Baum in der Nähe der Wassergräben und Schleusen, die das Wasser durch die Fischteiche leiteten, suchte er nicht wieder auf, sondern flog auf einen ~~einen~~ in der weiteren Umgebung.
Erst im hellen und noch warmen Abendrot kehrte er zurück und stellte sich indigniert an den Rand eines Wassergrabens. Die schwarzen Schatten waren lebendig wie eh und je, und Jerôme gab sich der kühlen Wollust des Fischeverschlingens hin, einen nach dem anderen. Für einen Betrag von, na, sagen wir mal, 40 bis 45 neuen Francs.
Doch nun war niemand mehr in der Züchterei, und so wurde auch nicht geschossen. Als das Abendrot schwächer geworden und verebbt war, stieg Jerôme – satt, pappsatt – wieder auf und flog stolz zum Baum des vergangenen Tages. Die Zweige bogen sich unter ihm, als ob Kürbisse darauf wüchsen.
So ging es einige Tage. Einmal machte er seine Runde in der vollen Mittagssonne, und wieder schickte man ihm einen Schuß hinterher. Er rollte mit den Augen, flog

schneller und flatternder als sonst und spürte, daß man ihm an den Kragen wollte und ihn in eine Gefahr brachte, die auf seiten der Schützen auf ebensoviel Unverständnis wie Brutalität schließen ließ. Am Abend hielt er sich dafür schadlos, und dann war alles wieder wie sonst. Am Tag aber – und das ausgerechnet in diesen sonnendurchfluteten Tagen, in denen er mehr denn je blauer Fischreiher war – verblaßte sein Ruhm; wie ein Spießbürger mußte er darauf warten, daß die Männer endlich aus der Züchterei verschwanden. Wenn er dann wieder für eine erhebliche Summe Forellen verschlungen hatte, flog er mit seiner Last zum fernab liegenden Baum – übrigens suchte er sich hin und wieder mal einen anderen aus – und verbrachte den ganzen nächsten Tag mit Warten statt mit Jagen.
Der Überfluß an Fisch war zweifellos ein glücklicher Begleitumstand und gab Jerôme jeden Abend etwas Närrisches. Der Grund lag in seiner außerordentlichen Beziehung zu den Fischen. Jedesmal landete er mit einem lauten Trara: Da bin ich wieder! Als ob das für die Fische eine Beruhigung wäre.
Das Schießen war eine schwer abzuschätzende Sache. Bisher war eines sicher gewesen: In der Luft kann einem niemand etwas anhaben. Bis ihm jemand eine Schrotladung durch die Flügel gejagt hatte, von der ihm einige Kugeln auch im Hintern saßen und jeden Augenblick zu spüren waren. Ihm wurde bewußt, daß sie auch anderswo und mit größerem Schaden in seinen Körper dringen konnten. Immer öfter schweiften seine Gedanken deshalb zu dem Baum im Park von Gorinchem zurück, von dem er stammte und auf dem er so oft über den Tod und die Vergängnis nachgedacht hatte. Darunter stellte er sich etwas vor, das mit senkrecht nach oben gestreckten Flügeln, einem nach vorn gereckten hin- und herschwingenden

Hals und einem fremdartigen Hüpfen zu tun haben mußte. Etwas Entsetzliches passierte, ohne daß man wußte, was, und ihm fiel das Mit-der-Brust-auf-die-Erde-Plautzen ein, das er sich immer so gut hatte vorstellen können, wenn er früher (ohne vom Fliegen eine Ahnung zu haben) aus dem Nest auf die Erde geschaut hatte. Plautzen. Mit der Brust auf die Erde plautzen, könnte man es so nennen?

»Etwas Entsetzliches passiert«, das ist deutlicher. Aber woher weiß man, daß und wann es begonnen hat? Schwer zu sagen für jemand, der lebt und weiß, daß am Ende das Sterben steht. Oder der offene Ausgang. Aber muß man denn etwas wissen über das Entsetzliche, das passiert? Angesichts des Todes wird ohnehin alles relativ. Mit der Brust auf die Erde plautzen? Was bleibt dann noch? Ein blauer Fischreiher. Einer von den Reihern, Reichern, Aufreihern von Perlen auf eine Schnur, die am einen Ende festgemacht ist und am anderen Ende flattert.

Der Anfang, wer hätte ihn nicht vergessen? Und die Perlen, die Geschehnisse, sie lösen sich auf, verzerren sich, verlieren an Form, bekommen einen falschen Glanz. Schließlich muß ja irgend etwas aufbewahrt werden, greifbar bleiben, erinnert werden können.

Etwas Entsetzliches, das passieren muß. Das Brechen eines langen Reiherbeines, einer Stange, einer Stelze zum Beispiel. Der Reiher müßte sich setzen, denn er kann nicht immer auf einem einzigen Bein stehenbleiben. Und dann? Dann sitzt er! Ist das schon das Entsetzliche, das passiert? Stirbt er dann? Er sitzt. Das Fischen fällt ihm schwer. Aber er hat sich im Sitzen soweit erholt, daß er wieder eine Weile auf einem Bein stehen kann, daß er fliegen und versuchen kann, auf diesem einen Bein mit Hilfe der Flügel das Gleichgewicht zu halten und dennoch etwas zu fangen. Und seine Sehnsucht wäre gestillt durch das, was er gefres-

sen hat. Tatsache ist nur, daß er immer kürzer auf einem Bein stehen kann. Aber etwas Entsetzliches, das pa ...? Wann hat es angefangen?
Möglich, daß einer der Männer, die in der Forellenzüchterei Fische aus dem Wasser geschöpft hatten, nach der Arbeit noch einen Kontrollgang machte oder eines Abends, als er bei Einbruch der Dämmerung vor dem Rathaus stand, ins kleine Tal zur Züchterei hinuntersah und den Reiher bei seinem Fischzug im Überfluß ertappte.
Gleichviel, am frühen Abend des nächsten Tages wurde auf Jerôme, der am Rand des Wassers saß, geschossen. Dieses Mal gingen ihm die Kugeln nicht durch die Flügel, sondern er bekam tüchtig was in den Hintern. Wegfliegen wäre gefährlicher als sich ducken, das war ihm sofort klar, und so schnell er konnte, stakste er auf seinen Stelzen los und flog erst auf, als es nicht mehr anders ging, dicht an den Bürofenstern vorbei.
Die Bürofenster. Vom Forellenbüro, in dem die Bestellungen einliefen und die Rechnungen geschrieben wurden. Jerôme flog dicht über dem Dach und dann etwas niedriger. Intuitiv tat er genau das Richtige. Sein Verfolger konnte nicht schießen, ohne die Fenster zu treffen, und danach würde er den Reiher nicht mehr sehen können. Aber viel mehr als sein Leben rettete Jerôme diesmal nicht. Ein weiteres Mal war er in den Hinterleib getroffen worden, und nun nannte er sein Hinterteil zum ersten Mal seinen Arsch. Und dieser Arsch war langsam aber sicher voll Blei.
Liebhaber von Enten oder anderem Wasserwild stoßen hin und wieder auf eine kleine Kugel: »Ach, ein Schrotkörnchen«, sagen sie und legen es sorgfältig auf den Rand des Tellers. Manchmal finden sie auch mehrere und stellen bewundernd fest: »Mhm, da hat aber einer tüchtig ins

Schwarze getroffen!« Reiher werden ja bekanntlich nicht verzehrt, aber wer Jerôme zu essen bekäme, und im besonderen dessen Keule, hätte an seinem Tellerrand einiges abzulegen. Endlich begann Jerôme zu begreifen, daß sein einzigartiges Jagdrevier zu gefährlich war.
Eine außerordentlich weise Feststellung, denn der Mann, der schon einige Male auf ihn geschossen hatte, erhielt nun ganz offiziell den Auftrag dazu. Nicht daß sich Jerômes Freßgier inzwischen am Fischbestand bemerkbar gemacht hätte, aber es war für jeden offensichtlich, daß er beträchtliche Mengen verspeiste.
Denkbar ist auch, daß Jerômes Vater, wenn ihm jemand von den Händeln seines Sohnes erzählte, müde lächeln oder – falls er sich unbeobachtet fühlte – trotz seiner Müdigkeit schallend lachen würde. Hat man noch Töne! Eine Forellenzüchterei, die noch dazu berühmt ist für ihre *truites* mit schönem, festem Fleisch, und mittendrin mein Sohn Jerôme, der jeden Abend im letzten Abendrot – es gibt keine schönere Zeit zum Jagen – in aller Ruhe und nach Herzenslust ... Teufel, mein Großvater war vom gleichen Schlag! Die Geschichten habe ich zwar alle vergessen, und langweilen werde ich Sie damit bestimmt nicht, aber was Jerôme da treibt, das ist ganz der Großvater.

Nach dem letzten Schuß in den Hintern saß Jerôme in respektvoller Entfernung in einem anderen Baum und dachte nach. Die Schrotkugeln in seinem Körper empörten ihn aufs äußerste. Da er aber auch nicht aufhörte, seinen Allerwertesten schlicht seinen Arsch zu nennen, mischte sich in seine Kränkung eine Art ordinärer Heiterkeit. Wie abenteuerlich erschien ihm auf einmal der Überfluß seines Jagdreviers, den er für so selbstverständlich genommen hatte. Er begriff, wie idiotisch es gewesen war, im Ernst zu

glauben, daß sein abendlicher Aufenthalt am und im Fischteich den Fischen eine Beruhigung gewesen wäre. Die Fische und das Schießen, der unerschöpfliche Vorrat und das Blei in seinem Arsch waren in eine eindeutige Verbindung zueinander getreten, und so murmelte er des öfteren und sicher nicht ohne Stolz: »Jerôme, du bist ein Räuber. *Un brigand pur sang.*«
Einige Tage lang mied Jerôme sein Revier, und der Schütze lauerte umsonst. Weil er nichts anderes tun konnte, als mit dem Gewehr am Anschlag herumzulaufen, das abendliche Warten jedoch als Überstunden in Rechnung stellte, wurde es dem Besitzer der Züchterei bald zu bunt. Der Schütze wurde wieder an seinen normalen Arbeitsplatz beordert, die abendlichen Überstunden entfielen. So konnte Jerôme, als er sich eine Woche später wieder an den Fischteichen einfand, unbehelligt loslegen.
Doch inzwischen hatte sich einiges verändert. Und Jerôme war nun auf der Hut. Die Fische glitten nicht mehr so wollüstig glatt die Kehle hinunter, und gelegentlich sprang ihm in der Eile sogar einer aus dem Schnabel. Von *luxe*, *calme* und *volupté* konnte keine Rede mehr sein, denn das Ganze war eine profane Räuberei geworden und hatte mit den Traditionen der Flaudevilles nicht mehr viel zu tun, ganz zu schweigen von denen der Feauchamps d'Hébercourts. Hinzu kam, daß sich die Schrotkugeln, wenn er sich ein wenig zu weit vorbeugte, um seinem nach einem Fisch stechenden Schnabel mit dem Körper nachzufolgen, schmerzlich bemerkbar machten. Das dämpfte den Spaß an der Jagd sehr, und in Jerôme stieg das Bedürfnis des Einsamen auf, sich mit anderen zu unterhalten, ihnen vom Blei in seinem Körper zu erzählen. Zuerst würde er es nur erwähnen, schließlich nachfragen, ob den anderen das Phänomen bekannt sei, und am Ende würde er ein Klage-

lied ohne Punkt und Komma darüber anstimmen. Manchmal schüttelte er das Schwanzende, als ob er dadurch die Kugeln loswerden könne. Es war ihm allmählich zu einer schweren Last geworden, auch weil einige der Kugelwunden zu eitern begonnen hatten. So wurden die edelsten und erhabensten Momente seines Lebens am Ende bieder und billig: das majestätische Auffliegen und Landen ebenso wie das hingebungsvolle Betrachten der Landschaft. Das eklige Blei verdarb alles.
Schließlich konnte er auch nicht mehr schlafen. Sein Hintern schwärte gewaltig, und der Schmerz quengelte sich durch Körper und Stunden. Es wurde so schlimm, daß ihm angst und bange wurde. Grob gesagt flog er nur noch diesen Arsch durch die Luft, und je länger das Ganze dauerte, desto weniger war er Jerôme de Flaudeville. Daß er sich über das Futter keine Gedanken zu machen brauchte, machte die Sache keineswegs leichter.
Er wußte, daß der Augenblick nun nicht mehr fern war, an dem er diese Gegend verlassen mußte, verzichten mußte auf den Genuß, den er hier gefunden hatte. Und er wußte auch, daß er Unsicherheit und Entbehrungen würde ertragen müssen, weil das widerliche Gefühl in seinem Hinterteil erst verschwände, wenn die Unannehmlichkeiten außerhalb des Körpers denen im Körper in nichts nachstanden.
An diesem Nachmittag fraß er sich so voll wie nie und flog mit so viel Fisch in seinem schweren Leib davon, wie in einem der kleinen Lieferwagen der Firma Platz hatte.
Adieu Flaudevilles, adieu Nil, adieu Memoiren. Was er tat, war vollkommen widersinnig. Es wurde Herbst, und er flog in die verkehrte Richtung. Dachte er vielleicht, daß Eiseskälte das Unbehagen in seinem Hinterteil lindern könnte? Oder hatte man seinen Vater an einen anderen

Ort und weg vom ägyptischen Hof berufen? Zu den Lappen vielleicht, falls die einen König hatten. Möglicherweise hatte er zugestimmt, weil sie ihn zum Ambassadeur machten und nicht bloß zum Attaché oder Sekretär. Aber Jerôme flog ohne Plan und ohne väterliche Beförderung, mit nichts als seinem eiternden Hinterteil und einem Haß in sich, der sich auf nichts Bestimmtes mehr richtete.

So kam er wieder in die Niederlande, die Bäume waren schon fast kahl, und der Herbst prügelte mit grobschlächtigen Winden und Sinn für Dramatik das Land. Noch standen die Kühe auf den Weiden, aber sonst war alles still über dem Land. Als Jerôme über die Wiesen flog, von Wassergraben zu Wassergraben, Frösche fing und Fische, war er tatsächlich wieder den ganzen Tag mit der Futtersuche und der Jagd beschäftigt, und erst als es dunkel war, hatte er wieder Zeit für sich.

Die Qual der Kugeln in seinem Hinterteil schien tatsächlich abzunehmen. Ganz sicher war er sich jedoch nicht. Wenn er an den Aufenthalt im Süden zurückdachte, fühlte er sich irgendwie beschmutzt.

In Band IX seiner Memoiren würde zu lesen sein: »In diesen Tagen begann ich kritischer über meinen Vater und über mein Geschlecht im allgemeinen nachzudenken und stellte fest, daß die Grenzen, in denen sich ihr Leben bewegte, doch sehr eng waren. Selbstverständlich hatte der diplomatische Dienst seine befriedigenden Momente, aber die Fixierung auf die äußere Form hatte eine recht einseitige Lebensweise zur Folge. Das Einschätzen von Individuen ausschließlich aufgrund von Normen, die gekünstelt zu nennen das mindeste ist, beeinträchtigt das Vermögen, auf die Gegebenheiten des wirklichen Lebens zu reagieren, und führt zu Anschauungen, die, obwohl durchweg mit Aplomb formuliert, ihrem Wesen nach null und nichtig sind.«

Wenn Jerôme in den letzten Augenblicken der Dämmerung die Flügel spreizte und einen Blick darunter warf, konnte er den Ausruf seines Vaters: *»Ah, mes ailes«*, sehr gut verstehen. Nur: Was hatte er daraus gemacht! Nicht daß man erst mit Blei im Hintern das Leben richtig kennen würde, aber das väterliche Lächeln, das in der Ruhe vor seinem Abflug – er pflegte am späten Abend noch etwas nachzudenken oder zu trinken – schon mal zu einem unbändigen Gelächter über seinen Sohn anwachsen konnte, der da in aller Seelenruhe eine Forellenzüchterei leer räuberte, ohne zu ahnen, welcher Übertretung er sich schuldig machte, dieses Lächeln erschien ihm in Anbetracht seines gegenwärtigen Zustandes oberflächlich und widerlich. Der alte Herbert lachte über den Sohn vom Schlage seines Großvaters, aber weiter verschwendete er keinen Gedanken an ihn oder den Grund seines Kummers, oder sein erneutes Elend in der Nähe von Gorinchem. *»Espèce de diable«*, murmelte der Vater nur.
Damit war die Sache erledigt. Er unterzeichnete den täglichen Rapport, in dem er meldete – was zweifellos sehr beruhigend war –, daß der Zustand des Nils zufriedenstellend sei, wie jeden Abend, wenn die Pyramiden trotz ihrer widerborstigen Form von der Nacht verschluckt wurden.
Wenn Jerôme einen Blick unter seine Flügel warf, sah er, der aufgrund seiner langen Reisen mehr Grund dazu hatte, *»mes ailes«* zu rufen als sein Vater, etwas anderes. Diese Flügel trugen und brachten ihn überallhin, wo er wollte, aber eigentlich wäre es ihm lieber, sie wären nicht so groß und hielten ihn nicht mit derartiger Leichtigkeit in der Luft. Er wußte, daß andere Vögel sehr hastig und angestrengt und ohne Pause flattern mußten, um nicht vom Himmel zu fallen, und manchmal sehnte er sich geradezu nach dieser Geschäftigkeit, diesem Eifer, dieser Jämmerlichkeit.

Jämmerlichkeit war ein schönes Wort, fand er. Es war das letzte, was einem einfallen würde, wenn man Jerôme auffliegen sah, als ob Fliegen die geringste aller Begabungen sei. Fliegen, pah, das kann jeder, darüber lohnt kein Wort. Nirgends, aber auch wirklich nirgends in seinen Memoiren findet sich eine Reflexion über das Fliegen, und sei sie auch noch so beiläufig!

Diejenigen, die nicht vor jeder Lappalie zu fliehen brauchen, wissen oft gar nicht, wie gut sie es haben – Jerôme hatte das erst begriffen, als die ersten Schrotkörner in seinem Körper steckten. Selbstverständlich war ihm das Phänomen Gefahr bekannt, und hin und wieder hatte er sich auch zu einer Flucht herabgelassen, aber es lief bei ihm doch meist auf Ein-Verlassen-des-Ortes-an-demman-sich-befindet hinaus. Offen gesagt bot er Jägern die größten Chancen, wenn er sich seiner Art gemäß ganz gemächlich in die Lüfte erhob. Selbst der stümperhafteste Sonntagsjäger hätte ihn treffen können. Und damals in der Fischzüchterei rettete ihn nur der Umstand, daß er an den Bürofenstern entlangflog, sonst wäre er erschossen worden, und beim Himmel, er wußte nun, was das hieß: erschießen.

Also noch einmal: Wenn er einen Blick unter seine Flügel warf, hatte er mehr Grund zu einem müden Lächeln als sein Vater, der Diplomat am Nil mit seinen Berichten für ein Archiv, das in zehn Jahren keinen einzigen Besucher verzeichnete.

Er wußte, daß er es mit eiskalten Tatsachen zu tun haben würde. Er wollte den Winter hier verbringen, Hunger und Kälte leiden und dabei vielleicht verhungern und erfrieren. Jetzt, da sich die kalten Nächte ankündigten, sah er ein, daß die Bände seiner Memoiren genausogut ungeschrieben hätten bleiben können. Sie waren Unsinn,

Pfuschwerk, Geschwätz. Nicht einer *truite bleue* hatte seine Mutter v. d.Voort-Brussaard das Leben geschenkt, sondern einem dahinsiechenden Reiher – gemeinhin nicht gerade ein Wintervogel –, einem verdrießlichen Fröstler, grau wie der Winternebel, in dem gerade noch die Rücken der Kühe auszumachen waren, braun und dampfend unter dem klitschnassen Plaid. *Une truite bleue*. Manchmal flog er über dem Nebel und tauchte in ihn hinab, wenn er das Dunkel eines Wassergrabens heraufschimmern sah.

Vergessen.

Lebt Herbert noch? Und Clairette? Niemals hatte Clairette ein Wort über die verspielte Mitgift gesagt, aber sollten sie beide jetzt noch am Leben sein, so würden sie sich gewiß dann und wann darüber unterhalten und dabei in schallendes Gelächter ausbrechen. Im Alter schaut man gelassener auf die überstandenen Katastrophen zurück.

»Was hast du dir in jener Nacht nur gedacht?«

Er zuckte mit den Achseln. »Was hätte ich mir denken sollen? Ich konnte gewinnen oder verlieren. Ich hab nur verloren. Je länger ich spielte, um so mehr verlor ich, aber es ließ mich völlig kalt. Am Ende hatte ich nur noch einen Gedanken: Je eher das Geld aufgebraucht ist, um so besser. Ich habe nicht wie andere in der Hoffnung weitergespielt, alles oder wenigstens einen Teil wiedergewinnen zu können.«

»Und ich lag im Hotelzimmer und wußte nicht, wo du bleibst.«

»Um vier Uhr war ich bei dir ...«

»Ja, und es war unvergeßlich, weißt du noch? Um acht hast du es mir dann endlich gestanden. Nur wollte ich es einfach nicht wahrhaben, daß alles verspielt sein sollte, daß alles weg war.«

»Was hätte ich denn tun sollen?«

»Du hattest recht. Aber Vater ist danach nicht mehr der alte gewesen.«

Beide leben wohl nicht mehr. Wessen Vater nicht mehr der alte gewesen ist, ist egal. Keiner von beiden vermutlich. Es ist übrigens auch nicht wichtig, wer jemals wieder der alte wurde oder nicht. Im dichten Nebel ist es sogar egal, ob einer von ihnen überhaupt gelebt hat. Alles Leben hat sich darin aufgelöst, und keines ist mehr wichtig. Ein Reiher steht am Rande eines Wassergrabens, und er steht auf Beinen, die aussehen wie alte Latten. Niemand sieht ihn, und es gibt nichts, was ihn weniger gekümmert hätte. Im Sommer wimmelt es in diesem Wassergraben von Fröschen und Fischen, und sie sind oft verdammt fröhlich. Selbst die kleinsten Fische schlagen dann kräftig mit den Schwänzen, um im stillen Wasser endlich einmal so etwas wie eine Strömung spüren zu können. Die Frösche schwimmen – ganz in Gedanken an das Paaren – von einer Seite zur anderen, aber manchmal sind sie wie Kinder, die eifrig das Brustschwimmen üben.

In diesem Nebel jedoch ist niemand mehr fröhlich. Wer noch hier ist, hat kein Geld mehr, um den Ferienort zu verlassen und nach Hause zu gehen. Ab und zu schießt Jerômes Kopf nach vorn, und dann hat er wieder einen Fisch. Er schluckt ihn sofort hinunter, um bereit zu sein für den nächsten. Aber das kann Stunden dauern, und in der Zwischenzeit ist es so still, daß selbst ein träges, wie eine alte Uhr tickendes Herz gerne hinausschauen würde, um zu sehen, was eigentlich los ist.

Irgendwann löst sich der Nebel auf. Aber nicht mit einem Zauberschlag, wie man oft sagt, und Jerôme bleibt zurück wie etwas, das, wenn der Trick funktioniert hätte, eigentlich zusammen mit dem Nebel hätte verschwinden müssen.

Am Abend fliegt er auf und hat seit Stunden nichts mehr gefangen.

Am Abend, das heißt: als es zu dunkeln beginnt. Das ist mitten im Winter schon sehr früh. Und diesen Winter dürfen wir guten Gewissens Winter nennen, denn es fror und hörte nicht auf zu frieren. Überall im Wasser hartes, trockenes Eis. Auch Schnee war viel gefallen, seit Wochen blies ein strenger, schneidend kalter Wind und hatte ihn an vielen Stellen vom Eis geweht, das jetzt schwarz oder schwarzblau leuchtete. Ab und zu segelte Jerôme über die schneebedeckten Wiesen. Öfter aber stand er mit eingezogenem Hals an einem Wassergraben, als ob es etwas gäbe, auf das zu warten lohnte. In manche Tümpel waren Eislöcher gehackt, denn der Frost hielt nun schon so lange an, daß man um den Fortbestand der Vögel fürchtete. Mancherorts wurde sogar offiziell Futter ausgestreut. Auch Jerôme pickte gelegentlich etwas von dieser Armenzuteilung, doch die meiste Zeit stand er am Wassergraben und verging fast vor Kälte. Ununterbrochen starrte er auf das harte Eis, das dicker und dicker wurde und unter dem seine Beute sein mußte. Manchmal schien es, als ob seine frosttränenden Reiheraugen dabei größer und größer wurden und etwas sahen, was sie in Wirklichkeit gar nicht sehen konnten. Grund dafür war die Sonne, die ab und zu schien, auch wenn sie keine spürbare Wärme von sich gab. Sie konnte derart funkeln, daß sich auf dem Eis, entlang des Eises und – was das wichtigste war – unter dem Eis fremdartige Räume auftaten.
Natürlich blieb das Eis so kalt wie immer, aber wenn man den Streifen des glitzernden Lichts folgte, führten sie in Räume und Welten aus heißem Glanz, in denen die Wonne unerschöpflicher Glückseligkeit herrschte. Die Fische

aus der Forellenzüchterei waren dort ebenso vorhanden wie eine unendliche Anzahl wollüstiger Frösche. Mit geschlossenen Augen, die sie nur gelegentlich einen Spalt öffneten, saßen sie da. Bei genauerem Hinsehen verbarg sich hinter dieser Verträumtheit keineswegs eine Flucht vor der Wirklichkeit, sondern eine Sicht auf die Realitäten, die alles genauestens erfaßte: Die Augen waren hellwach und sahen den hemmungslosen Luxus eines maßlosen Nahrungsangebots, einer wolkenlosen Sommerhitze und einer grenzenlosen Wollust. Es gab so entsetzlich viel zu fressen, daß es den Fröschen fast durch die Haut drang. Es kostete sie nicht die geringste Mühe, und gleichzeitig wurde ihr Paarungstrieb befriedigt, ohne daß sie sich zu bewegen brauchten. Bei den Fischen (auf den ersten Blick gewiß keine besonders wollüstigen Tiere) war es ebenso, sie drehten und wendeten sich nur ein wenig, und schon durchflutete sie eine tiefe Befriedigung.

Jerôme betrachtete das Ganze genau, und für einen Moment – wenn ihn der Schmerz und das Quengeln der Kugeln im Hintern zu sehr quälten und er wieder zu sich kam – war ihm bewußt, daß er sich zu sehr gehenließ.

Wer erfriert, scheint einen süßen Tod zu sterben. Das wissen natürlich nur diejenigen, die dem Erfrierungstod um ein Haar entgangen sind. Das aber war genau die Situation von Jerôme de Flaudeville: Er war vom Erfrierungstod nur um Haaresbreite entfernt.

Dafür war er seinem Vater Herbert de Flaudeville um so näher, dem übrigens nichts ferner lag, als einer Berufung, und sei es zum Ambassadeur oder bevollmächtigten Minister, an einen anderen Hof als den ägyptischen zuzustimmen. Abends, während seines Kontrollflugs über das Nildelta, murmelte er manchmal *»par hasard«* und lächelte. Er war sich sicher, daß auch Clairette de Feauchamps d'Hébercourt, die sonst immer auf eine Beförderung gedrängt hatte, inzwischen von einer Veränderung nichts mehr wissen wollte. Sie erwartete ihn, wenn er von seiner Inspektion zurückkam.

»Rien?« fragte sie dann.

»Rien du tout«, antwortete Herbert.

»Dieu le fit«, entgegnete Clairette und fuhr fort: »Sicher willst du jetzt erst deinen Rapport schreiben?«

Herbert nickte. Und sie lächelte.

Lächelte sie, weil sie wußte (und das auch zeigen wollte), daß diese Berichte nie von jemandem gelesen wurden, und das auch nie der Fall sein würde? Herbert hatte keine Ahnung. Er fragte auch nie danach, und sie würde niemals von selbst darauf zu sprechen kommen, denn in der Diplomatenwelt war man es gewohnt, seine Gedanken für sich zu behalten.

Nachdem Herbert sich auf sein Zimmer zurückgezogen hatte, notierte er lediglich Datum, Uhrzeit und: keine Besonderheiten. Danach zog er sich etwas Bequemes über, setzte sich in einen Rattanliegestuhl und ließ seinen Gedanken freien Lauf. Jerôme spielte darin nur selten eine Rolle. Weder Herbert noch Clairette kennen die niederländischen Polder im Winter: Von Schnee und Eis wissen sie nichts. Zu ihren Lieblingsgerichten gehört *cuisses de grenouille*, das Herbert einem flämischen Gast schon mal mit »Froschschenkel à la Rubens« übersetzt hatte.

Nein, Herbert denkt an ägyptische Frauen. Und Jerôme, dessen Beine so steifgefroren sind, daß niemand dagegen pochen dürfte, weil sie sonst brechen würden, starrt als Herberts Sohn den Glitzerstreifen der Sonne im Wassergraben nach und landet in Räumen voller wunderlicher Festmahle von Djedjad-imer und Duaz-fenjo, als ob Allah das Paradies unter dem Eis eingerichtet hätte.

Jerôme steht nicht so tief im Graben, daß nicht ab und zu seine Federn hochgeweht würden und seine nackte Pustelhaut zum Vorschein käme. Das ständige Wirbeln der Federn um sein Hinterteil lenkt zwar den Schmerz von den Kugeln ab, trägt aber gleichzeitig dazu bei, seinen Zustand noch hoffnungsloser und elender zu machen. Unter dem Eis liegen Gänse und Hühner. Die Hühnerbrüste sind gespickt und mit Honig eingepinselt worden, die der Gänse mit Knoblauch, Äpfeln und Zucker gefüllt, die Äpfel wiederum mit Ingwer gewürzt. Die Zuckerglasur glänzt mit dem schwarzblauen Eis um die Wette, und die glasierten Kirschen und Mandeln fangen die vom Schnee gespiegelten Glanzlichter ein. Es ist eines der Lieblingsgerichte von Herbert. Mindestens alle zwei Wochen gibt Clairette dem Koch den Auftrag dazu.

»Duaz-fenjo?« fragt Herbert dann, wenn er an der Küche vorbeikommt.

Clairette nickt bloß oder sagt: »Wenn du nicht wieder den Inspektionsflug ausfallen läßt wie vor zehn Tagen!«

»Letztes Mal bin ich nach dem Duaz-fenjo noch geflogen«, sagt Herbert. »Nur nach dem Djedjad-imer nicht!«

Bei diesem Gericht wird eine Hühnerbrust gespickt und mit Butterhonig eingerieben. Vor dem Braten gießt man zusätzlich noch mit Rosenöl versetzten Honig in die Brusthöhle. Nach dem Braten wird das Huhn in zwei Teile geschnitten, mit gehackten Pistazien und Zucker bestreut und mit in Honig eingelegten Kirschen und Ingwer garniert.

Es ist ein Gericht, dem Herbert noch kein einziges Mal in seinem Leben gewachsen war. Er aß immer zuviel davon, und das lag am Ingwer. Man hatte das Gefühl, immer noch etwas mehr vertragen zu können.

Vollgefressen verabschiedete sich Herbert von Clairette, an-

geblich, um seinen Nilflug zu machen, doch in Wirklichkeit ging er ins Bordell, um sein Wissen über die ägyptischen Frauen und Mädchen in der Praxis zu überprüfen.
Wie aber kam es, daß Jerôme nicht nur das Djedjad-imer und das Duaz-fenjo durch das Eis sah, sondern auch die Mädchen, die Herbert fast nackt bedienten und sich erkundigten, womit sie ihm noch dienen könnten, wie sie sich an ihn schmiegen sollten und seinem Leib sonst noch etwas Gutes tun dürften? Ob er vielleicht Spaß daran hätte, wenn sie sich miteinander vergnügten? Wie sie sich schmücken und schminken sollten, und ob sie – ach bitte! – nicht doch versuchen dürften, ihn zum Höhepunkt zu bringen? Bis sich Herbert nackt zwischen Armen, Beinen, Brüsten und Hüften wälzte, kicherte und sich gelegentlich umschaute, ob – ach bitte! – außer den dunklen Mädchen vielleicht noch jemand anders da war, der sehen konnte, wie es ihm hier erging, wie er sich angesichts der liebreizenden Mädchen doch wieder hatte geschlagen geben müssen und durch Ordern von Getränken und Süßigkeiten und allerlei Sonderdiensten eine gehörige Zeche machte.
Herberts aristokratischer Blick gleitet immer wieder hinauf zur Decke, als ob er dadurch seine Verzweiflung über so viel Ungezogenheit auf eine komische Weise betonen wollte. Die Augen sind müde vom Tagwerk der Diplomatie, und jetzt, wo die braunen Mädchen mit ihren Zungen überall an ihm zu Werke sind, scheinen sie noch matter zu sein als sonst. Während Jerôme darüber nachdenkt, ob er nicht besser zweimal mit den Flügeln schlagen sollte, um zu sehen, ob er nicht am Boden unter dem Schnee festgefroren ist.
Der Schmerz in seinem Hinterteil ist unerträglich. Wie kann in einem derart kalten Körper etwas so heftig

schwären? Der Schmerz ist so stark, daß er fressen, daß er dem entsetzlich nagenden Schmerz die Wollust des Fressens entgegensetzen möchte. Und da erscheint sie wieder, die Forellenzüchterei, das Verschlingen eines zarten Fisches nach dem anderen. Es ist ihm scheißegal, daß ihm immer wieder ein Fisch aus dem Schnabel fällt, denn der nächste ist aller Wahrscheinlichkeit nach noch dicker und größer als der vorige. Es ist ihm auch egal, ob er so viel frißt, daß er Urzeiten davon leben könnte. Es geht nicht um Leben. Es geht ums Füllen, Sattsein, Schlucken und dann … großer Gott, ums Scheißen, um endloses Scheißen und um die Frage, ob dieses Land von der Scheiße so weiß ist oder vom Schnee. An die Schüsse aus dem Gewehr kann er sich genausowenig erinnern wie an den Schmerz, als ihn die Kugeln trafen. Denn der gegenwärtige Schmerz übertrifft alles bisher Dagewesene und wird manchmal so heftig wie der Schrecken, der den Schrecken über das Angeschossenwerden längst übertroffen hat.

Jerômes Hals zuckt heftig und unkontrolliert auf und ab. Er versucht, sich zu konzentrieren, um nochmals Verbindung aufzunehmen mit den Räumen unter dem Eis. Es fällt ihm schwerer, nicht nur wegen des heftigen Schmerzes, sondern auch, weil die Sonne gelber geworden ist und die Glitzerstreifen matter und träger, doch es gelingt ihm einigermaßen. Obwohl sich mit der einfallenden Dämmerung eine noch schrecklichere Kälte über die im Frost geschrumpfte Welt zieht. Die Festmahle sind nicht mehr zu sehen. Herbert und seine Mädchen haben sich in den Hintergrund eines kleinen Saals zurückgezogen. Es ist kaum zu erkennen, was dort eigentlich passiert, aber es muß schlimm sein, denn ab und zu taucht ein zu Tode erschöpftes Gesicht auf, ein Mädchen, das, verzweifelt über dieses ausweglose Leben, für einen Moment Halt sucht. Herbert hat Gesellschaft bekommen. Männer, die auf seine Kosten feiern und genießen dürfen. Ob (und wann) die Rechnung bezahlt werden kann, kümmert ihn nicht. Er ist betrunken und ganz unten angelangt. Man wird ihn nach Hause bringen müssen, ihn vielleicht in die Eingangshalle legen. Am nächsten Morgen wird Clairette kopfschüttelnd auf ihn herabschauen, und er wird murmeln: »Verzeih mir, Liebes«, worauf sie ihm antworten wird, wie froh sie sei, daß sie von den Anspannungen seines Dienstes und seiner Arbeit so wenig weiß. *Pauvre de Flaudeville.*

Jetzt sieht Aardje v. d. Voort nichts mehr. Er hat zweimal mit seinen Flügeln geschlagen und die armen Beine kurz vom Erdboden gehoben. Es ging. Er kann weg. Die Sonne versinkt. Schnee fegt über das schwarze Eis. Von der Welt darunter ist nichts mehr zu erkennen. Er sieht, wie sich etwas bewegt, und weiß, daß es ein Frosch ist. Wäre ein Lehrer da, hätte er vielleicht gesagt: »An die vierzig Zentimeter dick. Das Eis. Wann das aufgetaut ist? Dazu muß es erst mal tauen können, und danach sieht es im Moment nicht gerade aus, mein Junge.«

»Stimmt, Herr Lehrer. Mein Vater sagt auch, daß es weiter frieren soll.«

Es ist aber niemand da. Kein Lehrer, der Aardje weiterhelfen könnte, kein Tier, kein sterbliches Wesen. Niemand, der fragt: »Wie geht's? Noch starke Schmerzen?«

Clairette Feauchamps d'Hébercourt hatte sich ab und zu vom Nest erhoben, um das Ei mit Jerôme im Mondschein glänzen zu lassen.

Gerrigje v. d. Voort-Brussaard war so etwas niemals in den Sinn gekommen. Sie hatte nur stur vor sich hin gebrütet. In Gorkum.

Die Schrotkörner im Hintern des Reihers sind aus Frank-

reich, aber das Sterben ist international. Süß ist der Erfrierungstod erst, wenn die Macht der Kugeln gebrochen ist.
Der Schmerz war nicht mehr so stark, und darum faßte Jerôme den Entschluß, nicht aufzufliegen, obwohl es bereits rasch dunkelte. Mit gespreizten Beinen stand er da. Jetzt am Abend nahm der Wind etwas ab. Wenn ich mich hinsetze, dachte Aardje, wird es vielleicht besser. Er blickte sich um. Eine Welt ohne Umrisse. Das Eis knackte unter dem unerbittlichen Frost, und der Schnee schien es ihm gleichzutun.
Das Eis ist unwiderruflich schwarz.
Cuisses de grenouille. Jerôme hob den Kopf. Der Schmerz war weg. Er wollte den Hinterleib schütteln, um zu fühlen, ob der Schmerz auch wirklich verschwunden war, aber er bewegte sich nicht. Das erschreckte ihn zutiefst. Er verzichtete auf einen zweiten Versuch und streckte sein Schwanzstück starr nach hinten. Zumindest glaubte er das und wollte versuchen, durch Nachdenken oder auf eine andere Weise dahinterzukommen, ob er noch Schmerzen habe oder nicht. Er dachte an Schmerzen und an keine Schmerzen und stellte fest, daß er sich keine Schmerzen gar nicht mehr denken konnte. Der Schmerz war weg. Nicht die Schmerzen, aber der Schmerz.
Dann überlegte er, ob er sich vielleicht Hunger denken konnte. Nein, Hunger konnte er sich auch nicht mehr denken.
Er würde einen Frosch, der ihm dick und vollgefressen und sehr unvorsichtig zwischen die Beine spränge, nicht mal anrühren. Sondern nur mit seinen gelbgrauen Augen nach ihm schauen und ihn dann keines Blickes mehr würdigen. Apropos, Schauen! Er tat es nicht mehr. Nicht, weil er keine Lust mehr dazu hatte oder sich nichts bewegte

oder es inzwischen fast dunkel war, sondern weil man in dieser Situation aufs Schauen verzichten mußte.
Er lächelte, wie Clairette lächelte, wenn sie sich einer von Herberts Anordnungen fügte. Aufs Schauen verzichten! Schauen machte keinen Sinn mehr. O Herrlichkeit auf Erden, wie wichtig war es doch zu wissen, daß Schauen keinen Sinn mehr machte!
Obwohl der Wind abgenommen hatte, wankte Aardje jetzt bei jedem Windstoß.
Die Böen waren nicht mehr kalt, sondern glutstrahlend. Nirgendwo würde ich jetzt lieber sein wollen wie hier, dachte Aardje ... als hier, dachte Jerôme. Nirgendwo lieber. Vielleicht ist es Herberts letzte Orgie. Nackt und ohne sich zu rühren liegt er auf seinem dicken Rücken. Die Mädchen räkeln sich auf dem Boden, rauchen und fragen die Männer, die sich an der Ausschweifung beteiligt haben, ob sie glaubten, daß er noch einmal zu sich käme, denn es warteten bereits neue Kunden. Er hatte sich erbrochen und den breiten Diwan versaut. Was für ein Unterschied zu Jerôme ohne Schmerz. Was für ein Unterschied zu Aardje. Was für ein Unterschied zu Gerrigje Brussaard. Was für ein Unterschied zwischen dem Zustand der Erhabenheit und dem Dasein als sterbender Kadaver.
Als weder Schauen noch Schmerz noch Hunger eine Rolle spielten, wollte Jerôme herausfinden, worauf er außerdem verzichten und was er sonst noch belächeln konnte wie Clairette, wenn sie über Herbert lächelte. Seine Augen waren geschlossen. Aber ja doch: Aufs Fliegen wollte er verzichten! Nie mehr sollte ihm einfallen, ein paarmal mit den Flügeln zu schlagen, um zu sehen, ob seine Beine festgefroren waren. Er streckte die Flügel an seinem dürren Körper aus. Nicht damit ihm wärmer würde, denn ihm war warm genug, sondern weil er so vollkommener aussah.

Und während er die Flügel an sich drückte, schaute er zufällig hinunter auf seine Beine. Das heißt also, nachdem er aufs Schauen eigentlich bereits verzichtet hatte.
Und obwohl es stockdunkel war, sah er plötzlich, wie unsinnig es gewesen war zu glauben, seine Beine taugten nicht. Obwohl sie jetzt sehr schwach waren und Jerôme immerzu schwankte, sah er doch, daß die Beine gut waren, so wie sie waren: genau richtig. Und wieder lächelte er Clairettes kleines Lächeln. Aber das war nicht alles: Wie klug war doch Gerrigje v. d. Voort-Brussaard gewesen, die immer, wenn sie auf dem Nestrand saß, stolz ihre Beine baumeln ließ.
So war doch noch alles in Ordnung gekommen, und Jerôme durchflutete eine tiefe Vertrautheit mit sich selbst. Es war, als ob alles, was er erlebt und gedacht hatte, alles von Band I bis XV, in einem Satz, ja in einem Wort zusammengefaßt werden konnte. Und dabei, dachte er, ist es völlig egal, ob man dieses Wort kennt oder nicht: Es ist einfach da.
Im Delta des Nils ist alles in Ordnung, und im Park von Gorinchem ebenfalls. Süß ist der Frost und wohltuend. Die Forellen werden nicht weniger und das Duaz-fenjo mit seiner (das muß man sich mal vorstellen!) hauchdünnen Umhüllung aus glaciertem Zucker auch nicht: der zuckersüße Traum einer Schutzhülle, die einen vollkommen abschirmt gegen alles, was Schmerzen oder Beschwerden bereitet, oder dem Wort, das alles zusammenfaßt, im Wege steht.
Mein Gott, wie kalt diese Nacht ist! Jerôme spreizt die Flügel und macht einen Schritt vorwärts. Er kippt vornüber. »Hoppla, ich werde noch umfallen«, sagt er leise und lacht noch, als er schon keuchend auf dem Eis liegt. Dann nickt er. Das ist es, auf das man im Grunde auch verzichten konnte: das Atmen.

Aardje ist nicht mehr, Herbert nicht, Gerrigje, Clairette nicht, und vor allem nicht die Einsamkeit Jerômes, sie ist mit der Kenntnis dessen, was alles verzichtbar ist, auf süße Art und Weise zu Ende gegangen. Und das war's, die Inspektion des Nils mit einbegriffen. Im Delta strömt es, während es hier friert und alle Gewässer erstarrt sind. Bis zum Tauen.
Jerôme liegt tot auf dem Eis – darunter, tiefgekühlt, die *cuisses de grenouille.*

In der Ferne steht ein Schuppen. Die Latten der Holztür sind oben und unten tief gespalten, einige fehlen ganz. Gelegentlich klappt die Tür auf und schlägt mit einem Knall wieder zu. Wie ist das möglich? Es weht kaum noch. Und doch: Die Tür geht langsam auf und schlägt krachend wieder zu.
Niemand ist im Schuppen. Er böte auch keinen Schutz, denn drinnen ist es genauso kalt wie draußen. Der Frost herrscht schon so lange, daß sich dort die gleiche schreckliche Kälte ausgebreitet hat. Alles Lebendige würde zittern vor Kälte und vor Zittern nicht mehr wissen, wo oben und unten, rechts oder links ist. Irgendwo tief im Innern sitzt das Herz, das den Blutkreislauf in Gang hält. Aber dieses Herz ist so lächerlich klein und der Blutkreislauf nur ein Pochen im feuchtkalten Fasergeflecht eines verbrauchten leeren Orangennetzes.
Wärme.
Sogar das Wort ist vergessen. Die Tür schlägt zu und geht langsam wieder auf. Weht es doch ein bißchen? Die uralten Nägel im Holz mit ihren viereckigen Köpfen lösen sich, sie glänzen in dem vor ewigen Zeiten gefrorenen Dunkel.
Die Kälte ist nicht auszuhalten. Sie ist totenstill und dröhnt zugleich vor hallenden Schlägen, schreit, tobt und ist doch

ewig reg- und lautlos. Die Menschen sitzen in der Nähe des Ofens und haben die Köpfe in die Hände gestützt, die Tiere haben sich ins Dunkel zurückgezogen und werden immer steifer, die Augen, die der Natur vertrauen, halten sie geschlossen. Auf dem Eis liegt das Gerippe des Reihers. »*Une truite bleue*«, hatte er im Triumph des Über-der-Erde-Fliegens gesagt.

Worte, die nicht Ausdruck einer Seele sind, sondern die Seele selbst. Aber sie sind verhallt.

Geht doch ein Wind? Harter, trockener Schnee fegt klirrend über das schwarze Eis. Wenn hier jemals wieder Menschen gehen, werden sie sagen: »Toter Reiher.« Und von nichts wissen, nichts von Jerômes Namen, nichts von de Flaudeville, nichts von den Feauchamps d'Hébercourt, nichts von Aardje, nichts von den Brussaards und von den v. d. Voorts auch nichts. Von den Gesammelten Werken nichts, und nichts vom Flügelschlagen, das ihn vom Boden löste. Nichts. Vom Nildelta nichts, vom diplomatischen Dienst nichts, von den Augen nichts, die Wasser und Land auskundschaften. Nichts, nichts, nichts. In der Ferne schlägt die Tür mit einem Knall zu. So stark kann es doch gar nicht wehen, daß es so kracht. Oder doch? Aber wenn man den Schnee stieben und Jerômes Federn wehen sieht...

Nicht zu entscheiden. Es ist zu kalt dafür. Man kann es nicht einschätzen, den Schnee, das Schlagen der Tür, das Verwehen der Federn. Niemand kann das. Hier ist kein Bleiben. Nicht auszuhalten hier!

Laßt die Toten ihre Toten begraben und nicken, wenn diese Tür zuschlägt und der Schnee klirrt und die Federn im Winde wehen. Auch jetzt, wo Jerôme auf der Totenbahre liegt und Herr und Frau v. d. Voort-Brussaard und

Herbert und Clairette, ohne einander zu grüßen oder zu kennen, am Friedhofszaun im Schnee stehen und auf die Bahre mit Jerôme warten.
Als sie vorbeizieht, werfen sie sich feindselige Blicke zu. Was wollen die denn hier? denken die de Flaudevilles. Was stehen die da rum? denken die v. d. Voorts. Jerôme lebt. Als die Bahre abgesetzt wird, steht er auf, spreizt die Flügel und steigt mit zwei Flügelschlägen auf. Ebenso die de Flaudevilles und die v. d. Voorts. Sie fliegen nicht in dieselbe Richtung. Sie fliegen in vier Richtungen. Und keiner von ihnen in die Richtung von Jerôme.
Jerômes Augen sind weit geöffnet. So weit wie die eines toten Reihers auf dem schwarzen Eis.
Keiner unter den Lebenden mehr.

Liebe verbirgt sich in einem Doppeltreffer

»Herrgott, ich bin auch immer auf der Flucht!« rief der Hase Leendert plötzlich. Wovor er nun wieder davongelaufen war, wußte er schon nicht mehr. Er hoppelte einfach drauflos. Von seiner frühesten Jugend an war ihm dieses Davonlaufen eigen. Anfangs war es natürliche Verspieltheit gewesen, und er hatte sich über jede Gelegenheit gefreut, das Hasenpanier ergreifen zu können. Aber so verspielt war er nicht mehr, und ab und zu ahnte er, daß er ein bißchen zu oft davonlief für einen Hasen, der es mit dem Leben aufnehmen mußte oder von dem man das zumindest erwarten durfte. Er hatte niemanden, mit dem er über all diese Dinge reden konnte, denn auch vor anderen Hasen war er immer davongelaufen.

Wenn du davonläufst, dachte sich Leendert, dann, um irgendwo anders hinzukommen. Aber mir ist es gar nicht wichtig, ob ich hier bin oder irgendwo anders. Er schaute sich um und überlegte, ob dies hier zum Beispiel ein Ort sein könnte, an den er immer wieder zurückkehren wollte.

Er saß mitten auf einer Wiese, und es regnete. Deprimierender und nicht enden wollender Herbstregen. Das Gras war plattgedrückt und so naß, daß man trübselig davon werden mußte. Plötzlich fiel Leendert ein Tropfen direkt ins Auge und brachte ihn abermals auf die Beine. Ohne aufzusehen, rannte er quer über die Weide und kam erst vor einem breiten Kanal zum Stehen. Hier war er früher schon gewesen und wußte, was es da zu sehen gab. Kleine Blasen, die der Regen aufs Wasser schlug. Zweimal hatte er dies schon beobachtet, und es war eines der wenigen Dinge, vor denen er nicht davonlief. Im Gegenteil: Er konnte sich gar nicht davon losreißen!
Zuerst betrachtete er das Schauspiel eine Weile, um dann nur noch auf das Geräusch zu achten. Anfangs war es ein einziges Wasserbrausen, und man hatte den Eindruck einer unbeschreiblichen Nässe, aber wenn man sich darauf einließ, dann hörte man es klingeln und klimpern. Von sehr tief bis sehr hoch, Leendert überlief jedesmal ein Schauer. Nicht wegen der Nässe oder der Kälte, sondern nur wegen dieses Geräusches. Der Schauer begann auf dem Rücken, lief dann an den Hinterläufen entlang, sprang von dort auf die Vorderpfoten über und landete schließlich in der Brust, ungefähr in der Nähe des Herzens. Leendert mußte nach Luft schnappen. Darauf entspannte sich alles, bis der Schauer auf dem Rücken wieder da war und der Kreislauf von neuem begann. Manchmal dachte Leendert: Es wäre zu schön, wenn es mal zu etwas anderem und mehr käme als nur zu diesem Zittern. Aber das geschah nie. Wenn die Bläschen auf dem Wasser schließlich kleiner wurden und der Regen aufhörte, verfiel Leendert in völlige Entschlußlosigkeit. Vorsichtig schaute er sich um und kroch langsam vom Kanalufer zur Wiese hinauf. Dort trollte er sich dann, aber nicht wie sonst in großen Luftsprüngen,

sondern seltsam träge. So träge, daß es aussah, als ob er mit dem Hochheben einer Pfote wartete, bis sich eine andere wieder vollständig auf der Erde befand, weil er sonst fürchtete danebenzutreten. Niedergeschlagen kroch er durchs Gras, als wollte er mit dieser Art der Fortbewegung dem trüben Blasengeklimper auf dem Wasser körperlichen Ausdruck geben.

Bis er erneut aus irgendeinem Grund aufschrak und wie ein Rasender davonstob. Er entfernte sich in einem großen Bogen vom Gegenstand, der Bewegung oder dem Geräusch, die ihn hatten erschrecken lassen, aber im Gegensatz zu anderen Hasen hielt er auf seiner Flucht nicht inne, wenn er sich in ausreichender Distanz von der Gefahr wußte, sondern rannte immer weiter. Manchmal so lange, bis er nicht mehr konnte und sich vollkommen erschöpft und keuchend auf eine Böschung warf.

Leendert hatte sich zwar an dieses Leben gewöhnt, aber man konnte es nur schwerlich ein schönes Leben nennen, es war an der Zeit, daß sich etwas änderte. In dieser Hinsicht war ihm schon manches Mal ein überaus leichtfertiger Gedanke gekommen. Ein verwegener Gedanke sogar: Gäbe es irgendwann (oder irgendwo, er sollte nur nicht zu weit weg sein) einmal einen anderen Hasen, der nicht dauernd davonliefe, dann wäre vielleicht auch Leendert etwas weniger schreckhaft! Man mußte sich nicht zu sehr in diesen Gedanken vertiefen, um nicht zu wissen, daß er eines Tages vollkommenen Besitz von ihm ergreifen würde.

Das wär's: ein anderer Hase.

Vorerst legte er sich nicht fest, ob es nun ein Hasenkumpan oder ein Hasenweibchen sein sollte, er sah die Umrisse des anderen Hasen vorerst nur vage vor sich. Ein Hase aber mußte es sein, denn, überlegte sich Leendert, Hasen sind

Tiere, die, wenn sie Gesellschaft haben wollen, ihresgleichen vorziehen. Manchmal wurde ihm ganz seltsam zumute bei dem Gedanken, doch merkwürdigerweise freute ihn diese Aussicht sehr: ein anderer Hase!
Vielleicht brauchte er ihn ja gar nicht sofort anzusprechen, und es wäre vorerst genug, sich nur in seiner Nähe aufzuhalten. Aus einiger Distanz würde er ihn genau beobachten, und wenn er ruhig auf der Wiese säße oder läge oder hoppelte, dann würde auch Leendert ganz ruhig daliegen oder sitzen oder fressen. Und wenn der andere in aller Gemütsruhe den Ort wechselte, könnte Leendert (in sicherem Abstand) genauso ruhig folgen und wieder seine Nähe suchen.
Außerdem war ja auch nicht auszuschließen, daß dieser Hase ihn nach einer gewissen Zeit anspräche. Dann müßte Leendert antworten. Was aber könnte so ein Hase sagen?
Diese Frage erschreckte Leendert so sehr, daß er alle Müdigkeit vergaß und wieder die Flucht ergriff. Er lief und lief, bis die Dämmerung einsetzte und er in einer Wagenspur etwas Gras zusammenscharrte, um sich dort hastig schlafen zu legen.
Als er am nächsten Morgen aufwachte, war ihm die schwierige Frage vom Vortag sofort wieder gegenwärtig, aber er hatte Hunger und mußte erst etwas fressen. Um die neuerliche Konfrontation mit dem Problem aufzuschieben, fraß er über die Maßen viel. Irgendwann aber mußte er damit aufhören und kauerte sich unter einen Strauch, um sich dort furchtsam der Frage zu widmen, mit welchen Worten der andere Hase ihn wohl ansprechen könnte.
»Du scheinst ja ein rechter Hasenfuß zu sein!« Das wäre so ziemlich das Schlimmste. Leendert wußte, daß er bei einer derartigen Eröffnung wie angewurzelt sitzenbleiben würde, um alles Weitere still abzuwarten, denn es bestand ja

immerhin die Möglichkeit, daß der andere ein Rezept gegen den ständigen Drang zu flüchten besaß. Der andere Hase könnte freilich auch damit anfangen, zu klagen, wie sehr ihm dieses ständige Herumscharwenzeln von Leendert auf die Nerven ginge, aber das wäre recht unwahrscheinlich, denn dann hätte er ihn einfach weggebissen.
»Wollen wir zusammenbleiben?!« Auch das wäre ein möglicher Anfang eines Gesprächs. Aber es erschien Leendert doch eine Spur zu aufdringlich und machte ihn ganz verlegen. Er würde sich schämen, wenn sein zukünftiger Kumpan oder seine Kumpanin einen so schwachen Charakter und ein derart anhängliches Wesen hätte. In einem solchen Fall der Annäherung würde er sich (immer angenommen, es gäbe diesen anderen Hasen) auf ein bloßes »Hallo« beschränken. Vielleicht antwortete der andere dann auch mit »Hallo«, und sie könnten gemeinsam weiterhoppeln, sich nach einiger Zeit etwas näherkommen und nach ein paar weiteren Tagen einige Worte wechseln, wie zum Beispiel: »Hasen hoppeln ganz schön was zusammen, stimmt's?« Schön, wenn es so anfinge, denn dann könnte Leendert das Thema Fliehen zur Sprache bringen und berichten, wie oft er das früher getan hatte. Später könnte er dann vielleicht von den Blasen im Wasser erzählen, weil er daran erkennen könnte, ob er mit seinen Beobachtungen allein war oder dem anderen das Phänomen gleichfalls bekannt sei. Wenn dem so wäre, gäbe es weiter keine Schwierigkeiten, und es würde ... aber nein, so würde es sicher nicht weitergehen, denn wenn der andere die Gewohnheit hätte, wie Leendert vor dem Wasser zu sitzen, dann wäre er wahrscheinlich ebenso schreckhaft, und Leendert hatte sich doch als Lebensgefährten einen Hasen vorgestellt, der eben nicht alle Augenblicke davonrannte.
Das Wunschbild zerbröckelte.

Was für ein Unsinn, solch eine Begegnung! Wieder rannte Leendert davon. Weil er aber so viel gefressen hatte, daß es in seinem Bauch heftig schuckerte, wurde ihm übel, außerdem spannte er, enttäuscht, wie er war, seine Muskeln zuwenig und ließ während des Gehoppels alles bammeln. Das ging nicht lange gut, Leendert mußte sich irgendwo hinlegen. In den Schatten des kleinen Deiches, der sich quer durch das Land zog. Auf der einen Seite schien die Sonne, aber Leendert entschied sich mit Absicht für die Schattenseite und starrte traurig vor sich hin ins Leere.
Die Sache mit dem anderen Hasen ging ihm nicht mehr aus dem Sinn. Je häufiger er das Tier vor sich sah, desto seltsamer wurde es seiner äußeren Erscheinung nach. Hasen haben große Augen, bei diesem nun traten sie besonders stark hervor, und Leendert bekam zunehmend das Gefühl, als schaute etwas geradewegs durch ihn hindurch. Je elender ihm zumute wurde, desto größer wurden die Glupschaugen. Sie wuchsen sich zu gespenstischen konvexen Spiegeln aus, Leendert mußte seine eigenen Augen mächtig aufsperren und wieder zumachen und dann schnell wieder öffnen, weil sich alles zu verzerren begann. Die Grashalme wuchsen in weitem Bogen auseinander, der Erdboden rundete sich zur Kugel, und der kleine Deich verschwand weitab in einem kurzen Bogen in der Erde. Der Hase aus Leenderts Vorstellung war inzwischen zu einem einzigen glänzenden Auge geworden, hatte kaum eine Nase und noch weniger Stirn und betrachtete Leendert auf eine Art, die schlimmer war als das schlimmste Schimpfwort.
Doch plötzlich zogen sich die Augen zurück, es blieb nichts von ihnen übrig. Aus dem Hasen war ein blinder Hase geworden, der sich Leendert bibbernd näherte und so nachdrücklich an ihm schnüffelte und schnupperte, daß

dieser vor Abscheu zu zittern begann. Nach einer Weile aber schlich er sich ein Stückchen davon, schaute sich noch einmal um und streckte den Kopf hoch in die Luft, um mit lautem Gepfeif noch einmal zu schnuppern, bevor es ihn heftig schüttelte und er ins Nichts verschwand.

Was ist los mit mir? fragte sich Leendert, der allmählich die Fassung verlor. Es blieb ihm nicht viel Zeit, darüber nachzusinnen, denn auf einmal vernahm er (vermutlich von der anderen Seite des Deiches her) ein heftiges Gescharr und Geraschel, das nicht aufhören wollte. Manchmal verschwand es, kehrte jedoch immer wieder zurück. Auch aus der Ferne war es einen Moment lang zu hören, im nächsten Augenblick aber verschwunden, in welche Richtung Leendert seine Ohren auch drehte. Doch kurze Zeit später war es wieder da, wenn sich Leendert dann aber anstrengte, um zu horchen, was es damit auf sich habe, hörte er nichts mehr.

Er beschloß, vorsichtig nachzusehen. Er schlich sich äußerst behutsam ein Stück den Abhang hinauf und warf sich im gleichen Augenblick wie vom Donner gerührt zur Erde.

Nicht ohne Grund!

Nicht weil er dort etwas Furchtbares gesehen hätte, sondern weil ihm plötzlich klargeworden war, daß er wegen des Geräusches auf der anderen Seite nicht weggerannt war. Er, der immer vor etwas erschrak, erschrak nun heftig vor sich selbst. Er war noch hier! Während er am ganzen Körper zitternd auf dem Bauch lag und die Hinterläufe streckte, was ihm den dringend notwendigen Halt verschaffte, traten ihm die schrecklichsten Greuelbilder vor Augen.

Als lange Zeit nichts geschah, dämmerte es Leendert langsam, daß er sich ohne Sinn und Zweck ins Deichgras duckte. Zugegeben, es lag etwas in der Luft, aber wenn das, was sich auf der anderen Seite des kleinen Deiches befand, unheilvoll wäre, dann hätte es sich schon längst gezeigt. Es war also weder tödlich, noch rührte es einen Donner. Was Leendert auf diese Einsicht hin unternahm, tat er auf rätselhafte Weise unbewußt. Er drückte die Krallen der Hinterläufe in die Erde und stemmte sich langsam ein Stück in die Höhe. Nachdem er das einige Male wiederholt hatte, konnte er über den Deichrand sehen. Beim ersten Blick überfiel ihn wieder das Zittern. Denn was Leendert sah, war ein Hase, der sich vor seiner Nase flink um die eigene Achse drehte und mit hoch in die Luft geschleuderten Hinterläufen davonrannte. In einiger Entfernung aber schaute er sich mit glänzenden Augen um und hoppelte zurück, bis unmittelbar vor Leenderts vollkommen ausdrucksloses Gesicht.

Er blickte Leendert direkt in die Augen und sagte: »Wenn du's niemandem erzählst, werde ich's dir verraten: Ich heiße Mathilde, aber manchmal, so wie jetzt zum Beispiel, wäre mir Cornelie lieber.«

Leendert antwortete nicht, er rührte sich nicht einmal, sondern zitterte nur und schaute völlig entgeistert drein. Aber immerhin schaute er haarscharf an Mathilde vorbei und nicht in eine vollkommen andere Richtung, denn sonst hätte sie sicher entmutigt aufgegeben. Ihr jedoch eine Antwort zu geben, war ihm schlichtweg unmöglich, und so würde es wohl auch für eine gewisse Zeit oder vielleicht sogar für immer bleiben. Mathilde war ein Jahr älter als Leendert und viel erfahrener. Sie war ein Setzhase, das heißt eine Häsin, die ihren ersten Wurf bereits hinter sich hatte. Außerdem war sie von lebhaftem Wesen und hielt die Situation für recht vielversprechend.

»Willst du nicht rüberkommen?« fragte sie ihn, als immer

noch nichts geschah. Leendert pinkelte vor lauter Nervosität ins Gras und machte drei kleine Sätze nach vorn.
»Bei so einem Wetter kann ich den ganzen Tag vor mich hin friemeln«, teilte Mathilde ihm jetzt mit. »Du hast schon eine ganze Weile drüben gesessen, nicht wahr? Über den Deich gelinst und dich dann versteckt. Ich hab dich aber gesehen. Wolltest wohl spielen, was? Mir ist auch gerade danach. Wollen wir ein Stück zusammen gehen? Ich kenne ein Rübenfeld, wenn man da zwischen den Blättern herumhoppelt, ist man mal in der Sonne und mal im Schatten, mal in der Sonne und dann wieder im Schatten, und am Schluß sieht man gar nichts mehr, nur noch Licht, das die ganze Zeit an- und ausgeht, und dann ist's, wie wenn man in einer anderen Welt und in einem anderen Leben ist, nur nicht in seinem eigenen. Ich kann's dir nicht so genau erklären, komm halt einfach mit!«
Und weg war sie. Leendert rannte hinter ihr her. Erst um einiges langsamer als sie, doch als sich der Abstand immer mehr vergrößerte, ziemlich schnell. So schnell sogar, daß er sie überholte, wobei er jeden Muskel seines Körpers spannte, weil zu vermuten war, daß Mathilde ihn prüfend betrachten würde. Auch wenn er als Hase nicht viel hermachte: rennen konnte er.
Mathilde betrachtete ihn in der Tat prüfend, doch es war keineswegs so, daß er als Hase nicht viel hermachte. Im Gegenteil: Er war gut gebaut und eher kräftig für sein Alter, und er sah äußerst attraktiv aus, wie er da so vorausrannte.
Mit dem ließe sich's leben, dachte Mathilde und lief schneller, um Leendert wieder einzuholen. Das machte ihn allerdings wieder sehr nervös, weil er lieber eine Weile still darüber nachgedacht hätte, was es wohl bedeuten mochte, wenn Mathilde so nah neben ihm über die Wie-

sen hoppelte und ihn dabei sogar berührte. Also legte er einen Zahn zu und gewann wieder an Vorsprung. Er rannte nun so schnell, daß Mathilde nicht mehr mithalten konnte.

»Gewonnen!« keuchte sie, und als er seine Geschwindigkeit nicht drosselte, rief sie nochmals: »Ist schon gut, du hast ja gewonnen!«, ließ sich auf die Seite fallen, rollte ein paarmal um ihre Längsachse und blieb dann still und nach Luft schnappend im Gras liegen.

Gewonnen, fragte sich Leendert, der seine Gangart etwas mäßigte, gewonnen? Er schaute sich um und dann genauer hinter sich und sah Mathilde, die sich weit hinten im Gras wälzte. Erst mal abwarten, dachte Leendert und hockte sich hin.

Im Grunde war es genau das, was er sich gewünscht hatte: ein anderer Hase, in dessen Nähe er bleiben konnte. Doch es gab noch einige Ungereimtheiten, denn Mathilde schien ihm kein Hase zu sein, der damit zufrieden war, wenn er ihr in ehrerbietigem Abstand folgte. Nachdem er des öfteren zu ihr hinübergeschaut hatte, bemerkte er, daß sie sich auf ihre Hinterläufe gesetzt hatte und ihn aufmerksam beobachtete. Ja, genau ihn.

Leendert sah sich genötigt, schnell irgendwo anders hinzusehen. Die Art, wie Mathilde ihn anstarrte, gab selbst ihm, dem unerfahrenen Leendert, klar zu verstehen, daß nun er an der Reihe sei, auf sie zuzuhoppeln. Dennoch schien es ihm das beste, dem ganzen Treiben noch eine Weile bloß zuzusehen und sich aufs Nichtabhauen zu konzentrieren. So geschah es. Mathilde starrte unverändert und herausfordernd in Leenderts Richtung und Leendert wie ein Tropf in eine andere, wobei er mit seiner Körperhaltung den Eindruck erwecken wollte, daß es dort etwas äußerst Fesselndes zu sehen gab.

Schließlich gab Mathilde nach und hoppelte gemächlich auf Leendert zu. »Du kannst ganz schön schnell rennen, wenn's drauf ankommt«, sagte sie, doch Leendert antwortete noch immer nicht. Er stierte mit unverminderter Intensität in die Ferne, und Mathilde hatte irgendwie den Eindruck, daß noch keineswegs entschieden war, ob er an ihrem Gerede Interesse fand oder nicht. Um sich in diesem Punkt Gewißheit zu verschaffen, hoppelte sie ganz nahe an ihn heran. Hätte sie genauer hingesehen, hätte sie bemerken können, daß Leendert ihre Bewegungen mit ungeheurer Nervosität verfolgte, doch sie sah nicht genau hin, sondern schlug im Gegenteil züchtig ihre Augen nieder: Immerhin ging es bei ihren Annäherungsversuchen um alles oder nichts. Sie kroch so nahe an den zitternden Leendert heran, daß ihre Fellspitzen die seinen berührten, und gab ihm schließlich einen Schubs, der ihn umwarf.

Das heißt: Eigentlich hätte er gar nicht umfallen müssen, wenn er nur ein kleines bißchen fester auf seinen Pfoten gesessen hätte; als er jedoch Mathildes Härchen an den seinen fühlte, war sich unerschütterlich hinzusetzen das letzte, was ihm einfiel, und so ließ er sich mit zum Himmel gekehrtem Blick fallen, und es kam, was kommen mußte.

Kaum lag er auf der Seite, ließ sich Mathilde auf ihn fallen und rollte über ihn weg. Nun hätte Leendert aufspringen müssen, um sich ebenfalls schnell und sanft auf Mathilde fallen und wie gewichtlos weiterrollen zu lassen, und dann wäre wieder Mathilde an der Reihe gewesen. Leendert jedoch war noch nicht soweit. Er blieb einfach liegen und rührte sich nicht. Mathilde war heilfroh, daß er nicht davonrannte, ohne sie eines weiteren Blickes zu würdigen, und wälzte sich noch einmal über ihn. Und noch einmal und noch einmal und noch einmal, doch nicht gewichtlos wie zuvor, sondern mit ihrem ganzen Gewicht mitten über Leenderts Bauch, so daß er anfing, eigenartige Laute von sich zu geben. Das schien ihm dann doch zu unterwürfig zu sein, und um bei dem Ganzen eine etwas mannhaftere Figur zu machen, sprang er auf und rannte auf Mathilde zu, die sich wieder aufgesetzt hatte und ihn ansah, und stieß sie – bums! – um. Kein Zweifel: Leendert spielte mit einem anderen Hasen! Mit dem Setzhasen Mathilde. Alles in und an seinem Leib schien vor Stolz, Einbildung und Seligkeit anzuschwellen, und seine Augen traten weit hervor und glänzten aus voller Tiefe, daß er hübscher und hübscher aussah.

Das Spiel wurde zunehmend verwegener. Statt einander auf rohe und rabiate Weise anzurempeln, gingen sie allmählich zärtlicher zu Werke. Während der eine einfach nur dasaß, rannte der andere mit der Wildheit von jemandem, der alles klitzeklein schlagen will, auf ihn zu. In dem Moment aber, in dem die Fellspitzen einander fast berührten, stürzte derjenige, der umgestoßen werden sollte, schon kopfüber, und der andere schoß wie eine Billardkugel zur Seite. Dann setzte sich derjenige, der gerade herangestürmt war, still kichernd hin, und der andere lärmte wie ein Bulle heran. Und wieder war es so, daß beide, kurz bevor sich die Härchen berührten (eigentlich glitt nur der Glanz beider Hasen aneinander vorüber), übereinanderrollend in verschiedene Richtungen auseinanderstoben. Von diesem Spiel konnten sie nicht genug kriegen und riefen nun auch noch: »Holland über alles!« oder »A-tta-cke!« Das Ganze war von ausgesprochener Schönheit und viel zarter, als es zum Beispiel das klirrende Anstoßen zweier Gläser je hätte sein können. Denn das Klirren des Glases wächst sich aus zu einem Ton, der im Raum schwebt, wenn aber Leendert und Mathilde aneinanderstießen, oder – genauer – nicht aneinanderstießen, erklang zwar kein Ton, doch es stieg etwas Hellklingendes von den Wiesen in den Himmel auf, etwas, das entsteht, wenn zwei sich mögen. Mathilde wußte genau, daß Leendert und niemand anders der Erwählte sein würde, wenn ihre Zeit käme, obwohl ihre Wahl nur auf einem oberflächlichen Eindruck beruhte. Leendert hingegen hatte von Familienplanung keine blasse Ahnung, und das zauberhafte Spiel mit Mathilde spielte er, ohne zu wissen, was er eigentlich tat. Wäre es ihm bewußt gewesen, hätte sich der Fluchttrieb so schnell seiner bemächtigt, daß Mathilde zum ersten Mal in ihrem Leben einen Hasen gesehen hätte, der tatsächlich schnell lief. Leendert kam es so vor, als ob sich alles auf einem sehr hohen Berg abspielte, von dem er jeden Augenblick herabstürzen konnte, und dann wäre alles vorbei. Oben auf dem Berg war er ein anderer als sonst, soviel war sicher, und zugleich hegte er die dunkle Ahnung, daß er auch ohne den Berg nie mehr derselbe sein würde wie früher. Wenn er jemals von dieser Bergspitze herabkäme, brächte er mit Sicherheit den Rest seines Lebens damit zu, nach Mathilde zu suchen.

Leendert hatte sich hingehockt und betrachtete mit glänzenden Augen die Häsin vor ihm, eine kleine Häsin zwar, aber doch ein außerordentlich vollkommenes Geschöpf.

Mathilde saß auf ihren Hinterläufen und betrachtete Leendert auf nämliche Weise wie er sie.

Wenn weiter nichts geschieht, kann das sehr schnell peinlich werden. Zwar war alles, was noch kommen würde, für Mathilde eine ausgemachte Sache, aber sie war dennoch wie vor den Kopf gestoßen. Bei IJsbrand, von dem sie voriges Jahr die beiden Jungen hatte, war das ganz und gar nicht so gewesen. Damals ging alles à la »Bahnfreikartoffelbrei«, und beide, IJsbrand und sie, wollten voneinander kaum mehr wissen, als unbedingt nötig war, um sich müde

zu spielen. Aber dieser ... was war das nur für ein seltsamer Hase! Ratlos setzte sich Mathilde wieder direkt vor Leendert und schaute ihm forschend und zugleich völlig unwissend geradewegs in die Augen.
Müßte Leendert das aushalten können? Vielleicht. Aber er konnte es nicht. Ihm wurde so schummrig, daß er seine Hasenohren senkrecht nach unten hängen ließ, was nicht besonders gescheit aussah, weil sein Kopf ohne die gewohnten Fortsätze dem eines Schwimmers ähnelte, der fassungslos ganz woanders aus dem Wasser auftauchte als erwartet.
»He!« sagte Leendert nach einer Weile, und weil er Mathilde um keinen Preis kränken oder durch seine Grillenhaftigkeit verschrecken wollte, fügte er sofort hinzu: »Viel wirst du an mir wohl nicht entdecken, fürchte ich.«
»Das werde ich dir gerade auf die lange Nase binden«, antwortete Mathilde, die es für ratsam hielt, etwas Unverfängliches zu sagen und nicht das, was ihr wirklich auf dem Herzen lag, denn dann hätte sie von ihrem festen Entschluß berichten müssen, bis zur Paarungszeit nicht von Leenderts Seite zu weichen, ihm in guten und in schlechten Zeiten treu zu sein und zu gehorchen und sich mit ergriffenem Ton glücklich zu preisen, diesem Hasen begegnet zu sein, mit dem alles so anders werden würde und der im Grunde auf seine ganz besondere Art immer genau wußte, was gut war und was getan werden mußte. Seiner Führung vertraute man sich nur zu gerne an, um so das eigene Lebensgefriemel loszuwerden. Denn Gefriemel ist doch alles, was ich zu bieten habe, dachte sich Mathilde, während sie den Glanz in Leenderts Augen betrachtete, in deren dunkler Bläue sich unverkennbar Abgründe von Wissen und vielerlei Ahnungen verbargen. Hätte sie sich auf nämliche Weise wie Leendert gegen das Licht gesetzt

und Leendert ihren Platz eingenommen, hätte ihn ein Schauer ergriffen wegen der gleichen dunklen Bläue, der Abgründe und vielerlei Ahnungen, die sich in ihren wissenden Augen verbargen. Und er hätte gewußt, daß nur ein Lügner behaupten konnte, Leendert könne von seinem Berg wieder heruntergestoßen werden.

Derselbe Lichteinfall, der seine Augen so weise erscheinen ließ, fiel schräg auch in Mathildes Augen, die dadurch etwas so Hilfloses an sich hatte, daß sie für alle Zukunft dringend eines Schutzes bedurfte. Niemals mehr werde ich ein fliehender Hase sein, dachte Leendert, und niemals wieder werde ich schreckhaft sein und lächerlich und wie ein Fähnlein im Wind, denn dieser Hase hier, diese Häsin ist ja noch hilfloser als ich.

Zeit, dies alles zu Ende zu phantasieren, hatte Leendert nicht, denn unvermutet tauchte hinter Mathilde der große Hund (er hieß Dian) vom nahe gelegenen Bauernhof auf. Es war ratsam zu fliehen, und zwar auf der Stelle. An einen Plan oder gar an eine Absprache war nicht zu denken, nicht einmal einen einverständigen Blick konnte Leendert ihr zuwerfen. Er war wieder ganz der alte und wollte nur noch verschwinden. Mathilde sah ihn so überstürzt wegrennen, daß sie sich umschaute und Dian vor Augen hatte, der sich zum ersten Mal in seinem Leben von der sicheren Möglichkeit überrumpelt sah, einen leibhaftigen Hasen im Genick packen zu können. Mit dem Hochgefühl einer nahen Wunscherfüllung im Maul, begann er erst zu sabbern und dann zu jaulen, so daß Mathilde wie durch ein Wunder entkam, indem sie einen rechten Haken schlug. Sie rannte in die Leendert entgegengesetzte Richtung, denn der hatte einen linken Haken geschlagen. Als Dian merkte, daß er danebengeschnappt hatte, jaulte er noch lauter und schlug sich in Mathildes Richtung, also nach rechts. Aber

er begriff sofort, daß er wieder nicht das Richtige getan hatte. Nach einigen Sätzen sah er Leendert auf der linken Seite und spürte, wie falsch er wieder lag. Etwas sagte ihm, daß die Aussichten auf Erfolg bei Leendert größer waren.
Leendert war in Panik. Nicht weil Dian hinter ihm her war, sondern weil Mathilde rechts und er links abgebogen war. Das sprach zwar für große Klugheit und sicheren Instinkt, und beider Leben würde dadurch unzweifelhaft gerettet werden, aber er hatte sie verloren. Wie sollte er je zu ihr zurückfinden? Wie groß würde der Bogen sein, den sie lief, und wohin würde er sie führen? Und wie groß müßte sein Bogen sein, um jemals wieder an den Ort zu gelangen, an dem seine Flucht begonnen hatte und wo sie so selig beieinandergesessen hatten? Von diesem Ort aus müßte er sich auf die Suche machen.
Er rannte einfach drauflos. Etwas langsamer – worauf Dian näher kam – oder mit voller Kraft, so daß Dian deutlich an Terrain verlor. Schließlich sah der Hund die absolute Zwecklosigkeit seiner Jagd ein. Kurzum: Er blieb urplötzlich stehen, roch ohne Sinn und Verstand an einem Grasbüschel, pinkelte kurz dagegen, kehrte um und lief ruhig zurück, als habe er aus rein hygienischen Gründen in einiger Entfernung vom Bauernhof schnell ein kleines Bedürfnis verrichten müssen.
Leendert, der sich vom Hund kaum mehr belästigt fühlte, als notwendig war, um ein ordentliches Stück voraus zu bleiben, war nicht einmal glücklich darüber, daß sein Verfolger aufgab, denn nun mußte er stante pede mit der Suche nach Mathilde beginnen, und dadurch wurde die Welt mit einemmal entsetzlich groß.
Er überlegte, ob er nur Kurven gelaufen war oder auch ein paarmal geradeaus, und wenn ja, in welche Richtung und wie lange. Der Bogen, den Mathilde gemacht hatte, war

vermutlich kleiner gewesen als der seine, auf jeden Fall aber mußte er zum Ausgangspunkt zurück, dorthin, wo Dian aufgetaucht war. Dadurch würde er die eigentliche Suche, die zu einer langwierigen Angelegenheit zu werden drohte, noch etwas aufschieben. Wenn Mathilde aber, so bedachte sich Leendert, nachdem sie Dian nicht mehr hinter sich gesehen hatte, wieder fröhlich geworden wäre und jetzt unberechenbar irgendwo im Zickzack herumsprang, ganz allein »Holland über alles« spielte oder sonstwie leichtfertig vom Kurs abkam, könnte er sie tatsächlich hassen für ihre Unvernunft.

Er hoppelte um einiges ruhiger zurück und fühlte sich dennoch viel gehetzter als mit dem Hund hinter sich. Wenn er doch nur hochspringen und eine Zeitlang in der Luft schweben könnte! Wenn doch nur die Grashalme verschwänden und alle Hasen plötzlich riesengroß wären, so daß er sie sofort sehen könnte. Ach, wenn sie doch nur kichernd hinter ihm hergehoppelt käme, ihm mit nasser Nase einen Stüber unter den Schwanz gäbe und sich lustig machte über diesen Stümper im Suchen.

Leendert rannte drauflos. Die Wiese war leer. Er mußte nun ungefähr dort sein, wo alles begonnen hatte: doch von Mathilde keine Spur. Verstohlen versuchte er die Wiesenecke zu übersehen, die Mathilde zumindest gestreift haben mußte: auch nichts. Vermutlich war sie enttäuscht, daß sich Leendert ohne Vorwarnung davongemacht hatte. Die Chance, daß sie mißmutig einfach woanders hingehoppelt war, war groß.

Aber wohin?

Sonstwohin.

Ins eine oder andere gottverlassene Sonstwohin. In ein neutrales, mieses Stück Land mit saurem Gras und dürrer Vegetation. Mit nichts und niemandem. In ein dem Un-

tergang geweihtes Stück Land mit ausgelaugtem und versautem Boden, wo man lebte – von wegen: lebte – wie ein verblödetes und wesenloses Stück Vieh, klapprig und schrullig und sehr, sehr schwach.
So schwach wie der blinde Hase, den Leendert in seiner Phantasie gesehen hatte: mit auswachsenden Vorderzähnen, ohne Augäpfel, zitternd und pfeifend durch die Nase atmend und entsetzlich stinkend. Und das ist noch nicht mal das Schlimmste, dachte Leendert, denn ihm ging auf, daß der alte Hase gewiß nicht Mathilde sein würde, sondern er selber! Er, wenn er weiterhin ohne Mathilde leben müßte auf einem Stück Land, das von dem Augenblick an, in dem er die erste Pfote daraufsetzte, leer sein würde und karg und hart und zerborsten.
Ja, hier hatte es angefangen. Hier war Dian aufgetaucht, und hier hatte er Mathilde zum letzten Mal gesehen.
Hier, hier!
Leendert schloß die Augen wie der blinde Hase, der er dermaleinst sein würde, und folgte mit bleischweren Beinen dem Weg Mathildes, der sich vor ihm auftat wie der Geißelweg zum Galgen.
»Bist du es, van Zanten?«
Mathilde.
Sie lag im Gras, höchstens dreißig Zentimeter von der Stelle entfernt, wo der linkische Leendert seinen Leidensweg begonnen hatte. Sie hatte sich inzwischen von der Flucht erholt, Leenderts Kommen eine ganze Weile beobachtet und den ersten freudigen Schrecken überwunden, daß dieses herrliche Tier sich unverzüglich auf die Suche nach ihr gemacht hatte. Weswegen sie ihn jetzt unendlich gerührt und zufrieden betrachtete, ihren Leendert: weil er ein so prächtiger und schöner Hase war, weil er völlig aufgelöst und blinzelnd an der Stelle, wo sie vorhin miteinan-

der gespielt hatten, herumgeirrt war, und weil er jetzt, wo er vor ihr stand, kein einziges Wort hervorbrachte.
Genau hier, hier gedenke ich zu bleiben, sagte sich Leendert, und zwar für immer!
Und so kam es dann auch. Leendert legte sich dicht neben Mathilde und schloß langsam die Augen, weil alles auf einmal so ganz anders war. Mathilde kroch dicht an ihn heran. Da lagen sie nun, die beiden Hasen, nebeneinander im Gras. Mathilde zupfte das Grün um sie herum so zurecht, daß eine Art Lager entstand; aber allzuviel Zeit wandte sie dafür nicht auf, denn sie hatte es ebenfalls eilig, die Augen zu schließen und sich hinzulegen.
Bald lagen sie da, ohne sich zu bewegen. Nur ab und zu seufzten sie tief, und der Seufzer lief wie eine Welle durch ihren Körper. Danach herrschte wieder vollkommene Stille und Bewegungslosigkeit.

Am Ende dieses Tages war wieder alles anders. Nachdem Mathilde aufgewacht war, sah sie zu Leendert hinüber, was er nun wohl unternehmen würde. Und Leendert sah fröhlich vor sich hin, weil es nichts gab, was er hätte unternehmen müssen. Doch dann redete er aufgeregt über die Regenblasen im Wasser und das Klingeln und Klimpern, das dabei zu hören war, und rannte sofort los, um es ihr zu zeigen, obwohl es ganz und gar nicht regnete und von Regenblasen im Wasser aller Wahrscheinlichkeit nichts zu sehen sein würde. Und so war es dann auch. Als sie den Uferrain hinunterrutschten an den breiten Kanal, lag die Wasseroberfläche vollkommen still und ohne jede Kräuselung vor ihnen, und nicht einmal ein Lüftchen rührte sich. Trotzdem sagte Mathilde, daß sie es sich sehr gut vorstellen könne. Gesehen freilich habe sie es noch nie, denn Regen könne sie nicht ausstehen, und wenn es Bindfäden regne, komme sie mit Sicherheit nicht auf die Idee, in einem Wassergraben oder Kanal Regenblasen beobachten zu wollen. Trotzdem könne sie nachfühlen, wie es einem dabei durch und durch gehe und man nach Atem schnappen müsse, genau so, wie Leendert es ihr gerade geschildert habe. (Dabei hatte er zur besseren Veranschaulichung versucht, in seiner Miene und Körperhaltung die unendliche Niedergeschlagenheit zum Ausdruck zu bringen, die ihn beim Hören des Blasengeklimpers immer überfiel, und er tat es so wirklichkeitsgetreu, daß Mathilde an der Aufrichtigkeit seiner Empfindungen kaum zweifeln konnte.)

Es war ein seltsames Bild: zwei Hasen am Kanalufer, die an einem trockenen Nachmittag dem Klingeln und Klimpern von Regenblasen zuhörten. Sie konnten es wirklich hören, und nur darauf kam es an. Glücklich hoppelten sie schließlich wieder die Böschung hinauf und über die Wiese zurück zu Mathildes Rübenfeld, wo man bei gleißendem Sonnenschein unter den Blättern vom Dunkel ins Licht und vom Licht ins Dunkel wechseln konnte, so daß man in diesem Geflacker den Eindruck bekam, in einer anderen Welt zu sein und in einem ganz anderen Leben.

Doch mit den Rüben verhielt es sich nicht viel anders als mit den Regenblasen: Seit Mathildes letztem Besuch waren sie geerntet worden, und selbst wenn sie noch vorhanden gewesen wären, hätte vom Spiel wechselnden Lichts kaum die Rede sein können, denn die Sonne machte sich rar an diesem Nachmittag und stand überdies kurz davor unterzugehen. Doch Mathilde und Leendert stoben unbeirrt übers Rübenfeld, und Leendert war bald so ergriffen von der Wirkung des schnellen Wechsels vom Hellen ins Dunkle, daß er mit riesigen Sätzen im Zickzack sprang, was Mathilde mit großer Begeisterung beobachtete und ihm einige Male zurief: »Ja, genau so, so ist's richtig.« Sie tobten zusammen über Strunk und Stein und kamen sich bisweilen so nahe, daß die Fellspitzen einander berührten und sie in ihrem Glücksüberschwang in verschiedene Richtungen auseinanderstoben. Davon wurden sie jedoch bald sehr müde, und weil es ohnehin zu dunkeln begann, kehrten sie zu der Stelle zurück, wo Dian sie überrascht hatte, richteten sich schweigend und mit großer Sorgfalt ihr Lager her und schliefen rasch ein.

In den darauffolgenden Tagen gab es eine Menge zu erledigen. Immer wieder brachte Leendert die Flucht vor dem Hund zur Sprache. Sie hatte Gott sei Dank ein gutes Ende genommen, und von Mathilde war es sehr vernünftig gewesen, den rechten Haken zu schlagen, nachdem sie gesehen hatte, daß Leendert links abgebogen war. In Zukunft würde man also genauso vorgehen müssen, »obwohl es zu dumm ist«, sagte Leendert, »daß man dann eine Zeitlang nicht weiß, wie's dem anderen geht«. Das fand Mathilde zwar auch, konnte seine Sorge jedoch nicht ganz teilen. »Wir gehen uns nie wieder verloren«, sagte sie und schaute dabei sehr geheimnisvoll drein.

Mathilde wollte ihrerseits gern die Paarungszeit zur Sprache bringen, nur wußte sie nicht so recht, wie. Im letzten Jahr war ihr schnell klargewesen, daß IJsbrand der Auserwählte sein würde und niemand sonst, und obwohl sie ihre Wahl getroffen hatte, ließ sie dennoch vier appetitliche Hasen bis zum Umfallen kämpfen. Daraus war einer als Sieger hervorgegangen, Frans, aber als er sich zur Stelle meldete, ließ Mathilde ihn wie einen Idioten stehen und gab sich IJsbrand hin. Das gehört zu den Unwägbarkeiten des Lebens, auf die man so ohne weiteres nicht gern verzichtet, dachte Mathilde, nur wäre das Leendert wohl kaum beizubringen. Sie wußte genau, daß sie, wenn es soweit wäre, nicht nur die Kämpfer wieder gegeneinander hetzen, sondern ihnen auch vormachen würde, daß der Sieger mit der Belohnung rechnen konnte. Mit Leendert jedoch entstünde eine neue Situation, die für diesen Hasen wohl kaum zu ertragen wäre. Überdies hatte Mathilde allen Verehrern gegenüber, die sich nach ihrem Namen erkundigten, stets behauptet, sie heiße Resie. Der Name klang so schön aufregend! All das waren Dinge, die angesichts ihres Verhältnisses mit Leendert nicht besonders vorteilhaft aussahen, von denen er jedoch wissen mußte für den Fall, daß der geheimnisvolle Trieb wieder in ihr erwachte und sie ganz plötzlich und auf eigene Faust zu irgendwelchen Abenteuern aufbrach.

»He du, rätselhafter Klimperer«, begann sie manches Mal, wenn Leendert sie ansah, doch weiter kam sie nicht. Über die Paarungszeit kein Wort. Vielleicht passierte es ja auch, dachte Mathilde, daß sie in der fraglichen Zeit zufällig flüchten mußten und sie ihn dann ohnehin erst zwei oder drei Tage später wiederfände. Oder vielleicht ...

Doch das Erörtern weiterer Lösungen erübrigte sich, denn Leendert schlug vor, das nächste Mal, wenn Gefahr drohe, überhaupt nicht mehr zu fliehen, weil die Ursache dafür ohnehin meist nur in der Einbildung bestünde und eine Flucht von daher vollkommen sinnlos sei. »Tiere kann man in einem Feld meistens erst sehen«, meinte Leendert, »wenn sie davonlaufen. Soviel ich weiß, läuft aber nur der davon, dem es sowieso nicht wichtig ist, wo er sich befindet. Bei uns ist das anders. Wir brauchen keinen Tapetenwechsel. Ich jedenfalls nicht, und im Grunde ist es viel gefährlicher, zu fliehen und nicht dort zu bleiben, wo man ist. Glaubst du das mit dem Tapetenwechsel nicht auch?« fragte er und sah Mathilde prüfend an. »Ich meine: Oder wärst du im Grunde deines Herzens lieber allein?«

»Was bist du doch für ein seltsamer Schaumschläger«, sagte

Mathilde und hockte sich so vor Leendert hin, daß sie mit ihrer Brust die seine berührte. »Mein Herr, ich muß Ihnen wohl mal was auf die Löffel geben«, sagte sie und gab Leendert mit den Vorderpfoten ein paar sanfte Stüber.

»Warum sollen wir sitzenbleiben, wenn wirklich Gefahr droht?«

»Wenn man zueinandergehört, ist man unverletzbar«, sagte Leendert. »Man muß nur darauf vertrauen.«

»Ach, jetzt wird mir einiges klar«, antwortete Mathilde, die gerade sehr zum Scherzen aufgelegt war, und fügte hinzu: »Wir sollen also miteinander vereinbaren, in Zukunft auf alle Fälle sitzenzubleiben, und wenn's dann soweit ist, verduftest du, und ade, Mathilde! Das also steckt dahinter, Leendert van Zanten, aber da kennen Sie Ihre Mathilde van Zanten, geborene Stekstroo, schlecht, denn die wird ihren Leendert nie so weit weglassen, daß sie ihm nicht in die Hinterläufe beißen kann.« Gesagt, getan. Sie biß ihrem geliebten Hasen in die rechte Hinterpfote, wobei sie es sich nicht nehmen ließ, ihn gleichzeitig mit der Zunge zu berühren, so daß Leendert vor Erregung schier außer sich geriet. »Oh, Mathilde, was sind Sie doch ...«, rief er und wollte etwas hinzufügen, was seinen Stolz und seine unvergängliche Liebe zu ihr ausdrücken sollte, doch auch nach einer ganzen Weile des Nachdenkens war ihm immer noch nicht eingefallen, was das sein könnte. Mathilde wurde ungeduldig und biß ihn noch fester. Dann rannte sie auf ziemlich aufreizende Art und Weise davon, indem sie ihr Hinterteil ausgiebig durch die Luft propellern ließ. Leendert rief eilig: »... für ein Setzkeks!« und sprang ihr nach. Als er sie eingeholt hatte, biß auch er sie hastig in den Hinterlauf, weil sein »Setzkeks« danebengetroffen hatte, der reinste Unsinn war und überhaupt nichts besagte. Das Beißen aber schien um so mehr zu bewirken. Er biß sie sogar ein zweites Mal und berührte sie, wie sie es bei ihm getan hatte, ganz leicht mit der Zunge. Er hatte die besten Absichten und wollte, da er sie so sehr liebte, von nun an vor nichts mehr Angst haben.

Der Herbst dauerte noch eine kleine Weile, dann wurde es Winter, und Leendert und Mathilde abenteuerten über Wiesen und Felder und verlebten eine herrliche Zeit. Sie mußten fast nie fliehen und hatten es in der Kunst, bei Gefahr an Ort und Stelle zu verharren, inzwischen beträchtlich weit gebracht. Sie hatten genau und ohne Umschweife verabredet, gegebenenfalls in verschiedene Richtungen davonzurennen, und präzise Abmachungen darüber getroffen, wie sie einander immer wiederfinden konnten, so daß sie sich in dieser Hinsicht kaum zu beunruhigen brauchten.
Mathilde hatte auch die Paarungszeit zur Sprache gebracht, und Leendert war einverstanden.
Auch über Kälte und Hunger war gesprochen worden und darüber, wie unwichtig das alles doch war, wenn man zu zweit sei. Und so lagen sie an einem Regentag ruhig und mit all ihren Erfahrungen auf der Wiese, als ganz in ihrer Nähe zwei Paar Füße vorbeigingen. Sie gehörten zwei wegen des Wetters schlechtgelaunten Treibern einer Jagdpartie. Aber sie sahen nichts, die Treiber, und gingen suchend weiter. Auch Leendert und Mathilde schenkten ihnen weiter keine Beachtung, und damit war alles gut.
Dann kamen zwei weitere Füße, und die gehörten Herrn G. H. Hageraarts, der mit einem doppelläufigen Gewehr in der Hand hinter den Treibern herging und noch nichts geschossen hatte, weil in diesem verdammten Revier kein einziger Hase mehr aufzutreiben war. Herr Hageraarts sah von Leendert und Mathilde ebenso wenig wie die Treiber,

obwohl die Hasen direkt vor seinen Füßen lagen und darauf warteten, daß er vorbeiging.
Leenderts Meinung nach war Herr Hageraarts schon verdammt nah, und dann blieb er auch noch stehen und schaute mißmutig über die nasse Wiese zu den Treibern hinüber. Die schauten zurück und hoben schlechtgelaunt die Arme: Kein Wild zu sehen, aber auch nicht eines!
»Nichts, was?« rief Herr Hageraarts plötzlich, den es im Grunde freute, daß die Treiber seinen Mißmut so vollständig teilten und das Ganze ebenfalls für eine Scheißjagd hielten.
Bei dem »Nichts, was?« des Jägers ließ Mathilde, die schon seit einigen Augenblicken befürchtet hatte, Leendert könnte in diesem Augenblick allergrößter Gefahr doch noch davonlaufen, ihrem Entsetzen freien Lauf. Nicht ihrer selbst wegen, sondern Leenderts wegen. Sie wollte sich auf ihn legen, um ihn am Weglaufen zu hindern und die Bleib-wo-du-bist-Technik zu triumphaler Vollkommenheit zu führen. In ihrem Entsetzen jedoch machte sie eine kleine Bewegung, weshalb Leendert sich nun seinerseits auf Mathilde werfen wollte, weil in seinen Augen dieses Bleib-wo-du-bist etwas war, was sie niemals mehr aufgeben durften. Dadurch entstand eine derartige Unruhe in dem kleinen Hasenlager im Gras, daß nun – so direkt vor den Füßen des Jägers – kein Halten mehr war und die beiden das Panier ergreifen mußten.
Mathilde schlug einen linken und Leendert einen rechten Haken. Nach ein paar mächtigen Sätzen spürte er jedoch, wie gefährlich und hoffnungslos die Lage war. Wenn man beim Liegenbleiben das Schicksal gewissermaßen nur abwartete, mußte das beim gemeinsamen Davonlaufen genausogut möglich sein. Und also änderte Leendert bestimmt und feierlich seine eingeschlagene Richtung, um

ganz nah neben Mathilde laufen zu können. Im selben Moment prallte er mit ihr zusammen, denn ihr war es wie Leendert ergangen, und auch sie hatte den Kurs gewechselt.
Da rannten sie nun dahin, die beiden, mißachteten jegliche Strategie, jeglichen Instinkt und alle Absprachen, rannten nebeneinanderher wie ein einziges Tier, direkt vor Herrn Hageraarts Nase.
Der wartete, bis sie sich ein Stück entfernt hatten, denn zwei Hasen so unmittelbar vor den eigenen Füßen totzuschießen war doch recht unsportlich, dann aber zielte er. Rein technisch war das nicht weiter schwierig. Er schoß zuerst mit dem rechten Lauf und dann, aus derselben Stellung heraus und fast zur gleichen Zeit, mit dem linken.
»Verdammt«, murmelte er. »Ein Doppeltreffer.«
Alles ging verblüffend schnell. Die zwei Hasen überschlugen sich und blieben liegen. Die Treiber machten kehrt und rannten zurück. »Ein Doppeltreffer Hasen«, rief Herr Hageraarts und zeigte auf die Stelle, wo sie hingeschlagen waren. Auch er lief eiligst hin.
Sie fanden nichts. Sie suchten überall, und ein zweiter Jäger mit Gewehr gesellte sich zu ihnen und half bei der Suche. »Ein Doppeltreffer Hasen«, sagte Herr Hageraarts zu ihm. »Weit können sie nicht sein. Ich erzähl hier doch keine Märchen«, sagte er lachend, denn sie hatten immer noch nichts gefunden. Ein wenig Blut im Gras, das war alles.
Sie suchten, bis es dunkel wurde, aber sie fanden tatsächlich nichts.

In der Natur wird gejagt, und die Natur ist voller Rätsel. Niemand hat sie je gefunden, die beiden Hasen, Leendert und Mathilde. Nur ein einziges Mal hat man noch etwas von ihnen gehört. Das war, als Herr Hageraarts in einer Nacht zweimal im Schlaf aufstöhnte. Denn er träumte, eine geheimnisvolle Kraft drücke sein Gewehr herab, als er zwei große Tiere schießen wollte, die – seltsam genug – durch ein Band miteinander verbunden waren. Trotzdem drückte er zweimal ab und schoß sich in beide Füße. Doppeltreffer! Als der Pulverdampf sich verzogen hatte, sah er, daß er weder mit dem einen noch mit dem anderen Fuß jemals wieder würde gehen können, und stöhnte zweimal auf. Niemals mehr würde er vor etwas davonlaufen und niemals mehr auf jemanden zugehen können.

Kein Kopf ist zu klein fürs Firmament

Der junge Schwan Kalaam hatte nach einigem Suchen den Park wiedergefunden, in dem er vor neun Monaten aus dem Ei gekrochen war. Er hatte sich verirrt, war von einem freundlichen Ehepaar aufgenommen worden und hatte die ersten Monate seines Lebens in einem Garten verbracht, wo er gefüttert wurde. Sehr jung und sehr einsam, doch voller Würde! Aber den Park vergaß er nicht. Im Garten hatte er zwei Jahreszeiten verbracht und war dann durch ein Loch im Zaun entkommen, um nach den Seinen zu suchen. Nun lernte er die Schattenseiten des Lebens kennen, spürte zugleich aber auch den einzigartigen Drang nach dem Unbekannten. Nicht dem allgemeinen aller Schwäne, sondern einen ihm ganz eigenen, persönlichen.

Ein viel älterer Schwan, der von seinem Verlorensein wußte, sprach ihn an und sagte: »Hier ganz in der Nähe gibt es was Wunderbares, aber man kommt nicht leicht hin. Einen Wassergraben, in den ein Rohr oder eine Rinne läuft. Was ich meine, ist: Aus der Rinne, da kommt ab und zu was raus! Kein Wasser, sondern was Schreckliches! Es ist furchtbar stark, und wenn man es einatmet, schneidet es einem oben in den Schnabel. Hast du eine Idee, was das sein könnte? Bis jetzt habe ich noch niemanden gefunden, der mir darauf eine Antwort hat geben können! Weißt du was davon? Wie war doch dein Name?«

»Nein, keine Ahnung«, entgegnete Kalaam und nannte seinen Namen.

»Und ich bin der alte Sen! Sen wie Senior. Wenn du mal jemanden triffst, der weiß, was aus dem Rohr kommt, dann sag's mir bitte, ja? Es interessiert mich doch wirklich sehr.«

»Aber sicher ... sicher ...«, sagte Kalaam leise.

Von diesem Augenblick an war er sehr durcheinander. Es war das erste Mal, daß ihn jemand um eine Auskunft gebeten hatte. Jungen Schwänen stellt man im allgemeinen keine Fragen, denn sie wissen so gut wie nichts (und ahnen das auch selbst). Wie sollte ein junger Schwan so etwas auch wissen?

In den nächsten Tagen durchschwamm Kalaam sehr einsam den Teich und den angrenzenden Wassergraben und ging nur ans Ufer, wenn niemand zu sehen war. Wenig später begannen die anderen Schwäne ihn unauffällig zu meiden. »Was ist los mit dir?« fragte ihn seine Mutter, und er antwortete mit einem Kopfschütteln: »Ach, nichts, überhaupt nichts.« Kalaam hätte die Frage mit der Zeit wahrscheinlich einfach vergessen, aber jedesmal wenn er sich das in aller Stille vorgenommen hatte, erschien der alte Sen. Unauffällig räuspernd ging er nahe an Kalaam vorbei, als ob dieser nur darauf gewartet hätte.

Nach ein paar Wochen tauchte Sen wieder auf. Er stellte sich neben ihn ans Ufer und fragte: »Na, bist du schon dort gewesen?«

»Ich glaube, es ist nicht mehr da ...«, sagte Kalaam auf gut Glück.
»Das kann nicht sein. Wo bist du denn gewesen?«
»Ungefähr da, wo Sie gesagt haben ...«
»Kann nicht sein, dann hättest du es sehen müssen.«
»In welcher Richtung ist es denn?«
Der alte Schwan drehte sich bedächtig, streckte seinen linken Flügel aus und schwenkte ihn langsam auf und nieder. Mit grelltönender Stimme sagte er: »In diese Richtung. Fast am Stadtrand. Es ist ein Kanal, glaube ich.«
»Ach! So nah? Na gut, ich werde noch mal hinfliegen.«
»Wenn du etwas höher fliegst, wirst du es ganz sicher sehen.«
Senior war ein bißchen mürrisch geworden und flog plötzlich auf. Kalaam folgte ihm und behielt ihn fest im Auge. Unversehens setzte der andere zur Landung an, und Kalaam wurde davon so überrascht, daß er eilig eine Kurve flog und Ausschau hielt, wo sein unwirscher Begleiter geblieben war. Glücklicherweise sah er etwas, das wie ein Schwan aussah, und flog darauf zu. Um ihn einzuholen, schlug er heftig mit den Flügeln, und seine Landung im Kanal sah fast wie ein Absturz aus. Hastig rudernd, mit klitschnassem Kopf und schmerzenden Augen schwamm er auf das Weiß zu, das ungefähr die Größe eines Schwans hatte, und meldete sich bei seinem Begleiter zurück.
»Ich habe den Wassergraben zu spät gesehen«, sagte der Alte. »Darum habe ich mich einfach fallen lassen und nicht daran gedacht, daß du da noch keine Erfahrung hast. Wie dumm von mir! Das nächste Mal mach ich's besser.«
»Ich merkte plötzlich, daß Sie nicht mehr vor mir herflogen. Ich weiß ja nicht, wie ein Kanal aussieht.«
»Das nächste Mal mach ich's besser«, wiederholte der Alte murmelnd.

»Wo ist die Rinne oder das Rohr, das Sie suchen?«

»Dort drüben, auf der anderen Seite, im Schilf. Wenn du Augen und Ohren aufsperrst, wirst du es gleich finden. Ich flieg jetzt wieder. Wenn du es gefunden hast, mußt du hierher zurückschwimmen und auf die hohen Schornsteine zu fliegen. Flieg ganz hoch, dann siehst du unseren Park ganz von selbst. Denk dran, nicht die Richtung ändern! Flieg eher noch höher und schau nach unserem großen Teich. Wenn du hoch genug bist, ist er nicht zu übersehen. Aber jetzt muß ich los, hab noch viel zu tun. Und vergiß nicht, was ich dir gesagt habe, das Zeug ist sehr, sehr stark!«

»Ach, ich war der Meinung, daß Sie …«, wollte Kalaam noch sagen, aber der Senior war schon auf und davon, entschwand rasch aus dem Blickfeld und gönnte seinem jungen Begleiter nicht einmal das Hinterhersehen. Kalaam war bitter enttäuscht, alles hing nun von ihm ab. Vor sich hin murmelnd begann er nach der Rinne zu suchen. Sie war ganz in der Nähe, und als Kalaam sie vom Schilf aus sah, spürte er mit einer gewaltigen, grenzenlosen Gewißheit, daß der große Moment gekommen war. Grandios: Das wäre eigentlich das passendere Wort.

Hatte der alte Schwan nicht gesagt: »Es gibt da einen Wassergraben, in den ein Rohr oder eine Rinne läuft, und aus der kommt ab und zu was raus, was so stark ist, daß man es sich kaum vorstellen kann«?

Das mußten die Worte einer Offenbarung sein!

Er war direkt davor. Vor der Rinne. Die Flüssigkeit, die in Abständen durch sie hindurchfloß, hatte sie tief ausgewaschen. Das Zeug war so stark, daß es die Bahn, der es zu folgen hatte, zerfraß. Kalaam gab keinen Laut von sich. Sein Hals schwenkte den kleinen Schwanenkopf ruckend, aber doch sehr anmutig auf das Geheimnis zu und legte ihn auf den Boden der Rinne. Als nichts geschah, drückte er ihn etwas fester dagegen. Er hörte noch, wie etwas herangerauscht kam, und wußte plötzlich, daß es besser wäre, den Kopf schnell zurückzuziehen. Aber er tat es nicht. Dazu war das Ganze einfach zu feierlich! Er, Kalaam, war wie gebannt von seinem Durst nach Erkenntnis. Er wagte es nicht mal zu atmen, so erstarrt war alles an ihm: es war ein großer Augenblick, der größte seines Lebens! Dessen war er sich mit einem Mal bewußt. Vielleicht, weil das Ganze allein sein Werk war. Bisher hatte er nichts anderes kennengelernt als einen Garten, einen Park, einen Teich und den dazugehörenden Graben. Alles gut und schön, aber das kannte er in- und auswendig, während er von diesem Kanal nur im Zusammenhang mit der Rinne und vom Hörensagen wußte! Und jetzt lag in dieser Rinne sein Kopf, und er hörte ab und zu ein leises Rauschen.

Am anderen Ende der Rinne hatte vor fast zwei Jahren ein junger Bursche eine Autowerkstatt aufgemacht, in der er alte Gebrauchtwagen auf Hochglanz brachte, Mofas reparierte und ähnliches mehr. Unfallwagen spritzte er WIE NEU. Der Betrieb war einträglich, denn der Junge war äußerst geschickt, auch ohne Automechanikerlehre. Er hatte in einer Garage gut aufgepaßt. Wenn die Wagen nach der Reparatur gewaschen wurden, trat die Rinne in Aktion, und es floß reichlich Seifenlauge und manchmal auch ein zähfließendes Mistzeug aus altem Schmieröl, Verdünnungsmittel und Metallreiniger. Praktischerweise wuchs dort, wo sich der Inhalt der Rinne in den Kanal ergoß, Schilf.

Die Angler in der Gegend sagten, daß sie in letzter Zeit nichts mehr fingen, und die Wasservögel machten offenbar dieselbe Erfahrung: jedenfalls blieben sie aus. Die Anwesenheit Kalaams war also ein durchaus außergewöhnliches

Ereignis. Das heißt, wenn jemand dagewesen wäre, es zu bemerken.

Nach einer Weile zog der Schwan den Kopf aus der Rinne. Seltsam weiß hob er sich von den schwarzen Brettern der Uferbefestigung ab. In der Rinne selbst war nichts weiter passiert. Nicht einmal ein Rauschen war mehr zu hören. Der Ausflug drohte zu einer sinnlosen Unternehmung zu werden.

Kalaam hoffte, sein mürrischer Reisegenosse werde gleich zurückkommen, und zweifelte bereits daran, daß ihm die Landung diesmal besser gelingen würde.

Was hatte er noch gesagt? »Erst der hohe Schornstein, und von dort zum großen Teich im Park.« Aber vielleicht würde der alte Sen ihn ja suchen, wenn er nicht wieder im Park erschien. Wie er da jetzt schwanenhaft weiß an der Rinne vor sich hin döste, machte er sich allerdings zum Gespött: Er erlebte nichts, tat nichts, machte keine einzige Erfahrung und gelangte zu keinerlei Einsicht. Und dabei hatte er sich eingebildet, etwas Großes zu erleben, etwas ungeheuer Starkes.

Also schwamm er wieder zur Rinne, legte seinen Kopf hinein und sperrte seine Augen so weit wie möglich auf. Da hörte er das Rauschen wieder, und schon berührte ihn etwas an seinem Schnabelende. Ein schauderhafter Schmerz durchfuhr Augen und Kopf, er zog ihn schnell wieder zurück. Eine übermächtige zerstörungswütige Kraft strömte in ihn ein und riß alles, was an Gefühl, Klarheit und Überlegung in ihm war, unhaltbar mit sich fort. Der Schmerz in seinen Augen war entsetzlich, er mußte unbedingt versuchen, sie zu öffnen. Die Rinne konnte er sehen, wenn auch nur sehr verschwommen. Er wußte, daß er, wenn er hier nicht sterben wollte, auf der Stelle in den Park zurück mußte. Und tatsächlich, er flog, er flog sogar in die rich-

tige Richtung, obwohl er fast nichts mehr sah. Dort drüben, das mußte der Schornstein sein. Ein Stück weiter war der Park, und das vielleicht der Teich? Verlor er schon an Höhe?
Unter unerträglichen Schmerzen öffnete er seine Lider etwas weiter. Ja, das mußte der Teich sein. Kalaam landete mit dem Kopf auf dem Ufer und mit dem schweren Körper im Wasser, blieb aber unverletzt. Er schlug mit den Flügeln: Alles in Ordnung! Die Vögel, die im Wasser waren, Enten vor allem und ein paar Wasserhühner, flogen auf. Einige Schwäne stapften in weiter Ferne laut und kraftvoll durchs Wasser.
Mein Gott, was für eine harte Landung! murmelte Kalaam, und ihm fiel ein, wie einmal ein Schwan, als er selbst so durchs Wasser gestapft war, zu ihm gesagt hatte: »Sag mal, glaubst du wirklich, du mußt erst nachdenken, bevor du deine Flügel gebrauchen kannst?«

Kalaam hielt seine Augen von nun an geschlossen. Nur während der Nacht streckte er den Hals und öffnete die Augen, so weit er konnte, um die Sterne zu betrachten. Er wollte sie so sehen, wie er sie früher gesehen hatte! Doch was er sah, war einem Sternenhimmel nur ähnlich, und er fragte seine Geschwister, ob sie das Firmament sehen könnten. Sie fragten ihn, was das sei: das Firmament.
»Der bestirnte Himmel über uns, wenn es Nacht ist.«
»Nein, das kann man heute nacht nicht sehen, es regnet ein bißchen. Wo warst du denn die ganze Zeit?«
»Bei der schrecklichen, großen Kraft!« sagte Kalaam und machte eine Bewegung, als ob er in die Runde blickte.
»Bei dem Rinnsal von Senior?«
»So ähnlich ... ich habe es jedenfalls gesehen.«
»Dann gehen wir auch hin.«

»Das würde ich nicht tun ...«
»Und warum nicht?«
»Es ist gefährlich.«
»Na und?«
»Es ist stark.«
»Dann erst recht! Und woher weißt du das alles?«
»He, schläfst du wieder ein?« fragte einer.
»Ich mach nur die Augen zu.«
»Tun sie weh?« fragte eine seiner Schwestern.
»Schlaf gut«, sagten die anderen zum ersten Mal in ihrem Leben zu ihm.
Kalaam streckte wie ein Sterngucker wieder seinen Hals aus und schüttelte den Kopf, als wollte er etwas abschütteln. Die anderen beobachteten ihn schüchtern. Aber sie ließen ihn nicht allein und schlossen schmerz- und mühelos ihre Augen.

Am folgenden Morgen blieb Kalaam so lange wie möglich an seinem Schlafplatz. Er öffnete die Augen – sie brannten nicht mehr ganz so wie tags zuvor – und streckte wieder den Hals. Er sah die Lichter der Sterne. Und zum ersten Mal in seinem Leben starrte er so lange hinauf, bis er es nicht mehr aushalten konnte. Er freute sich sehr über diese Sterne, weil ihr Vorhandensein bewies, daß er sehen konnte. Er wußte, daß Sterne sehr weit weg waren, aber waren die, die er im Augenblick sah, nicht doch etwas zu klein? Und außerdem funkelten sie nicht! Schuld daran war die Rinne. Das war nun nicht mehr zu ändern.
Irgendwann hörte er Senior ganz in der Nähe fragen: »Kannst du denn überhaupt nichts mehr sehen?« Kalaam murmelte etwas Unverständliches und sagte in sachlichem Ton: »Doch, aber bis jetzt nur im Dunkeln.«
»Dann siehst du mehr als ich ...«, antwortete Senior.

Abgesehen davon geschah am ersten Tag von Kalaams Blindheit nur wenig Erfreuliches. Einmal stieß er mit einem Schwan zusammen. Die meisten Wasservögel jedoch gingen ihm aus dem Weg, wenn sie ihn kommen sahen, und wenn er schwimmend gegen das Ufer prallte, kletterte er aus dem Wasser, als ob er ohnehin die Absicht gehabt hätte, an Land zu gehen. Seine Mutter ging auf ihn zu und sagte: »Junge, was steckst du auch deinen Kopf in das Rinnsal! Das hättest du dir doch denken können!«

»Ich habe gedacht, es wäre etwas ganz Besonderes. Etwas Großartiges. Und Senior meinte, es wäre furchtbar stark.«

»Die Alten sind verrückt!«

»Bleiben meine Augen jetzt so?« fragte Kalaam.

»Sei nicht blöd: Du bist doch ein Schwan!«

»Was seh ich denn noch?« fragte er.

»Eine ganze Menge!«

»Mach mir nichts vor. Sag mir, wie es ist.«

Gegen Abend schwamm Kalaam eine Zeitlang im Teich. Als er schneller schwimmen wollte, stieß er gegen eine Brücke. Nachdem er sich von seiner Enttäuschung wieder ein wenig erholt hatte, konnte er seinen Schlafplatz nicht finden und mußte sich irgendwo hinsetzen, wo er jedoch Gefahr lief, von einem Hund aufgespürt zu werden.

In seiner Angst kroch er mit viel Mühe irgendwo mitten im Park unter ein paar niedrige Sträucher. Das Schlimmste dabei war für ihn der Gedanke, daß er, wenn es wieder eine wolkenlose Nacht geben würde, von dort aus nicht die Sterne sehen könnte. (Vernünftig, wie er war, versuchte er es erst gar nicht.)

Am nächsten Tag war er wieder an seinem gewohnten Schlafplatz, konnte die Sterne sehen und war's für eine Weile zufrieden. Bis ihm vor Müdigkeit die Augen zufielen und er immer noch Sterne sehen konnte! »Ich sehe sie mit offenen und ich sehe sie mit geschlossenen Augen. Blind und sehend zugleich«, murmelte er. Für einen Schwan schwierig zu begreifen und Anlaß genug für eine Menge Grübelei.

Als er sein neues Leben überdachte, ging es ihm wie ein Mühlrad im Kopf herum. Und nach einiger Zeit mußte er zugeben, daß er auch an jenem Morgen, als er aus lauter Angst vor dem Tag so lange auf seinem Schlafplatz gesessen hatte, Sterne gesehen hatte. Aber wenn es hell war, konnte man doch keine Sterne sehen! Das wußte er, und es brachte ihn ganz durcheinander. Mit gesunden Augen sieht man am Tag alles und im Dunkeln nichts. Mit blinden Augen aber sieht man Sterne in der Nacht und am Tag, aber sonst gar nichts! Er versuchte noch einmal, Ordnung in diesen Gedankengang zu bringen, und kroch deshalb unter einen anderen Strauch. Er spürte Blätter auf dem Rücken und steckte den Kopf durch das Laub. Er würde seine Augen also trotzdem zumachen müssen. Zuerst kniff er sie fest zu, doch dann entspannte er sich. Sie würden ganz von selbst kommen. Viele leuchtende Sterne. Vielleicht würden sie sogar besonders schön geordnet sein, schöner als die wirklichen, aber das war wohl Unsinn. Jedenfalls brauchte er sich nicht anzustrengen, um den ganzen Sternenhimmel vor die Augen zu bekommen, er fand sich tatsächlich ganz von selbst ein. Unverzüglich. Diese Promptheit konnte einem blinden Schwan Mut machen, vor allem, wenn er noch jung war.

Als Kalaam am nächsten Morgen erwachte, verspürte er das Bedürfnis, jemandem zu erzählen, daß er, ein blinder Schwan, die Sterne sehen konnte. Er war noch nie auf jemanden zugegangen, um ihm etwas zu erzählen, das tat ein Schwan niemals. Wenn er zufällig jemanden traf, gut, das war etwas anderes, aber auf jemanden zugehen, um ihm

etwas zu erzählen, nie und nimmer. Außer vielleicht der eigenen Mutter.
Als er klein war, hatte er das öfter getan. Denn wie fühlt sich ein kleiner Schwan? Froh, wenn er der Mutter etwas zu erzählen hat zwischen seinen Geschwistern. Und die Mutter tat, als ob sie es zum ersten Mal hörte. Aber nun hatte Kalaam etwas zu erzählen, was seine Mutter wirklich zum ersten Mal hören würde.
Vielleicht sollte er erzählen, daß Senior ihm gesagt hatte, wie stark das Zeug in der Rinne wäre. Wie unsagbar stark. Und daß es ein einmaliger Augenblick für ihn gewesen sei. Grandios und außerordentlich.
»Ich war vollkommen gebannt, als ich das Rauschen hörte. Mir war, als ob ich auserwählt sei unter allen Schwänen des Parks, um das zu erleben, so außerordentlich war es.«
»Armer Junge«, sagte seine Mutter. »Du bist doch mein Schwan. Die werden manchmal so.«
»Und dann flog ich wie von selbst hierher. Ich dachte: das muß der Schornstein sein, hörte, daß ich über dem Park flog, und wußte, daß der Teich unter mir glitzerte. Aber das war das letzte ... Hast du gesehen, wie gefährlich steil ich heruntergekommen bin?«
»Ich dachte, ein Toter fällt vom Himmel ...«
»Unsinn! Ich lebe ja noch, obwohl es sehr weh tut. Meine Augen, meine ich.«
»Ich werde oft neben dir herschwimmen. Mit dem Brüten ist es ohnehin vorbei. Es gibt nicht viele Schwäne mit dem Firmament im Kopf. Denk daran.«
»Das Firmament, ist das der bestirnte Himmel über uns?«
»Ja, aber du bist der einzige, der es auch am Tag sehen kann.«

Flügel für eine Ratte

Wir fragen nicht, woher sie kommt: die Ratte W. Raudt. Sie läuft den Weg entlang. Natürlich kommt sie irgendwoher. Es war nicht der Hunger, der sie hergetrieben hat. Sie rennt durchs Gras am Wegrand. Ein schmaler Sandweg, steinig und staubig. Das Terrain ist ihr unbekannt. Kein Laut, der sie erschreckt, es ist totenstill. Und bei Gott, sie weiß nicht, wohin der Weg sie führt. Sie weiß nur, daß sie die Ratte W. Raudt ist. Und sie spürt eine Macht in sich. Nicht in ihrem Bauch. Auch nicht in ihrem Kopf. Irgendwo in der Brust, unter den Vorderbeinen. Sie ist gesund. Sie ist sehr gesund.

Sie sitzt auf dem Rand einer primitiven Steinbrücke, hat sich aufgesetzt und schaut sich um. Unter der Brücke fließt ein Bach. Das Wasser fließt schnell, weil sich das Bachbett unter der Brücke verengt, vor der Brücke fließt es langsamer. Auf der einen Seite liegt ein Wald, auf der anderen, ein gutes Stück den Abhang hinauf, eine Wiese mit drei Kälbern. Braun und unschuldig weiden sie inmitten zahlloser Kuhfladen, was darauf hinweist, daß hier bis vor

kurzem viele Kühe waren. Noch ein Stück weiter steht eine grüne Hütte. An den Giebel hat man große, vertrocknete Hechtköpfe genagelt. Vermutlich wird sie von Anglern genutzt, die hier ihre Sachen aufbewahren. Direkt daneben, wo sich der Bach verzweigt, rauscht ein Wasserfall. Eine Baumwurzel staut das Wasser, dann fällt es ungefähr anderthalb Meter tief in ein breites Becken direkt vor der Hütte. Das alles sieht die Ratte nicht. Aber sie sieht und hört das Wasser, und sie hört, daß es unter der Brücke schneller fließt, während es vor der Brücke ruhiger ist. Damit ist alles gut.
In einiger Entfernung steht ein Bauernhof. Er ist uralt. Dahinter steigt das Gelände schnell steil an, wo Felsen das Grün durchbrechen, wachsen Reben. Der Bauernhof liegt malerisch zwischen dem Weinberg, dem Wald und der Wiese mit den Kälbern. Neben dem Hügel verliert sich die Landschaft weit und prächtig in der Ferne.
Die Ratte weiß, daß dies der Mittag aller Mittage ist.
Sie klettert vom Brückenrand herunter und setzt sich in der Furche zwischen Brückengeländer und Weg in die Sonne. Manchmal beugt sie sich über die steile Uferböschung und schwebt mit Brust und Kopf frei über dem Wasser. Sie schnaubt grimmig, und nicht weniger grimmig ist ihr Blick: Als ob sie, die Ratte W. Raudt, alles vor und unter sich beherrscht.

Der Mittag aller Mittage! Aber warum gerade heute?
Aus der Tür des Bauernhofs tritt ein alter Mann. Der Bauer. Bauer? Er ist fast achtzig. Ein einsiedelnder Witwer. Sechs Kinder hat er gezeugt, und trotzdem ist er ein einsiedelnder Witwer. Vier Söhne, zwei Töchter. Die Söhne sind in alle Winde zerstreut. Sie haben etwas gelernt, arbeiten in der Stadt. Die Töchter haben in die Stadt geheiratet.

Seine Frau ist seit elf Jahren tot. Und seit elf Jahren lebt er allein hier. Den Hof aufgeben wollte er nicht, aber weitermachen kann er eigentlich auch schon lange nicht mehr. Manchmal besucht ihn eines der Kinder und gibt vor, ihm helfen zu wollen, während es doch meistens nur versucht, ihn zu überreden, den Hof aufzugeben und in ein Altersheim zu gehen. So kann das einfach nicht mehr weitergehen! Alles ist entsetzlich verwahrlost. Die Scheune, die Ställe. Unvorstellbarer Dreck überall.
Beim letzten Besuch hat ihn einer der Söhne dazu bewegen können, die Kühe zu verkaufen. Denn an manchen Tagen war der alte Mann zum Melken einfach zu schwach, oder er hatte es schlichtweg vergessen. Von daher die Kuhfladen auf der kleinen Wiese und die drei unschuldigen, übriggebliebenen Kälber. Auch die Hühner sind weg. Jedesmal, wenn eines der Kinder oder Enkel heraufkam, drehte er einem Huhn den Hals um, damit er ihnen etwas mitzugeben hatte. Der Hahn kam als letzter dran.
Verfall. Verfall – so nennt man das doch, oder?
Der alte Mann steht ratlos in der hellen Sommersonne vor der Haustür und hat eine Heckenschere in der Hand. Er trägt einen blauen Kittel. Die Augen tränen. Was war es doch noch, was er tun wollte? Er schaut sich lange und wie geistesabwesend um. Die Ställe, die Scheune, der Hof. Das alles kennt er. Kennt es so gut, daß er nicht einmal sagen könnte, ob das, was er da sieht, in seinem Kopf ist oder außerhalb. Nichts rührt sich, seit die Hühner verschwunden sind. Eine einzelne Ratte vielleicht, aber hinter der ist sofort sein Hund her. Sein Hund? Ach ja, der ist im Haus. Zu alt. Der Bauer merkt, daß er eine Heckenschere festhält. Mit beiden Händen, als würde er schon damit schneiden. Er versucht es und merkt, daß er die Schenkel der Schere nicht öffnen kann. Er versucht es immer wieder,

bis es ihm schließlich gelingt. Und er die Schere wieder schließt. Wollte er nicht zum Weinberg hinüber, die Hekken schneiden? Weinberg? Nun ja, gerade groß genug für den Eigenbedarf. Mehr nicht. Wein zum Selbertrinken, und dabei nicht einmal ein besonders guter. Wenn er seinen Kindern außer dem Huhn noch eine Flasche davon mitgeben will, sagen sie jedesmal: »Nein, Vater, der ist doch für dich, zum Selbertrinken.« Sauer, der Wein. Von dem er übrigens nur wenig trinkt.

Er geht über den Hof, tritt durchs Gatter und arbeitet sich mühsam den von Brombeeren überwucherten Hohlweg hinauf, bleibt kurz stehen. Dort drüben haben sich einmal Leute zum Picknick hingesetzt. »Was für ein schönes Fleckchen Erde«, hatten sie ihm zugerufen, als er vorbeikam. Auch damals hatte er sich aufgemacht, um die Hecken zu schneiden. Er hatte lange mit ihnen geplaudert und wollte gar nicht mehr aufhören, ihnen von seinem Wein zum Selbertrinken zu erzählen. Bis sie schließlich ihre Picknicktaschen wieder eingepackt hatten und unter lautem Grüßen verschwunden waren. Eine Zeitlang hatte er noch die Papierabfälle und Pappbecher gesehen, bis die Brombeeren sie überwucherten.

Als er die Stelle, an der sie damals gesessen hatten, bereits passiert hatte, war ihm plötzlich, als säßen sie auch jetzt wieder dort. Obwohl er niemanden gesehen hatte. Er machte nicht kehrt, drehte sich nicht einmal um. Es war ihm damals dann doch aufgegangen, daß er sie mit seinem Gerede über den kleinen Weinberg für den Eigenbedarf verjagt hatte.

Jetzt stand er vor der Hecke.

Schneiden.

Er versuchte ein weiteres Mal, die Schere zu öffnen, doch es wollte nicht gelingen. Er sank in die Knie und versuchte es noch einmal. Dabei rutschte er so tief ins Gebüsch, daß es ihn fast verdeckte. Er zog aus Leibeskräften. Sicher würden ihn die Leute vom Picknick drüben beobachten. Seine Kinder waren im Garten. Noch klein. Er zerrte so fest an den Griffen, daß sein Kopf ganz leer wurde. Er lachte. Die Schere war nicht mehr die beste. Das sagte er ihr auch: »Du bist nicht mehr die beste!« Da ließ sie sich öffnen. Der Bauer keuchte. Um aufstehen zu können, wollte er sich auf sie aufstützen, aber sie sank mit der Spitze in den Boden ein. Er zog sie mühsam wieder heraus. Sie war voller Erde, die er mit den Händen abstrich. Er schaute auf seine Hände und fragte sich, ob es wohl seine wären. Und er fragte sich auch, ob er tatsächlich hier vor der Hecke stand und nicht noch vor der Haustür, wo er Ställe und Scheune betrachtete. Sie waren in seinem Kopf. Warum legte er sich eigentlich nicht hier auf die Erde und begnügte sich mit dem, was in seinem Kopf war? Er sah direkt neben sich zu Boden. Ein guter Platz zum Hinlegen. Die Leute vom Picknick würden herüberkommen und sich laut von ihm verabschieden. Oder seine Kinder. Er würde zu ihnen aufschauen müssen. Vater?

Er erhob sich. Vater? »Wer weiß«, würde er vielleicht kichernd zur Antwort geben. Mit offener Schere machte er einige Schritte auf das Gebüsch zu. Schneiden, stutzen. Die Leute vom Picknick und seine Kinder machten nun viel Lärm, und auch die Kirchenglocken läuteten ungewöhnlich laut. Eigentlich müßte er sich jetzt umdrehen und schauen, was das alles zu bedeuten hatte. Nein, jetzt noch nicht.

Seine Stube war jetzt in seinem Kopf. Das Bett. Er lachte die Schere an, sie mußte wieder zugedrückt werden. Dazu ließ er sich auf die Knie nieder, denn schließlich hatte er sie vorhin auf diese Weise auch geöffnet. Wie eng es hier war. Er berührte mit dem Gesicht das Gebüsch, die

Zweige, die Blätter, ritzte sich an den Brombeeren. So würde er die Schere niemals zudrücken können. Also ein Stück zurückrutschen. Auf die anderen zu, die Picknicker. Nein, jetzt noch nicht. Erst mußte etwas geschehen. Nur was? Er hatte keine Ahnung. Eine Überraschung? Vielleicht. Eine frohe, liebe Überraschung. Mit der dann alles mit einemmal in Ordnung wäre. So etwas ist mir noch nie passiert, hätte es ihm durch den Kopf gehen können. Was stimmte, er hatte noch nie darüber nachgedacht, was denn mit einemmal in Ordnung sein könnte. Und was das eigentlich bedeutete: in Ordnung. Wie er hier kniete, vornübergebeugt im Gebüsch, die Brombeerstacheln im Gesicht, das war jedenfalls nicht in Ordnung. Und die Schere war noch offen. Er kicherte wieder, und gleichzeitig liefen ihm Tränen übers Gesicht. Auch das passierte ihm in den letzten Jahren häufiger. Besonders abends, wenn er allein im Stubenlicht gesessen hatte, bevor er zu Bett ging. Besser gesagt: zu Bett kroch. Wenn er auf allen vieren zitternd vor Anstrengung versuchte, unter die Bettdecke zu kriechen. Und ihm dann manchmal der Hund einfiel. Aber der schlief schon lange und sah und hörte nichts.
Die Stimmen waren leiser geworden. Friedlicher. Rufen und Lachen, wie früher. Nur nicht so gut zu verstehen. Er wollte sich wieder auf die Schere stützen, doch sie versank erneut im Boden. Er schüttelte den Kopf, zog sie heraus und säuberte sie mit den Händen. Nun waren es noch weniger seine Hände als vorhin. Er beobachtete, wie sie sich über das Metall bewegten, und betrachtete die Erdkrumen. Als er sich aufrichtete, schnitt er sich in die Finger der rechten Hand. Es blutete. Auch das besah er sich eine Weile. Dann trat er ein paar Schritte zurück und streckte dabei die verletzte Hand von sich. Er nickte dem alten Blut zu. Endlich Gesellschaft!

Er setzte die Schere an und versuchte ein paar Zweige abzuschneiden. Die Stimmen waren jetzt verschwunden, die Kirchenglocken nicht mehr zu hören. Und es war kalt geworden. Für den Eigenbedarf, dachte er. Wieso? Die Schere ließ sich zudrücken. Ein paar Zweige klemmten zwischen den Schneideblättern.

Er. Warum er? Es wäre vernünftiger, sich kräftig die Nase zu schneuzen und nach Hause zu gehen. Zu Stall und Scheune. Drinnen wie draußen. Dort herrschte Friede.

Mit der blutenden Hand wollte er das Taschentuch nicht hervorziehen, denn dann käme Blut an seine Hose. »Oooch!« entfuhr es ihm. Warum nicht? Warum kein Friede? Warum kein Friede ohne geschneuzte Nase? Warum nur dieses unerreichbare Taschentuch zwischen sich und dem Frieden von Stall und Scheune? Mit einem leisen Schrei ließ er sich wieder zu Boden sinken, und diesmal absichtlich mit dem Gesicht in das Gebüsch, in die stachligen Brombeeren.

Während sein Kopf zwischen die Zweige rutschte, kam ihm plötzlich die Eule in den Sinn, die er einmal als Kind beobachtet hatte. Vermutlich war sie krank gewesen, denn sie lag Kopf voraus auf dem Boden und wollte mit den Flügeln ins Gebüsch rudern, doch dann rollte sie ganz langsam kopfüber und bewegte sich kaum noch. Eine Eule. Am Tage. Niemand hat je eine Eule sterben sehen.

Der Bauer wühlte sich noch tiefer ins Gebüsch.

Und so hauchte er sein Leben aus.

Am folgenden Tag fand ihn der Nachbar, der die Milch brachte.

An diesem Mittag, während die Ratte W. Raudt in der Furche zwischen Brückengeländer und Weg in der Sonne saß, starb der Bauer. Und nachdem sich die Ratte eine

Weile gesonnt hatte, holte sie tief Atem, rannte über das Geländer zurück und an der Wiese mit den vielen Kuhfladen vorbei, bis sie vor dem Wasserfall stand. Sie rannte unter ihm hindurch zur grünen Hütte mit den vertrockneten Hechtköpfen und schlüpfte unter den Hüttenboden.

Obwohl dort alles voller Rattengift war, blieb sie eine Zeitlang sitzen, fraß aber nichts. Sie schnupperte an den vergifteten Butterbroten. Die Angler, die das Häuschen benutzten (und es fast als ihr Eigentum betrachteten, weil sich der Bauer nicht darum kümmerte; sie hatten es sogar frisch gestrichen), hatten sie ausgelegt, doch die Ratte begriff, daß sie sie besser nicht anrührte.

Sie begriff das mit einem solchen Triumphgefühl, daß sie sich plötzlich aufrichtete und am Hüttenboden den Kopf stieß. Dann kroch sie ins Freie und rannte, um sich den Pfad gut einzuprägen, einige Mal unter dem Wasserfall durch. Am späten Nachmittag kam sie zum ersten Mal zum Bauernhof. Zu den Ställen und der Scheune und dem Dreck und den gelben Hauswänden und der offenstehenden Haustür, die im Kopf des toten Bauern waren. Sie trippelte an der Steinmauer der Scheune entlang und glitt schließlich – es dämmerte bereits – hinein.

Sie trippelte an den Erntevorräten entlang, die der Bauer eingebracht, aber nicht mehr verkauft hatte. Einmal und noch einmal und noch einmal, und dann schnaubend ein letztes Mal. Und schnaubend wurde sie größer, wuchs zu einem Fuchs im Fuchspelz, dann zu einem Fürsten mit einer Fuchspelzmütze und schließlich zu diesem Überfluß selber, von dem ihre Pfoten mit jedem Meter, den sie lief, kräftiger wurden. Und am Ende der Scheune war die Ratte W. Raudt zum Hafer selbst geworden. »Drei Gäns im Haberstroh saßen da und waren froh«, hätte W. Raudt singen können, aber W. Raudt sang niemals. Er war eine

Ratte. Und zwar eine, die glänzte, wohlgenährt war und erfahren und mit der man vorsichtig sein mußte: eine Ratte, die gewitzt genug war, eines Tages Rattenoberhaupt zu sein.
Natürlich hätte W. Raudt in der Scheune bleiben können. Aber er fraß sich nur voll und lief dann zurück. Es war bereits dunkel. Er rannte unter dem Wasserfall durch und wollte gerade über die Wiese zur grünen Hütte hinüberhuschen, als ihn plötzlich – bei allen heulenden Höllenhunden – zwischen dem Wasser und dem Dunkel unter dem Hüttenboden – bei allen tausend heulenden Höllenhunden – ein Paar Flügel unter sich begruben und es Nacht um ihn wurde. Eine Eule, die zupackte.
Ffft, ffft, ffft, rauschten die Spitzen der Flügel, und dann plötzlich schneller, ffftffftffft, W. Raudt spürte die Klauen der Eule.
Spürte, wie sich ihm eine neue Dimension auftat: W. Raudt mit den riesigen Flügeln. Jetzt war es soweit! Er war mächtig genug, sich in die Finsternis zu erheben und den gewaltigen Überfluß seines neuen Lebens auch im Rauschen dieser Flügel verkündet zu hören.
Er hatte keine Angst. War nicht mal erschrocken. Sonst wäre er stehengeblieben oder hätte einen Haken geschlagen. In beiden Fällen hätten ihn die Klauen der Eule aufgespießt. Ohne weiteres. Und er wäre hochgehoben worden auf eine Art, die mit der neuen Dimension von W. Raudt mit den schattengroßen Flügeln nichts mehr zu tun gehabt hätte. Er war nicht mal erschrocken. Im Gegenteil, er stemmte die Hinterbeine gegen die Erde, machte einen Buckel, rollte kopfüber, entwand sich und robbte halb auf der Seite liegend zum Wasserfall zurück. Ffft, ffft. Die Flügel der Eule sausten so laut, daß er sie trotz des rauschenden Wassers hören konnte. W. Raudt saß gut unterm Was-

serfall. Sehr gut. Und wußte nun, welche Gefahr ihm drohte.
Er freute sich am Rauschen des Wassers. Die Eule würde in der Nähe bleiben: Die hat es auf mich abgesehen, dachte W. Raudt. Er wollte zusehen, daß er unter die grüne Hütte kam. Es war nicht weit. Nein, jetzt noch nicht! Während er wartete, dachte er darüber nach, wie es wäre, Flügel zu haben. Er dachte an das Sausen, an den gewaltigen, auch im Dunkeln sichtbaren Schatten. Ihm war klar, daß es ihn um ein Haar das Leben gekostet hätte. Doch da war dieses Machtgefühl in seiner Brust, die gewaltige Macht, die ihn an diesem Mittag der Mittage hierhergetrieben hatte, genau hierher.
Einige Stunden lang rührte er sich nicht vom Fleck, dann huschte er unter den Hüttenboden. Er machte es sich zwischen ein paar Netzen bequem, und als es dämmerte, war er eingeschlafen.

Der tote Bauer lag immer noch im Gebüsch. Unschuldig standen die Kälber glotzend im anbrechenden Tag und stapften unglücklich im Mist herum, grasten hier und dort und warteten auf die wärmende Sonne. Der kleine alte Hund kam aus dem Haus gelaufen, pinkelte kurz, eilte ins Haus zurück und legte sich, nachdem er einen Blick auf das leere Bett geworfen hatte, mit einem Kopfschütteln wieder in den Korb. Ein Stück den Abhang hinauf, auf einer Weide mit viel Fels zwischen dem Gras, melkte der Nachbar eine Kuh. Er würde heute Milch zum Bauern bringen. Er ließ den Blick in die Ferne schweifen. Ach ja, die Ferne! Wie gut konnte man sich dort drüben einige Damen und Herren in wehenden Gewändern vorstellen, die sich an den Händen faßten und mit tänzelnden Schritten in einer Reihe aufstellten, um ausgerechnet an diesem

Ort lauthals dem Bedürfnis nachzugeben, »Was für ein Blau!« oder sogar »Oh, was für eine Blau« zu rufen. Unendlich schön verlor sich die Landschaft in der Ferne in Nebelschwaden, die das Blau des Himmels mit dem hellen Grün der Felder und Hügel mischten. Ein atemberaubender Friede, den die verstreut stehenden ockergelben Häuser und Scheunen vollkommen machten. Menschen. Ein paar Kühe, die im Lauf des Tages grasend über die Wiese ziehen: hinüber und herüber. Eine Bahnlinie, auf der mehrmals am Tag ein roter Zug entlangfährt. Mit einem zufriedenen Pfeifen kündet er zu aller Beruhigung von seinem Dasein (keinesfalls ein Dasein, das mit dem Fahrplan oder einer Vorwarnung an Bahnübergängen zu tun hat), von einem kleinen, roten, mit allen anderen Farben dieser Landschaft harmonierenden Eigendasein. Süperb!

»Süperb!« das könnten auch die Damen und Herren ausrufen, die gerade versuchsweise »Was für ein Blau!« oder »Oh, was für ein Blau« gerufen haben. »Ach, Mechthild«, flüstert einer der Herren. »Siehst du es, kannst du es sehen?«

»Süperb!« antwortet Mechthild, und ihre Schritte werden noch tänzelnder. Die kleine Gruppe der Ergriffenen macht sich auf. Die Schönheit scheint immer ergreifender zu werden, denn hin und wieder bleiben sie stehen, breiten die Arme aus und geben sich ganz dem blühenden Blau hin.

W. Raudt wurde von einem Rascheln geweckt. Er rührte sich nicht und öffnete nur die Augen. Es war eine Ratte. Ein Weibchen. Er war ganz aufgeregt, aber nicht wegen des Weibchens, sondern weil alles so weiterzugehen schien, wie es gestern begonnen hatte.

Gestern, am sogenannten Mittag aller Mittage, als er hier angekommen war. Das Weibchen war in Ordnung. Sie saß mucksmäuschenstill auf der anderen Seite der Hütte. Raudt kroch unter dem Hüttenboden hervor und überquerte die Wiese. Er rannte noch einmal herüber und dann wieder hinüber. Mitten auf der Wiese blieb er mit einem Ruck stehen, drehte sich um, sprang wieder los, kam zurück, blieb wieder auf halbem Weg stehen, setzte sich auf die Hinterpfoten – wobei er sich vorbeugte wie am Tag zuvor über das Wasser und genauso beschwörend hin und her schaukelte –, richtete sich wieder auf und rannte erneut los. Das Weibchen, das keinen Laut von sich gegeben hatte, wagte sich hervor, blieb jedoch sitzen und schnüffelte unruhig. Schließlich kamen sie sich näher, krochen aneinander vorbei und spürten, wie sich die Fellspitzen berührten. Zwei Ratten, und eine davon war W. Raudt.

Im Laufe des Tages tauchte noch eine dritte Ratte auf. Sie schien ebenfalls unter der Hütte zu hausen und auch keine von der dummen Sorte zu sein, denn sie hielt sich ebenfalls vom vergifteten Brot fern. W. Raudt schlug sie ohne Mühe in die Flucht und verfolgte sie bis zum Wasserfall. Als er zurückkam, saß das Weibchen immer noch da. Er lief mehrmals vor ihr vorbei und gab einige seiner Verbeugungen zum besten, obwohl das eigentlich überflüssig war, weil es, soweit dem Weibchen bekannt war, nur eine einzige Ratte wie W. Raudt gab. »So, jetz schaun mer mal, ob mer da hochkomme!« sagte er zum vergnüglichen Vorspiel und bestieg sie. Er stieß zu und zog sich wieder zurück, immer wieder, wie ein Bäcker, der ein Backblech in den Ofen schiebt.

Diese Zärtlichkeit wiederholte er im Laufe des Tages mehrmals.

Im Laufe des Tages fand auch der Nachbar den alten Bauern. Er hatte sich auf die Suche gemacht und ihn nicht einmal gleich entdeckt, weil er noch tiefer ins Gebüsch gerutscht war. Eine Weile schaute er auf ihn hinunter. Der Alte war tot, kein Zweifel. In der einen Hand war noch die Heckenschere, die andere ruhte an der Seite. Das Blut war nicht mehr rot.

Der Nachbar hielt es für ratsam, Hilfe zu holen und eine Schubkarre oder einen Leiterwagen und vielleicht auch den Pfarrer. Er ließ den Bauern mit dem Gesicht in den Brombeeren liegen (wie einen Gegenstand, über den sich die Patina des lange Unbenutzten gelegt hatte) und ging nach Hause.

Geschäftig rief er beim Arzt an und beim Pfarrer, die beide zu Hause waren, benachrichtigte auch einige Nachbarn (seit Ewigkeiten waren sie das schon!). Dann holte er eine große Schubkarre. Seine Frau, sein Sohn und ein Knecht begleiteten ihn. Im Innenhof des alten Gehöfts blieben sie eine Weile stehen und wunderten sich darüber, wie verwahrlost alles war. Nicht, daß sie das nicht schon vorher gewußt hätten, aber jetzt schwebte über allem der Tod, und der jämmerliche Dreck würde bis in alle Ewigkeit so liegenbleiben.

Endgültig und nicht mehr rückgängig zu machen. Nicht mehr weiterzugeben auf andere, denn wer würde schon einen Bauernhof wollen, zu dem fast kein Grund und Boden mehr gehörte und auf dem alles verlottert und verludert war: W. Raudts Gelobtes Land! Das wußte niemand, obwohl ... bestimmt viele Ratten? Der Gedanke war naheliegend.

Nachbarn kamen und fragten, ob der Tote schon ins Haus gebracht worden sei. Der Nachbar, der ihn gefunden hatte, gab zur Antwort, daß er noch drüben liege, und zeigte auf

den Weinberg. Er schlug vor, auf den Arzt zu warten und den Verstorbenen dann gemeinsam auf die Schubkarre zu hieven, denn mit dem Bewegen der Glieder werde es wohl Schwierigkeiten geben. Der Arzt traf ein und wunderte sich, der Alte sei doch immer so zäh gewesen, und der Pfarrer gab sich nicht weniger überrascht. Dann gingen sie zum Weinberg hinauf und standen bald um den alten Bauern. Der Arzt zog ihn aus der Hecke und drehte ihn auf den Rücken, die Knie blieben angezogen. Es war nicht schwer, ihn in dieser Haltung auf die Schubkarre zu heben. Fast war es eine kleine Prozession, die ihn nach Hause brachte. Inzwischen hatte sich die Dorfschwester eingefunden und versuchte, die Leiche zusammen mit dem Arzt in einen ansehnlichen Zustand zu bringen. Später kamen noch zwei Nachbarsfrauen: des Andenkens wegen und um der Krankenschwester behilflich zu sein.
Der Pfarrer wußte zu melden, daß zwei der Söhne frühestens am nächsten Morgen eintreffen würden, und stellte der Sakramente wegen einfach fest, daß der Bauer in diesem Moment gestorben sei, obwohl das dem Arzt zufolge unmöglich sein konnte.
Die Nachbarn standen vor dem Scheunentor und schauten ins Innere. Einer schüttelte den Kopf heftiger als der andere. Eigentlich hätte man dem Alten ja helfen müssen, andererseits: Warum sich die Hände schmutzig machen, wenn nicht einmal die eigenen Kinder das für nötig hielten. Und außerdem hatte der Alte von Hilfe nie etwas wissen wollen. Das stimmte tatsächlich, aber aufgedrängt hatten sie sich auch nicht. Und nun war er tot. »Hätte man auch nicht gedacht, daß es so schnell gehen würde«, sagten sie, und daß es doch ein Segen sei, wenn es einen so schnell erwischte. Mitten bei der Arbeit. (Was nicht ganz stimmte, aber alles in allem dann doch wieder.)

In den folgenden Tagen trafen die Kinder ein und am Morgen der Beerdigung die Enkel. Der Pfarrer kam diesmal mit den Ministranten und der lächerlich kitschigen Dorfkutsche. Man hob den schnell zusammengezimmerten, leichten Sarg hinein und ging zur Kirche. Auf dem ockergelben Friedhof wurde er neben der Bäuerin in die ockergelbe Erde abgelassen, dann schwankte man wieder zum Friedhofstor hinaus. Der Totenschmaus wurde beim Nachbarn abgehalten. Man hatte zwar kurz erwogen, ihn auf dem alten Bauernhof auszurichten, war aber schnell davon abgekommen. Am späten Nachmittag verschloß der älteste Sohn die Haustür. Der jüngste nahm den alten Hund samt Korb mit, und er und seine Kinder redeten liebevoll auf ihn ein, als ob der Großvater in das Tier gefahren wäre. Doch der Hund mit den vorquellenden, fast blinden Augen reagierte kaum, sogar zum Schwanzwedeln schien er zu alt.
Als der älteste Sohn den Hausschlüssel in die Tasche steckte und vom Hof ging, war ihm nicht zumute, als nähme er ein für allemal von seiner Jugend Abschied, er warf nicht einmal einen letzten Blick zurück. Trotzdem spürte er die Unordnung, die der alte Mann zurückgelassen hatte, als schwere Bürde. Irgendwann würde dieser Dreckhaufen fortgeschafft werden müssen. Und das würde vermutlich an ihm hängenbleiben.
Einen Augenblick lang hatte er überlegt, ob er etwas vom Hausrat mitnehmen sollte. Eine alte bretonische Standuhr, Porzellan, Gläser, Briefe von den Kindern. Er hatte ein paar Schubladen aufgezogen, da und dort geblättert. Auf dem Sparbuch war Geld: eine Summe, die sich erst kürzlich um den Verkaufserlös von sechs Kühen vergrößert hatte. Sie war von einer fremden Handschrift eingetragen worden. Also hatte dem Vater doch jemand geholfen.
Aber der ganze Unrat in der Scheune und in den Ställen!

»Nehmen Sie, was Sie brauchen können«, hatte er gönnerhaft zum Nachbarn gesagt. Aber der hatte ihm nur ein seltsames Lachen zur Antwort gegeben.
»Tot! Verdammt noch mal, tot!« sagte er plötzlich. Das also war's dann: eine zugeschlossene Tür. Er startete den Wagen und fuhr zum Nachbarn, um seine Frau und die Kinder zu holen. Keiner sagte etwas, als sie losfuhren.
Von der Straße waren der Wasserfall und die Anglerhütte zu sehen. »Kommen wir mal wieder hierher?« fragte die Tochter. »Man kann hier so schön planschen. Und wenn man unter dem Wasserfall sitzt, kitzelt es so schön auf der Haut.«
»Ja. Es tut der Haut gut«, antwortete die Frau. »Es hält sie jung.«
»Kann schon sein«, sagte ihr Mann. In der Ferne pfiff der Zug.
»Dieser verrückte Zug!« sagte die Frau und fuhr nachdenklich fort: »Dort drüben auf dem Bahnhof hat der Opa manchmal auf uns gewartet. Aber wenn wir dann da waren, hat er kaum was gesagt.«
»Aber wir haben auch schöne Erinnerungen an ihn«, sagte ihr Mann und setzte sich für den langen Weg nach Hause hinter dem Steuer zurecht.

Die Unruhe im Zusammenhang mit dem Tod des alten Bauern hatte W. Raudt vom Hof ferngehalten, aber kurz nach der Abreise des ältesten Sohnes tauchte er wieder auf. Vorsichtig und keineswegs wie der neue Herrscher, der seinen Besitz erkundet. Zur Scheune nahm er fast denselben Weg wie beim ersten Mal, und fast auf demselben Fleck sitzend begann er zu fressen. Das Weibchen folgte ihm in einigem Abstand und setzte sich neben ihn. Sie schaute ihn an. Hier war sie noch nie gewesen. Bisher hatte sie sich ausschließlich in der Umgebung der grünen Hütte aufgehalten, dort hatte es stets genug zu fressen gegeben. Aber hier ...! »Drei Gäns im Haberstroh saßen da und waren froh«, hätte W. Raudt fast gesungen. Das Weibchen war überwältigt, allein der Geruch in der Scheune machte schon satt! Sie schaute W. Raudt genau an und setzte sich zum Fressen dicht neben ihn. Er ließ es zu. Er kaute mit ausholenden Kieferbewegungen und äußerst präzise und konnte dabei spüren, wieviel er zunehmen würde. Zunehmen? An was? An Umfang? An Macht? Er wußte es nicht. Er dachte an die Flügel der Eule, die für einen Augenblick seine Flügel gewesen waren. – »Bei allen heulenden Höllenhunden!« hatte er noch geflucht, bevor er sich dem Gedanken hingab, sein letztes Stündlein habe geschlagen. Aber er lebte. Er war geradezu quicklebendig.

Totenstill war es in der Scheune. Totenstill draußen im Hof, um das Haus herum, im Haus. Der Sohn hatte die bretonische Standuhr angehalten. Warum sie laufen lassen, dachte er sich, bis das Gewicht den Boden berührte? Auch wenn das Anhalten der erste Schritt des Verfalls war. Es war Anteilnahme gewesen, und Pietät. Im Haus war es jetzt absolut still.

Als W. Raudt und das Weibchen genug gefressen hatten, huschten sie unter der Vordertür durch ins Haus und kamen in die Stube. Es roch noch nach vielem, zum Beispiel nach dem Hund. Aber es rührte sich nichts. Das Holz im Boden der Standuhr war aufgesprungen und der Spalt so groß, daß W. Raudt durchschlüpfen konnte. Es war das erste, was er in der Stube tat. Schnüffelnd drehte er sich zweimal um. Ein seltsames Dunkel herrschte hier. Ein spannungsgeladenes Dunkel. Er würde sicher noch einmal hierherkommen. Dann schlüpfte er wieder hinaus und rannte zur grünen Hütte zurück, das Weibchen folgte ihm.

Auf dem Hof gab es eigentlich erstaunlich wenig Ratten. Früher, als der Hund noch auf Zack gewesen war, waren die Ratten Tag und Nacht um ihr Leben gerannt, viele davon vergebens. Doch das Nahrungsangebot in der Scheune war zu groß und zu verlockend. (Es kommt nicht selten vor, daß an Orten mit schier endlosen Nahrungsvorräten das Überleben am schwierigsten ist. Es soll einen Säufer gegeben haben, der sich in einem dunklen Lagerhaus voller Schnapsfässer aus Verzweiflung, auf dem trockenen zu sitzen, aufgehängt hat, weil er den Schnaps weder sah noch roch.)
W. Raudt konnte alles sehen und riechen. Er regelte seine Angelegenheiten sehr vernünftig. Wie es sich gehört, wurde das Weibchen trächtig. In den darauffolgenden Wochen folgten ihm weitere Weibchen in das Dunkel unter der Anglerhütte, die mit der gleichen Präzision nach gegebener Zeit ein Nest bauten und Junge zur Welt brachten.
W. Raudt hatte das Terrain inzwischen sorgfältig erkundet. Dabei ging er den immer gleichen Weg: unter dem kleinen Wasserfall durch. Als die jungen Ratten groß genug waren, ihren Müttern zur Scheune zu folgen, lernten auch sie, den Pfad unter dem Wasserfall zu benutzen.
Ohne Unterlaß, aber mit Bedacht pflanzten sich die Ratten fort. Der Strom der Jungen war endlos. Mit großer Regelmäßigkeit gab W. Raudt sein »So, jetz schaun mer mal, ob mer da hochkomme!« zum besten. Die Weibchen gaben sich ihm mit halbgeschlossenen Augen hin und bildeten einen Clan der Seligkeit. Da W. Raudt einen scharfen Verstand besaß, brauchten sie die Angler nicht zu fürchten. Mit ihm vorneweg tauchten sie erst in einigem Abstand zur Hütte auf und liefen dann in einem großen Bogen zum Wasserfall. Die Angler legten zwar noch immer vergiftetes Brot aus, aber keine der Ratten fraß davon, weswegen ...

Natürlich konnte nicht die ganze Nachkommenschaft unter der Anglerhütte untergebracht werden. Dort lebten ausschließlich W. Raudt und seine Weibchen. Gelegentlich kam ein neues Weibchen dazu, und ein anderes verschwand. Alle anderen Ratten hausten in der Nähe des Bauernhauses und der Ställe, doch niemals in der Scheune selber. Wenn W. Raudt dort ein Nest fand, vernichtete er es sofort und biß die betreffenden Weibchen erbarmungslos, bis sie es begriffen.

Nach einiger Zeit wimmelte es von Ratten. Dennoch nahmen die Vorräte nicht ab. Im Gegenteil, sie schienen sogar zuzunehmen: Hinter jedem verzehrten Posten lagerte ein neuer.

Hin und wieder kam es vor, daß W. Raudt auf dem Weg von der Hütte zur Scheune genau unter dem Wasserfall eine andere Ratte entgegenkam. Er verwehrte ihr den Durchgang, indem er einfach sitzenblieb und sie anschaute. Sie machte auf der Stelle kehrt. Manchmal blieb eines der Weibchen verschwunden, obwohl er es nicht durch einen Biß verstoßen hatte (was er gelegentlich tat, wenn ein Weibchen ganz ahnungslos zur Hütte kam).

Eulen vielleicht? Eine Eule?

W. Raudt hatte Grund genug, an die eine Eule zu denken, schließlich lief er jede Nacht von der Scheune zur Anglerhütte, und trotzdem weigerte er sich anzunehmen, daß eines der Weibchen, die nicht zurückgekommen waren, das Ffftffftffft der Flügel zu hören bekommen hatte. Obwohl er jede Nacht gespannt lauschte, hatte er dieses Geräusch nicht wieder gehört. Wie gerne würde er es noch einmal hören, doch dann so laut, daß es das Rauschen des Wasserfalls übertönte.

Ratten, die nachts unterwegs sind, schauen in den seltensten Fällen zum Sternenhimmel hinauf, und wenn sie es tun, dann zufällig. Das Oben ist für eine Ratte viel zu groß und zu endlos, um etwas darüber wissen zu wollen. Doch immerhin gab es dort Flügel. Das wußte W. Raudt. Er hätte diesbezüglich einiges zu erzählen! Aber er schwieg. Die Geschichte mit den Flügeln gehörte ihm ganz allein.

Der Nachbar kam nur selten auf den verlassenen Hof, meistens am Abend nach der Arbeit. Verlassen? Ein guter Witz! Jedesmal gab es mehr Ratten. So viele, daß es ihn vor Ekel schüttelte.
Er hatte an den ältesten Sohn geschrieben, ob er denn nichts unternehmen wolle, in absehbarer Zeit sei in der Scheune nichts mehr zu holen, und dann stehe zu befürchten, daß die Ratten sich in der Umgebung breitmachten. Das müsse um jeden Preis verhindert werden, hatte er geschrieben, und in einem zweiten Brief noch einmal, und dabei das »um jeden Preis« dick unterstrichen.
Seine Briefe wurden nicht gerade begeistert aufgenommen. Obwohl der Bauer tot war, wurde er seinen Kindern immer lästiger. Der älteste Sohn gab die Nachrichten an seine Brüder weiter in der Hoffnung, einer wäre verrückt genug zu sagen: Ich kümmere mich darum.
Auch die Nachbarn des alten Bauern verfluchten den Toten. Der eigensinnige alte Kerl, der in kein Altersheim gewollt hatte (und mit dem sie angeblich so viel Mitleid gehabt hatten), machte sich nun in Form einer aus Schlamperei erwachsenen Rattenplage bemerkbar und war gegenwärtiger, als er es lebendig je gewesen war. Sein Stieren, sein dumpfes, zielloses Stieren auf Stall und Scheune hatte sich in eine Heerschar quicklebendiger Ratten mit verdammt scharfen Augen verwandelt.
Eines Abends kam der Nachbar wieder auf den Hof und schloß mit dem Schlüssel, den ihm der älteste Sohn dage-

lassen hatte, die Tür zum Haus auf. Alles war noch so wie am Tag der Beerdigung. Die Ratten machten sich sofort aus dem Staub, aber als der Nachbar sich umschaute, hörte er in der Standuhr ein Geräusch. Das konnte doch nicht wahr sein! Saßen die Ratten jetzt sogar in der Standuhr? Er gab der Uhr einen Tritt. Nichts. Ein zweiter Tritt. Noch immer nichts. Er öffnete vorsichtig die Tür, und es fuhr ihm eiskalt über den Rücken. Zwischen den Latten am Fuß des Uhrenkastens huschte eine Ratte davon, die so groß war, daß er es kaum glauben mochte: W. Raudt.

Der Nachbar erschrak sich fast zu Tode. Heiße Wut stieg in ihm auf. Als er zu Hause davon erzählte, mußte er um die richtigen Worte ringen. Er hielt die Hände in beträchtlichem Abstand voneinander und stammelte: »Eine Ratte! In der Standuhr! So eine Ratte!«

Am nächsten Tag sprach er mit ein paar Nachbarn darüber, und sie beschlossen, dem ältesten Sohn zusammen einen Brief zu schreiben. Er sollte die Ratten vernichten, oder sie würden die Scheune in Brand stecken.

Als der Nachbar am Abend den Brief zur Post brachte und am Friedhof vorbeifuhr, lag dort für ihn nur dieser eine Tote, dieser gottverdammte alte Nachbar, dieser eine Leichnam, den sie aus dem Gebüsch gezogen hatten. Der Verursacher der Rattenplage. Unter einer Grabplatte, unter der die Schlamperei in Massen hervorquoll.

Der Antwortbrief war kühl und von oben herab. Er besagte, daß etwas unternommen werden würde.

Daß der Nachbar W. Raudt in der Standuhr angetroffen hatte, war reiner Zufall gewesen. W. Raudt war schon früh zur Scheune gegangen. Unter dem Wasserfall waren ihm drei Ratten entgegengekommen, die unterwegs zur grünen Hütte waren. Sie hatten aber nicht wie die anderen

auf einen strengen Blick hin kehrtgemacht, sondern Raudt mußte sie durch Bisse zurückjagen.
Auf dem Hof lief eine Ratte vor ihm her, die nicht mehr geradeaus gehen konnte, sondern ständig nach links drängte. Der Kopf des Tieres war auf einer Seite mitsamt dem Auge grotesk angeschwollen. Unentwegt stolperte sie nach links, bis sie gegen die Hausmauer stieß, trippelte an ihr entlang und verfing sich in der nächsten Ausbuchtung, machte kehrt und taumelte über den Hof, bis sie wieder gegen eine Mauer oder ein anderes Hindernis stieß.
Wenn sie unterwegs etwas Eßbares fand, fraß sie es auf.
W. Raudt beobachtete die Ratte eine Weile, schnupperte an ihr und wußte, daß er schon mehrere gesehen hatte, die so aufgequollen waren. Beunruhigend – wie vieles andere auf dem Hof! Verhungerte Junge, die überall herumlagen, nur nicht im Nest, Weibchen, die von einer ganzen Horde Männchen verfolgt und besprungen wurden. Dreck überall. Mutwillig zerstörte Freßplätze.
W. Raudt lief unruhig zu seinem Unterschlupf zurück. Als er dort ankam, stoben mehrere Männchen unter dem Hüttenboden hervor. Er verfolgte sie nicht, sondern rannte hinter dem nächsten Weibchen her und rammelte mit ihr, ohne daß er das gutmütige »So, jetz schaun mer mal ...« vorausgeschickt hätte.
Dann lief er zurück. Zwischen Hütte und Wasserfall blieb er stehen und schaute zum Himmel hinauf.
Es war noch nicht dunkel.
Unter dem Wasserfall hindurch rannte er weiter zur Scheune und fraß verbissen. Jeden, der in seine Nähe kam, biß er in die Flucht. Dann schlüpfte er unter der Haustür ins Wohnhaus und in die Standuhr. Dort starrte er ins Dunkel hinauf, um zu sehen, ob da oben noch immer dieselbe eigentümliche Spannung herrschte. Mit gesträubtem

Nackenhaar saß er still auf dem Boden der Uhr, die am Tag der Beerdigung aufgehört hatte zu schlagen. Er dachte an nichts, schüttelte nur gelegentlich den Kopf. Es war totenstill, dunkel, spannungsgeladen. Beunruhigend. Es gab etwas, was nicht in der Macht von W. Raudt lag.
Draußen hatte die Dämmerung eingesetzt. Die Sonne war gerade untergegangen, es war atemberaubend friedlich und still. Die Damen und Herren, die am Morgen mit tänzelnden Schritten gerufen hatten, wie wunderbar doch »dieses Blau!« sei und wie »süperb!«, würden nun von ihrem Ausflug an die frische Luft zurückkehren. Und schweigen. Vermutlich Hand in Hand. Vielleicht aber würden sie auch noch »O Stille!« oder »O du wohltätige Stille« rufen, aber dann wäre alles dahin, und dazu war die Stille zu vollkommen. Manchmal schauten sie sich an und nickten einander zu. Aber ja, der andere erlebte sie auch: Diese Stille! Diese wohltätige Stille!
Über W. Raudts Kopf herrschte in diesem Moment alles andere als Stille, weil eine der Ratten an der Kette hochgeklettert war und so das Pendel der Uhr in Bewegung versetzt hatte. W. Raudt schaute nach oben, konnte aber nichts erkennen. Herrschte in diesem Dunkel das ganz Andere? Das Dunkel ohne Schatten – die Schwärze. Darin saß ein Rascheln, ein verdorrtes Rascheln. Leben also, und was für eines ... ein Rattenleben, das konnte er riechen. Ein Rattenleben. W. Raudt dachte nach, und zwar sehr präzise. In einer Minute würde er in die Schwärze hochklettern und zum ersten Mal in seinem Leben leibhaftig eine andere Ratte töten. Er konnte das Blut bereits schmecken. Er würde es ganz sicher tun, und er wollte es auch. Morden wegen der Schwärze. Wegen des Geräusches, womit dieses Andere in ihn eindrang. In das Mark seiner Existenz.
In diesem Augenblick gab der Nachbar der Uhr einen

Tritt. Die Ratte hangelte sich am Gewicht nach oben ins quietschende und ratternde Uhrwerk, W. Raudt ergriff die Flucht: zum Haus hinaus bis zum Wasserfall. Das war zumindest seine Absicht.
Aber im Hof wimmelte es vor Ratten. Sie rannten wild durcheinander und schnupperten ohne Sinn und Zweck in allen möglichen Ecken, als ob sie etwas Freßbares suchten. W. Raudt blieb stehen, um dieses seltsame Schauspiel zu betrachten. Ein Weibchen, dem drei Männchen hinterherhechelten, setzte sich vor ihn hin und fragte: »Na, willste auch?« Hüftschwingend rannte sie davon, offensichtlich erwartete sie, daß er ihr wie die anderen drei begeistert folgen würde. An der Scheunenmauer fand er wieder einige halbtote Junge, und auf dem Weg zum Wasserfall trippelten zwei Weibchen vor ihm her, die sich immer wieder hinsetzten, um zu sehen, ob er jetzt vielleicht Lust hätte. Schließlich kamen ihm unter dem Wasserfall ein paar Männchen entgegen. Er schnappte nach ihnen und jagte sie in Richtung Bauernhof davon. Lautlos setzte er sich hin. Er wußte, daß er sie hatte töten wollen. Wie die Ratte in der Uhr. Was sollte er jetzt tun? Sie alle töten? Ihnen die Kehle durchbeißen, das Lebenslicht ausblasen? Was für eine Genugtuung wäre so eine tote Ratte jetzt für ihn! Sie waren alle das Leben nicht wert.

Flügel?
Er lauschte. Der Abenddämmerung war die Nacht gefolgt. Das Wasser rauschte. Unaufhörlich. Grau und weiß schäumend. Wie unaufhörlich fließendes Wasser. Ein Rauschen, das nur von einem anderen Laut übertönt werden konnte. Von Flügeln.
Er lauschte. Nichts. Nur das Wasser. Er horchte, spitzte die Ohren, wurde ganz Ohr.

Dann kroch er unter dem Wasserfall hervor und setzte sich ins Gras, unversteckt und schutzlos. W. Raudt, eine Ratte auf Erden. Wenn die Eule käme und das Ffftffftfft über ihm und auf ihm wäre, er könnte nicht schwören, ob er sich auch diesmal mit einer Kopfrolle befreien würde. Von der neuen Dimension. Von den Flügeln.
W. Raudt war traurig. Es mußte einfach kommen. Er wollte wissen, was stärker war, was mit ihm los war. Würde er sich mit einer Kopfrolle befreien und am Leben bleiben, dann trüge das Andere den Sieg davon. Wäre das so viel schlimmer?
Flügel?

Die Damen und Herren vom Himmelsblau sind nicht da. Der Abend ist zu kühl. Vielleicht liegen sie schon in ihren Betten, zwei und zwei, und kreischen entzückt: »O Liebe, du Gottesgeschenk!« oder »Ach, du gnadenreiche Nacktheit!« Die Ratte sehen sie nicht, und noch weniger das, wonach sie sich sehnt.
W. Raudt saß schutzlos da – vergebens. Es war nichts zu hören. Alles dumpf. Spürbar war nur die Erde. Statt des unendlichen, ewigen Dunkels eines weiten, offenen Himmels öffnete sich nur das schwarze Dunkel einer Standuhr über ihm.
Das Dunkel, in dem gehaßt werden mußte. Und getötet. Der Tod des Getöteten brandmarkt den Mörder, der tötet, ohne zu wissen, warum. Der Rache wegen. Weil es ein anderes Leben ist. Ein Leben, das sich von diesem in nichts unterscheidet, und das man doch nicht wahrhaben will.
Flügel!
Nichts. W. Raudt rannte zur Anglerhütte. Überall sprangen Männchen unter dem Boden hervor. Männchen! Er wollte zu seinem Lager in den Fischnetzen. Es lag mehr

vergiftetes Brot herum als sonst. Die Ratten, die hier eingedrungen waren, folgten nicht mehr Raudts Pfad, sondern nahmen den direkten Weg zur Hütte. So hatten die Angler sie bemerkt. »Es wimmelt hier ja geradezu von Ratten!« stellten sie fest. Wie wahr! Unter der Hütte befanden sich mehrere Nester mit Jungen von W. Raudt. Eines davon war verwaist. Die Mutter hatte sich mit den anderen auf und davon gemacht.
Als Raudt zwischen den Netzen lag, hörte er Geraschel und Getuschel. Fremde Männchen, kein Zweifel! Horchend kletterte er auf die Netze und sträubte sein Nackenhaar. Wie unglücklich er war. Langsam ging er auf das Geräusch zu und hörte, wie zwei Ratten davonrannten. Dann hörte er ffft, ffft, ffft, die Flügelspitzen. Dann schneller, fffffftffft, dann einen Schrei. Die Eule hatte eine Ratte gepackt!
Nicht ihn!
Nicht ihn.
Es war geschehen. Das, was ihm hätte geschehen sollen.

Auf den Brief des ältesten Sohnes hin war wieder nichts passiert, und die Nachbarn beschlossen, auf eigene Faust zu handeln. Sie gingen schon lange nicht mehr zum Bauernhof, um zu sehen, wie viele Ratten es jetzt waren, sondern nur noch, um zu schauen, was mit ihnen los war. »Meiner Meinung nach werden es nicht mehr«, sagte der Nachbar, der sie entdeckt hatte, »sie werden nur wilder.« Und so war es auch. Das Ganze ähnelte weniger einer Rattenplage als einem zähen Freßgewimmel, einer Plage widerwärtig grellen, verdorbenen, erregten Lebens.
Abends saßen die Nachbarn beieinander und machten Pläne. Gift hatte keinen Sinn. Hunde und Katzen würden den kürzeren ziehen. Die Bauern verspürten wenig Lust,

der Scheune allzu nahe zu kommen, geschweige denn hineinzugehen. Einige schlugen Schrotgewehre vor, doch das war angesichts des geringen Abstands zum Ziel zu gefährlich. Und außerdem: Warum sollten sie für die Kinder des alten Bauern, denen alles egal war, die Kastanien aus dem Feuer holen?

Der Plan, die Scheune in Brand zu stecken, fand die meisten Befürworter. Das Feuer mußte die ganze Scheune mit einem Schlag vernichten. Bei einem langsam um sich greifenden Feuer, das erst lichterloh brennen würde, wenn schon alle Ratten geflohen wären, hätten die Nachbarn bald wieder mit dem gleichen Problem zu tun.

»Mit einem Schlag vernichten!« sagte einer der Nachbarn und schlug so heftig auf den Tisch, daß ihn alle ansahen.

Mit einem Schlag, jawohl! Vielleicht Benzin oder Petroleum in der Scheune verschütten, und zwar in großen Mengen. Doch dabei würden zu viele Ratten entwischen, die meisten sogar. Denn Benzin beziehungsweise Petroleum stank so sehr, daß viele der Biester den Braten buchstäblich röchen und sich davon machen würden.

Schließlich machten sie folgenden Plan: Es sollte ein Graben um die Scheune ausgehoben und mit Petroleum gefüllt werden. Dann würde man brennende Fackeln in das Scheunenstroh werfen und die Stelle, wo die Fackelwerfer in die Scheune hinein gingen (und hoffentlich auch wieder heraus kamen), anschließend mit Schrotgewehren unter Beschuß nehmen.

Auf diesen Plan wurde begeistert angestoßen. Vor allem, weil auf diese Weise nur eine abgebrannte Scheune übrigbleiben würde. Das hatten die Kinder des Bauern davon! Das Wohnhaus wollte man verschonen.

Dafür würde man einen zu langen Graben ausheben müssen, außerdem war es vollkommen unnötig. Sie waren

nicht unbesonnen, die Plänemacher, und auch nicht ohne Pietät dem alten Bauern gegenüber. Der ruhig und mit gefalteten Händen in seinem Grab lag und andere die Drecksarbeit machen ließ.
Die Nachbarn hatten einen überaus vergnüglichen Abend. Sie gingen nach Hause, nachdem sie eine Lösung gefunden beziehungsweise einen Plan gefaßt hatten, bei dem der Spaß an der Ausführung den des Pläneschmiedens noch zu übertreffen versprach.

Gegen Mittag sitzt W. Raudt unter der Anglerhütte und schaut über die Wiese. Obwohl die Angler da sind, sind Ratten zu sehen. Im verwaisten Nest piepsen die hungrigen Jungen, die sich mit den Vorderpfoten über die vorquellenden Augen streichen und nichts zu fressen bekommen. Eine Zeitlang stehen die Angler vor der Hütte und stellen zufrieden fest, daß die Ratten von den vergifteten Broten gefressen haben. Raudt rennt den Weg unter dem Wasserfall entlang. Die Ratten, die ihm entgegenkommen, läßt er in Ruhe. Er schaut sie nicht einmal an.
In der Scheune frißt er in aller Eile. Auf dem Hof trifft er wieder auf ein paar gleichgewichtsgestörte Ratten. Überall liegen tote Jungratten herum. An der Rückwand der Scheune ist es nicht geheuer: Männer, die dort graben. Raudt schlüpft ins Haus. Auf dem Stuhl des alten Bauern sitzt eine Ratte. Raudt klettert zu ihr hinauf. Die andere Ratte will wie immer so tun, als ob sie das Männchen nicht bemerkt habe, und büßt es teuer. Mit einem Biß hat Raudt ihr die Kehle durchtrennt. Zuckend liegt das Tier auf dem Boden. Aber ja!
Auch andere Ratten im Haus müssen dran glauben. Es geht alles sehr schnell. Einige glauben, daß sie noch fliehen können, aber W. Raudt ist verdammt schnell! Zum Schluß

durchquert er zwischen vielen toten Ratten noch einmal die Stube und verschwindet lautlos in der Standuhr.
Er ist etwas außer Atem, außerdem stinkt er nach den anderen Ratten. Nach Blut, wenn Blut stinkt. Plötzlich duckt er sich und spitzt die Ohren. Er schnuppert. Aber weil er nur den starken Blutgeruch von zwei Ratten in die Nase bekommt, die sich gewehrt haben, riecht er eigentlich gar nichts. Er will in Erfahrung bringen, ob die eine Ratte wieder oben in der Uhr sitzt. Zu hören ist sie nicht. Es kommt ihm nicht in den Sinn, nicht einmal für einen kurzen Augenblick, daß die Ratte möglicherweise aus denselben Gründen die Standuhr aufgesucht hat wie er. Wegen der tiefen Schwärze und der seltsamen Stille. Aus der Ferne hergebracht und in einen Holzkasten gebannt, dessen toten Latten immer noch das frühere Leben anzuriechen ist.
W. Raudt sitzt nicht gerade bequem. Er ist schlecht gelaunt und unruhig. Er hat das Gefühl, als säße ihm die Bösartigkeit im wie zur Warnung gesträubten Nackenhaar. Die Wohltätigkeit dieses Lebens, der Überfluß, die lichte Helligkeit, der Witz vom »So, jetz schaun mer mal . . .« und der reinigende Lauf vom Wasserfall zur grünen Hütte - damit würde es jetzt ein für allemal vorbei sein.
Er kroch aus der Uhr, um unter der Haustür durch zum Innenhof zu laufen, und schreckte plötzlich zurück: zu viele Menschen dort draußen. Wie geschickt, so zahlreich zu sein und auf allen Seiten gleichzeitig zu graben! So saßen fast alle Ratten in der Scheune fest, entweder in den Nestern oder einfach im Stroh und im Dreck. Sie rührten sich nicht, waren jedoch in höchster Alarmbereitschaft und äußerst nervös. Ein paar, die nicht mehr geradeaus laufen konnten oder nur noch im Kreis, wagten sich nach draußen. Man erschlug sie mit der Schaufel, hob sie am

Schwanz hoch und warf sie mit einem Ausdruck des Ekels in Richtung Scheune. Sonst war keine Ratte zu sehen. Hin und wieder war ein pfeifendes Fiepen zu hören, wenn in der Scheune ein paar Ratten in Streit gerieten. Einige begannen ganz plötzlich zu kämpfen, als ginge es um ihr Leben, und wollten sich noch schnell mit genau dem Weibchen paaren, das sich gerade ein anderer ausgesucht hatte. Die Weibchen boten sich mit gesenkten Köpfen an. Sie wollten. Und wie sie wollten! Alarm!

W. Raudt ging in die Stube zurück und lief ein weiteres Mal schnüffelnd zwischen den Toten hindurch. Dann kletterte er in die Uhr und wieder heraus und schließlich wieder hinein.

Ein paar Jungen, die beim Graben geholfen hatten, wollten sich die Zeit vertreiben, bis das Petroleum in den Graben gelassen wurde, brachen die Tür des Wohnhauses auf und betraten die Stube. »Hier sind noch mehr tote Ratten!« riefen sie nach draußen. Einige der Bauern kamen, um nachzusehen. Sie schauten sich in der Stube um und fanden, daß die Uhr für die Müllkippe eigentlich viel zu schade sei. Als sie die toten Ratten sahen, fragten sie die anderen, wo die denn herkämen.

Die Kinder trugen die Kadaver an den Schwänzen aus dem Haus und warfen sie vor die Scheune. Sie wollten ganz offensichtlich nicht wieder ins Haus zurück. Einer der Bauern fragte, ob die Uhr vielleicht noch ginge, und dachte sich: Ich frag einfach die anderen, ob sie einverstanden sind, wenn ich die Uhr mitnehme. Die Kinder vom Alten kommen ja doch nicht wieder her.

Er ging in die Stube, öffnete die Tür der Uhr und erschrak. An der Kette, oben auf dem Gewicht, saß eine Riesenratte. Sie war entweder alt oder krank, denn sie hatte die Augen halb geschlossen. Es war dieselbe Ratte, die W. Raudt über sich gehört hatte und bei der ihm der Gedanke gekommen war, rasch hinaufzuklettern, um sie zu töten. Doch er hatte sie so wenig zu Gesicht bekommen wie sie ihn.

Der Bauer griff nach der alten Heckenschere, die auf dem Tisch lag, und schlug damit nach der Ratte, traf sie jedoch nicht. Das fette Tier war weder krank noch alt noch halbtot, sondern sah mit seinem auf- und zuklappenden Maul so furchtbar aus, daß der Bauer nicht den Mut aufbrachte, ein zweites Mal zuzuschlagen. Er stellte sich plötzlich vor, die Ratte flöge ihm über die Schere weg auf den Arm, liefe hinauf auf die Schulter und würde ihn so übel zurichten und vergiften, daß er in einem endlosen Krampf voller Ekel und Schmerz erstickte. Er schleuderte die Heckenschere in das offene Uhrgehäuse und sah nur noch, wie die Ratte nach oben kletterte und das Gewicht der Uhr nach unten rasselte.

Und dann hörte er unten aus der Uhr einen Schrei, der klang wie der eines Neugeborenen, das nicht ein und aus weiß vor Angst und einen furchtbaren Klaps bekommt, mit dem alles endet. Einen Todesschrei, der weder etwas von einem Begreifenkönnen noch von einem Sichwehrenkönnen hatte. Der nur ein Schreien war nach etwas. Aber nach was? Nach wem? Nach Flügeln vielleicht, um sich aus der alles erschütternden Verhinderung davonzumachen, die das leibliche Leben bedeutete?

Für kein Geld der Welt wollte der Bauer diese Uhr haben, in der dieser schauderhafte Schrei wohnte.

Als die Abenddämmerung einsetzte und der rote Neunzehnuhrachtunddreißig-Zug sein freundliches, leicht überraschtes, vielleicht auch ein bißchen kokettes und mit Sicherheit abscheulich zufriedenes Pfeifen von sich gab, floß aus zwei Fässern Petroleum in den Graben. Klitschnasse, benzintropfende Fackeln brannten, das Feuer fuhr in einem Kranz von loderndem und qualmendem Petroleum in die Scheune. Die Jungen, fast alle bereits leicht angeheitert, schleuderten mit Schaudern Fackeln hinein und stolperten, schreiend vor Vergnügen oder aus purer Angst, nicht mehr rechtzeitig aus der Scheune zu kommen, nach draußen, wo sie zur Steigerung der allgemeinen Lustbarkeit mit Gewehrsalven begrüßt wurden. Und dann warteten alle darauf – die meisten mit einem Glas in der Hand –, was den Schützen vor die Gewehrmündung laufen würde. Ratten. Es waren viele. Und viele kamen an anderen Stellen aus der Scheune, sahen den Weg von Flammen versperrt und flohen wieder hinein.

Die Gewehre krachten, die Bauern wurden aufgeregter und aufgeregter. Es war ein Fest, ein einziges Geknall und Gedonner.

Der Überfluß in der Scheune war so groß, daß die Hitze schon bald kaum mehr auszuhalten war. Es mußten dort wohl auch einige rätselhafte Fässer gelagert haben, denn – in drei Teufels Namen! – der Alte auf dem Friedhof spukte mächtig.

Die Flammen loderten, und die Luft flimmerte. Die Bauern und ihre Kinder bekamen glühende Gesichter und fürchteten, ihre Kleider könnten in Brand geraten. Stichflammen explodierten, und aus der Scheune loderte es so grell, daß der brennende Petroleumgraben wirkte wie ein dunkler, langsam absterbender Ring.

Die Bauern mußten immer weiter zurücktreten. Niemand schoß mehr. Als auch der Bauernhof mit einer lächerlichen Folgerichtigkeit in Flammen aufging, packte sie Panik und Entsetzen. Im Dorf läuteten die Glocken. Einigen Bauern fiel ein, daß sie Mitglieder der Freiwilligen Feuerwehr waren und nun eigentlich mit dem Löschen beginnen müß-

ten. Die Ratten? An die dachte niemand mehr. Sie waren zur Nebensache geworden. Das Feuer loderte wie ein Weltenbrand, der bald alles, Felder und Häuser, ergreifen würde. Die Zaungäste zogen sich noch weiter zurück. Mein Gott, was für ein Feuer da dröhnte!
Im Bach, drüben beim Wasserfall, war Wasser genug.
Die Feuerspritze. Ein Witz! Damit war nichts zu löschen.
Das Feuer wurde schwächer. Wahrhaftig, es wurde schwächer! Das Reich, das W. Raudt entdeckt hatte, fiel. Die Hitze und die wahnwitzige Wucht des Feuers hatten hie und da Ausmaße erreicht, die an einen Vulkan denken ließen: an das Feuer aus dem Innersten der Erde.
Als sich der Brand langsam selbst verzehrte, war das Feuer überall zu hören. Alles krachte mit Getöse zusammen, alles. Die Steinmauern zwischen dem hölzernen Fachwerk bogen sich, das Dach war verschwunden, das Innere von einer glimmenden, brennenden Schicht überzogen. Woraus sie wohl bestehen mochte?
Ganz sicher aus einer Menge toter Ratten. Aus Hunderten von toten Ratten.
Von denen, die man am Eingang erschossen hatte, war nichts mehr zu sehen. Die Erde war weiß vor Asche. Asche. Diejenigen, die am längsten ausgeharrt hatten, weil sie sich nicht losreißen konnten von dem Hof, auf dem sich die Erde aufgetan hatte, um das Erdfeuer durchzulassen, sahen im letzten Glimmen der Glut Nachtvögel über der Scheune kreisen. Und hörten das Ffftffftffft vom schnellen Flügelschlag der Eulen.
»Nee, Jungs, nichts mehr da«, sagte einer.
Auch vom Bauernhof war nichts mehr da. Nichts.
Und wer »nichts« sagte, mußte es zweimal sagen: »Nichts! Nichts!«

Drei Ratten konnten entkommen.
G. Raudt, R. Raudt und W. Raudt, aber nicht unser W. Raudt. Im Lauf der Nacht überquerten alle drei die primitive Steinbrücke. Sie konnten den Wasserfall hören, Wasser!, und rannten in verschiedenen Richtungen zum Wald auf der anderen Seite des Baches.

Vielleicht hat sie das Feuer geweckt, die Damen und Herren vom Himmelsblau. Wenn sie nun im Morgengrauen über die Brücke gingen, weil es beim Weinberg drüben möglicherweise einen hübschen Picknickplatz gab, würden sie rufen: »Ach, der kleine alte Bauernhof. Wie schade! Aber die Ruine ist auch ganz malerisch!«

Flügel!

Das Männlein im Kopf und der Fisch

Der Elefant Branoul war sehr glücklich. Und das aus keinem besonderen Grund. Er war einfach zufrieden. Gelegentlich sah er zu den anderen Elefanten hinüber und betrachtete sie wohlwollend. Da war Latouf, ein äußerst braves Tier, Minoura mit ihrer erregenden Weiblichkeit, Trikol, ein reizender junger Elefant, der keiner Fliege etwas zuleide tun konnte, oder der seltsam schöne Rostoem mit seinen prachtvollen Stoßzähnen, und ... ach, dachte Branoul, ich könnte endlos so weitermachen, denn ich mag sie alle gleich gern.

Branoul war so glücklich und zufrieden, daß er seinen Kopf hin und her zu schwenken begann, und zwar in einem möglichst gleichmäßigen Rhythmus und nach links nicht weiter als nach rechts. Er verlor sich ganz in dieser Tätigkeit und schwenkte seinen schweren Kopf kraftvoll und angespannt, bis er jeden einzelnen Nackenmuskel spürte. Nach einer Weile bezog er auch andere Muskeln seines riesigen Leibes in dieses Spiel mit ein und hob das linke Bein, wenn sein Kopf nach rechts schwang, und umgekehrt das rechte, wenn er seinen Schädel nach links schwenkte. Das war überaus angenehm und wurde noch viel angenehmer, als er die Schwenkbewegungen des Kopfes immer kleiner werden ließ, bis nur noch eine ganz kleine Bewegung übrig war. So konnte er die Spannung der Nackenmuskulatur intensiver fühlen, und es erfüllte ihn mit Stolz, daß er die schweren Muskeln so vollkommen beherrschte und mit ihnen tun konnte, was er wollte. Branoul war achtzehn Jahre alt und war kurz vor dem Erwachsenwerden.

Erreichte sein Stolz über die Körperbeherrschung ein bestimmtes Maß, so geschah es zuweilen, daß er auch die Hinterbeine miteinbezog und das Ganze einem Tanz immer ähnlicher wurde. Für Branoul jedoch war es weniger ein Tanz als ein Muskelspiel, das den merkwürdigen Umstand ans Licht brachte, daß der ungeheure Leib eines Elefanten nicht nur zu natürlichen Verrichtungen taugte, sondern dem Tier auch zu einer vergnüglichen Zeit verhelfen konnte.

Immer wenn Branoul dieses Spiel spielte, erinnerte er sich, wie ihm seine Mutter das erste Mal vom Männlein erzählt hatte.

»Du heißt doch Branoul, nicht wahr?« lautete die immer gleiche Frage seiner Mutter, bevor sie ihm etwas erklärte.

Und Branoul antwortete wie immer mit »Ja«. Er sagte es ganz leise, weil es danach fast immer feierlich wurde.

»Nun, sag es selber«, forderte ihn seine Mutter auf.

»Branoul«, flüsterte er. Womit zumindest für die nächsten Augenblicke feststand, daß es sich bei den beiden Elefanten um Branoul und seine Mutter handelte. War dies soweit geklärt, schwieg Branouls Mutter für eine Weile. Langsam schlenderten sie nebeneinanderher, fast zu Tränen gerührt über die zweckmäßige Schönheit einer Welt, in der ein kleiner Elefant neben seiner Mutter hergehen durfte und der Weg der Mutter, dicht an ihren Sohn gedrängt, am Rand eines prächtigen Waldes entlangführte. Nach längerem Schweigen fragte Branouls Mutter – beim ersten Mal, wie auch all die anderen Male –: »Weißt du, was du in deinem Kopf hast, Branoul?« Branoul wandte den besagten Kopf seiner Mutter zu und schaute sie liebevoll an. Darüber mußte sie jedesmal lachen und sagte: »Das ist nicht zum Lachen, das weißt du doch.«

»Ich lache doch gar nicht, Mama, du lachst«, murmelte Branoul zur Antwort, was die tiefe, von Herzen kommende Heiterkeit der Mutter nur noch vergrößerte.

»Branoul«, rief sie dann gespielt streng, »ich verrate es dir aber nur, wenn du nicht mehr lachst.« Manchmal brachte sie den halben Tag damit zu, Branoul mit unterdrücktem Lachen immer wieder anzustupsen, mal mit der Schulter, mal mit ihrem Hinterteil, bis er genauso heiter und kicherig war wie sie, und dann sagte sie: »Du lachst noch immer, siehst du. Ich sag erst wieder was zu dir, wenn du ganz ernst bist.«

Branoul betrachtete sie prüfend, wie um in ihren Gedanken zu lesen, ob sie gleich wieder in Lachen ausbrechen würde, während sie ihrerseits ihn betrachtete, um herauszufinden, ob er wohl glücklich sei. Sah sie einen strahlenden, sanft gewordenen Branoul vor sich, der seine Mutter mit einem so liebevollen Blick anschaute, daß ihr die Tränen in die Augen sprangen, sagte sie: »Es sitzt ein Männlein in deinem Kopf, Branoul. So heißt du doch, oder?«

»Ja, Mama«, antwortete Branoul.

Am späten Abend, es war schon fast Nacht, erzählte sie den Rest der Geschichte. »Weißt du, Elefanten haben ein Männlein in ihrem Kopf! Es sitzt ganz hinten. Du kannst es spüren. Als würde es dir auf der Schulter sitzen. Aber es ist innen, in deinem Kopf. Dort, wo alles ineinander übergeht. Das gab einem Elefanten, der zum ersten Mal vom Männlein hörte und sich wunderte, was es damit wohl auf sich habe, einiges zu denken. Mit anatomischem Interesse untersuchten sie sich gegenseitig, waren am Ende aber mit der beruhigenden Feststellung zufrieden, daß man eben nicht genau wissen könne, wie es in einem aussehe. Nun gut: ein Männlein, im Kopf und auf den Schultern.«

Branoul mußte sofort an etwas Braunes, Nußartiges denken, das einem, wie seine Mutter gesagt hatte, hinten im Kopf saß und sich nicht aufrichten konnte. Nicht ausgeschlossen, daß Branoul dem Männlein vage die Züge eines Menschen gab.

Er redete mit niemandem darüber, sondern war klug genug, sich die Frage, was es in seinem Kopf denn wollte, erst einmal selbst zu stellen. Wahrscheinlich wußten weder Mütter noch andere ältere Elefanten darauf eine Antwort, und jeder mußte darauf seine eigene Antwort finden. Immerhin hatte Branouls Mutter ihm einige Male angedeutet, daß man das Männlein auch verlieren könne. Dann müsse man besonders aufpassen, weil man als Folge davon wahrscheinlich sehr unvernünftige Dinge tun werde. Branouls Mutter – sie liebte ihren Jungen auch deshalb sehr, weil er ihr immer so aufmerksam zuhörte – hatte ihm von einigen älteren Elefanten erzählt, die ihr Männlein verloren hatten und ein trauriges Ende fanden.

»Was ist das, ein Ende?« hatte Branoul gefragt, aber nur ein einziges Mal, denn seine Mutter hatte sofort geantwortet: »Nichts für einen Rotzrüssel wie dich!«

Das war alles, was Branoul über das Männlein wußte, als er erwachsen wurde. Ansonsten dachte er nicht allzuoft daran. Nur manchmal, wenn zum Beispiel Gefahr drohte.

Dann dachten alle daran und reckten ihre Köpfe, und es sah so aus, als hätten sich sämtliche Männlein unter sämtlichen Elefantenschädeln der Herde aus ihrer sitzenden Haltung aufgerichtet, um besser achtgeben zu können und nichts Falsches zu tun.
In diesen Momenten konnte man beobachten, wie Branoul die Augen verdrehte, als ob er heimlich sein Männlein dabei ertappen und sehen wollte. Wir müssen jetzt ganz überlegt vorgehen, dachte er dann. Manchmal war es vernünftig zu fliehen, ein andermal schien es klüger, sich ganz leise in den Wald davonzustehlen, und ganz selten sogar war es das beste gewesen, die Ohren aufzustellen, viel Lärm zu machen und sich bereitzuhalten, die Angreifer notfalls totzutrampeln. Wie es kam, daß stets das Richtige getan wurde, wußte Branoul nicht, aber es war das Richtige, denn die Herde bestand aus lauter gesunden Elefanten.
Und wie Branoul waren auch sie meistens sehr glücklich.

Doch es gab noch etwas anderes, nicht weniger Rätselhaftes. Und offenbar wußte nur Branoul davon.
Eines Tages, es war während der Trockenzeit, trank Branoul im Fluß, der so ruhig dahinfloß, daß man glauben konnte, er stünde still, als er sich plötzlich über die eigenartige Gestalt der Elefanten zu wundern begann. Dieser Rüssel! Er erinnerte sich nicht, bei anderen Tieren schon einmal etwas Ähnliches gesehen zu haben. Andererseits: warum sich über einen Rüssel wundern, wenn man selber einen hat. Branoul ließ ihn nach dem Trinken einen Augenblick entspannt im Wasser hängen, als ihn diese Einsicht wie aus heiterem Himmel traf. Sein Blick glitt am Rüssel entlang, von oben nach unten und wieder zurück. Dann bewegte er ihn leicht und ließ ihn wieder hängen. Was für

ein fürchterliches Ding! Er trat einen Schritt vor, damit er ihn noch regloser ins Wasser tauchen konnte. Senkrecht und wie ein totes Ding baumelte der Rüssel am Kopf und schien zu nichts nütze zu sein. Vorsichtig zog Branoul ihn ein Stück aus dem Wasser, um ihn sofort wieder einige Zentimeter tief einzutauchen. Dieser Vorgang war jedoch nicht das Ergebnis einer Bewegung mit dem Rüssel, Branoul beugte zu diesem Zweck vielmehr die Knie seiner Vorderbeine, um sie anschließend gleich wieder durchzudrücken. Nachdem er das ein paarmal getan und lange ins Wasser gestarrt hatte, wußte er nicht mehr weiter.

Es entgeht den Elefanten nicht, daß sie um ein Beträchtliches größer sind als andere Tiere. Das bringt sie im allgemeinen nicht aus der Fassung, denn schließlich beruht ihr Leibesumfang ja nicht auf einem Irrtum. Branouls augenblickliche Lage allerdings war beunruhigenden Gedanken wie diesen geradezu förderlich. Alle Muskeln seines Körpers waren entspannt, bis auf die, mit deren Hilfe er sich auf den Beinen hielt. Er hatte, wie er glaubte, einen Leib wie eine riesige Rumpelkammer und daran einen grenzenlos überflüssigen Rüssel, der nutzlos ins Wasser hing.

Branoul gab weder einen Laut der Zufriedenheit noch einen des Kummers von sich, und wie durch einen seltsamen Zufall war auch sonst nicht das leiseste Geräusch zu hören. In der offenen Steppe war es vollkommen still, im Wald dahinter schien kein Wesen zu leben, nur der Fluß murmelte und plätscherte, was kaum der Rede wert war und nur auffiel, weil es sonst so ruhig war.

Die Stille war peinigend. Branoul wäre es am liebsten gewesen, wenn irgendwo ein furchtbares Getöse losgebrochen wäre und er hätte nachschauen müssen, was los sei, um so endlich mit diesem lächerlichen Gestarre auf seinen still herabhängenden Rüssel aufhören zu können.

Aber es war kein Laut zu hören.
Branoul drückte die Knie durch und zog den Rüssel ein Stück aus dem Wasser, dümpelte ihn aber gleich wieder geräuschlos hinein. Er konnte beobachten, wie das träge fließende Wasser dort, wo sein Rüssel in die Wasseroberfläche eintauchte, einen kleinen Bogen machte und an der Rüsselhaut entlangkreiselte. Wenn er den Rüssel hob, floß das Wasser wieder frei, und die Oberfläche wurde glatt. Bei jedem weiteren Eintauchen aber erschien der kleine Bogen wieder. Branoul wollte wissen, ob der kleine Bogen immer der gleiche war, deshalb wiederholte er es viele Male, und tatsächlich: Der kleine Bogen war immer wieder der gleiche.
Dann versuchte er, sich umzusehen, ohne sich zu bewegen, was einigermaßen merkwürdig aussah. Als ob er die Aufgabe hätte, den Rüssel nicht zu bewegen, oder damit – wer weiß – irgendwo hängengeblieben war.
»Was ist nur los mit mir?« dachte Branoul. Plötzlich ging ihm auf, daß dafür nur das kleine Männlein in seinem Kopf verantwortlich sein konnte. Denn kein Lebewesen käme von selbst auf die Idee, sich am Ufer eines Flusses derart seltsam aufzuführen.
Was konnte das Männlein damit nur beabsichtigt haben? Das war die erste Frage, und die zweite, ob er das Männlein jetzt vielleicht spüren konnte, wo es seinen Willen doch gerade so deutlich kundtat.
Branoul konzentrierte sich. Den Rüssel ließ er dort, wo er die ganze Zeit über gewesen war.
Er war sich sicher, etwas gespürt zu haben. Am Anfang natürlich zuerst die Kraft, mit der er vollkommen bewegungslos dastand, aber dann bewegte sich in seinem Kopf kaum merklich etwas, das mit gerunzelter Stirn eifrig und heftig vor sich hin schimpfte und einen starken Gegensatz

zu Branouls nichtsnutziger Bewegungslosigkeit bildete. In seiner Anspannung, das Männlein aufzuspüren, peitschte Branoul wild mit dem Schwanz. Erreicht man sein Ziel wirklich erst dann, wenn man still wie ein Felsen auf dem Erdboden steht? dachte er sich. Oder kündigte sich schon an, was seine Mutter angedeutet hatte, als sie vom Ende sprach?

Ich lebe, dachte Branoul, und ich bin sehr groß. Außer dem ganzen Fleisch, von dem ich nicht allzuviel sehen kann, habe ich endlos viele Gruften und Höhlen in mir, von denen ich keine Ahnung habe. Irgend etwas ist immer tätig, den ganzen Tag höre ich es in mir rumpeln, als ob eine Herde Huftiere vorbeigaloppiert, es geschieht ohne meinen Willen, ich muß nur mächtig viel fressen. Aber hier und jetzt, am Fluß und mit dem Rüssel im Wasser, geschieht noch etwas anderes. Wenn ich die Augen aufmachen würde, wäre dann alles ganz anders? Vielleicht kugelrund oder glänzend und zart? Vielleicht hätten die Bäume kerzengerade Stämme und schimmerten, und das Laub wäre dunkelgrün. Nirgendwo herrschte Trockenheit oder Gluthitze, nicht einmal heiß wäre es. Nichts, worauf man aufpassen, was man im Auge behalten, worauf man lauschen müßte. Vielleicht wäre es sogar möglich, Verbindung mit dem Männlein aufzunehmen und herauszufinden, was es eigentlich will. Ich könnte es freilassen und bekäme es endlich zu Gesicht. Wie, das wußte Branoul natürlich nicht, aber es könnte prächtig den Rüssel hinunterrutschen, auf dem Boden landen, ihn am Rüssel packen und zu Plätzen führen, die außerhalb seines Gesichtsfelds lagen. Die Unruhe war plötzlich verschwunden. Das Männlein gefiel Branoul, und er öffnete wieder die Augen. Friedlich gestimmt starrte er an seinem Rüssel entlang. Ihm stockte der Atem.

Im Wasser, unmittelbar vor seinem Rüssel, war ein Fisch.
Ein bläulicher Fisch mit einem kräftigen, straffen Leib und Flossen neben den Kiemen, die punktförmig ansetzten und sich wie Fächer ausbreiteten. Die Flossen waren dunkelgrau wie der Schwanz, und der Rücken fast bis zur Schwärze dunkelbraun.
In regelmäßigen Abständen schluckte der Fisch Wasser, und ab und zu berührte er ganz sanft mit dem Maul das Vorderende von Branouls Rüssel. Dessen erster Impuls war, ihn so schnell wie möglich zurückzuziehen, aber der Fisch hatte ihn nur leicht angestoßen und verharrte so still im Wasser, daß Branoul dem Zauber der Bewegungslosigkeit nur noch mehr verfiel. Er ließ den Rüssel, wo er war, und betrachtete den Fisch aufmerksam.
Wenn ich ihn nun ganz plötzlich packen würde, dachte Branoul – ach, dann pack ihn halt, setzte er sofort trotzig hinzu, woher sollte er auch wissen, wozu so ein Fisch gut war? Er könnte ihn mit einer leichten bogenförmigen Bewegung des Rüssels in die Luft heben, aber das war auch schon alles. Ein ästhetischer Einfall, doch völlig sinnlos.
Branoul betrachtete die schnappenden Bewegungen des Fisches und begriff, daß er auf diese Weise atmete. Er konnte sehen, wie die Kiemen sich bewegten, das gehörte offensichtlich zum Atmen dazu.
Wasser ist kühl und wohltuend, an heißen Tagen gingen Branoul und die Seinen zum Baden weit ins Wasser hinein. Sie versanken im Schlamm und legten den Rüssel ins kühlende Wasser. Unter Wasser jedoch konnten sie nicht atmen. Es ging einfach nicht.
Dieser Fisch hier jedoch lebte unter Wasser. Es gab nichts Überflüssiges an ihm. Seine straffe Haut hielt alles, was in

ihm war, ausgezeichnet zusammen. Branoul wollte nicht, daß der Fisch wegschwamm.
Wegschwamm wohin?
Branoul ließ den Blick über den Fluß schweifen.
Dorthin! Dorthin, wo er selber nicht mehr würde gehen können, ohne würdevoll im Wasser zu versinken. Er wunderte sich immer mehr über den Fisch. Woher kommt er, und wohin geht er? Wo beginnt ein Fisch sein Leben, und wo endet es? Vielleicht gar nicht? Obwohl Branoul riesig und unangreifbar war, stand fest: Sein Ende würde irgendwann kommen! Nicht so beim Fisch im stillen Wasser. Er atmete, wo er selber nicht atmen konnte, und hatte so ein langes Leben.
Mein Elefantendasein hat ein Ende, dachte Branoul, und es war klar, daß es sich dabei um das äußerste Ende seines Rüssels handeln mußte. Die letzte Luft des allerletzten Atemzugs würde vermutlich aus dem Rüssel kommen, weil er das Maul fest geschlossen hielte. Und wenn dann zufällig ein Fisch anwesend wäre, würde dieser schweigende Atmer mächtig erschrecken und davonschwimmen. Auf und davon, was Branoul dann nicht mehr konnte.
Der Fisch beunruhigte ihn. Wie Branoul verharrte er reglos auf der Stelle. Ab und zu berührten sich die beiden ganz leicht und waren einander doch so unerreichbar, daß dem Elefanten ganz flau zumute wurde. Er konnte nun nicht länger so bewegungslos dastehen, die verdrießlichen Gedanken hatten seinen Leib aufgeblasen. Trotzdem zog er den Rüssel mit größter Sorgfalt aus dem Wasser. Er war gespannt, wie der Fisch wohl reagieren würde.
Der Fisch vermißte den riesigen Schatten und schwamm langsam weg. Fast ohne sich zu bewegen, glitt er ruhig weiter und machte plötzlich einen Schwenk: Ein Strudel entstand, den der Fluß sofort wieder glättete, dann war

nichts mehr da. Auf dem Felsen fingen Paviane an zu schreien, das heißt: Branoul hörte sie jetzt wieder.
Der Elefant steckte den Rüssel zurück ins Wasser, diesmal jedoch blieb er nicht so ruhig. Im Gegenteil, er kreischte und schrie vor Seelenqual und prustete mit aller Kraft ins Wasser, daß es aufspritzte, richtete sich auf und trompetete so ohrenbetäubend, als arbeitete eine von außen kommende Kraft in ihm, die noch viel stärker war als die des Elefanten.
Er klappte seine Ohren nach vorn. Es sah aus, als trüge er einen Schirm um den Kopf. Die Welt befand sich davor, aber auch dahinter. Das war ihm vorher noch nie aufgefallen, und es machte ihn nur noch wütender. In seiner Kinder- und Jugendzeit hatte er immer nur eine Welt gekannt: die, die vor ihm lag. Nun lag mit einemmal auch hinter ihm eine und bestand in erster Linie aus einem schweren Leib und der verwirrenden Lust, zu den Elefanten der Herde zu gehen, mit ihnen zu kämpfen und sich ein Weibchen zu nehmen.
Er zog den Rüssel aus dem Wasser und hob ihn hoch. Er war bereit für einen Angriff.
Branoul drehte sich um und rannte, alle Muskeln gespannt, in federndem Trab zum Wald. Er trompetete – aber wie! Er trompetete die ganze Umgebung in Panik, das Gras platt, die Dornen aus den Dornenbüschen, die Steine ins Rollen, die Herde in die Flucht und die Wolken vom Himmel. Er rannte wie ein Irrer, mal seltsam schwer stampfend, mal eigenartig leichtfüßig. Irgend etwas mußte ihm unter die Beine kommen, das er zu Tode trampeln konnte. Was, war ihm völlig egal. Am liebsten das Männlein aus dem Kopf, denn das hatte ihn ja schließlich dazu gebracht, fast einen ganzen Tag lang wie ein Blöder am Fluß zu stehen.
Branoul erreichte die Herde und stürmte sofort auf Boul-

fac los. Alle glaubten, daß der Grund dafür nur Drozona sein konnte, ein dickes Weibchen. Boulfac hatte seine Vorrechte an ihr schon unzählige Male in lautdröhnenden Kämpfen verteidigen müssen. Mit der Zeit aber waren ihm diese Kämpfe immer schwerer gefallen, hatten ihn bis jetzt jedoch immer siegreich vom Kampfplatz gehen lassen. Als Boulfac Branouls Trompeten hörte, ahnte er bereits, daß er wieder würde kämpfen müssen, und beim Anblick des wild auf ihn zustürmenden, brüllenden Elefanten wußte er, daß seine Chancen diesmal besonders schlecht standen. Er seufzte und hielt sich bereit. Warf einen letzten Blick zu Drozona hinüber. Drozona war nervös, weil sie spürte, daß es diesmal Adieu, Boulfac und Bonjour, Branoul heißen würde.

Das erste Aufeinanderdonnern der beiden mächtigen Elefantenschädel war furchtbar. Es klang fast wie das dumpfe Grollen einer weit entfernten Explosion und brachte Boulfac sofort aus der Fassung. Er wich zurück und schüttelte den mächtigen Kopf, als wollte er ein paar papierene Luftschlangen loswerden. Den Blick hielt er statt auf den Gegner zu Boden gerichtet, schob dabei den Rüssel zwischen die Vorderbeine und hätte sich am liebsten einfach auf die Erde gelegt. Er verstand nicht, was vor sich ging, und wußte nur, daß sein Genick gebrochen war oder zumindest empfindlich verstaucht. Es fehlte ihm die Kraft, sich umzudrehen und in den Wald zu laufen. Er starrte zu Boden, weil das etwas war, woran er sich halten konnte. Es wurde ihm zum Verhängnis, da er nicht sehen konnte, daß Branoul erneut auf ihn losstürmte, und das kaum weniger wild als beim ersten Mal. Er rammte Boulfac ungefähr an derselben Stelle, etwas links von der Stirnmitte. Diesmal mußte das Genick des Alten wirklich gebrochen sein. Boulfac knickte in den Hüften ein. Beim dritten Angriff streifte Branoul den Rivalen an der Seite, so daß dieser aus der sitzenden Haltung zu Boden geworfen wurde. Der Stoß hatte so viel Schwung und Kraft, daß Branoul selbst nur mit Mühe auf den Beinen blieb und fast vornübergefallen wäre.

Boulfac traf diese erste Niederlage hart. Elendiglich lag er auf der Seite, winselnd und jammernd ruderte er mit den Beinen wie ein Neugeborenes.

Branoul nahm den nächsten Elefanten ins Visier. Rodure. Der dachte gerade selbst daran, auf einen der anderen Elefanten loszustürmen, und überlegte schnaufend, welches der Weibchen einen Kampf wert wäre, als er schon die ungeminderte Kraft von Branouls Stoß an seinem rechten Oberschenkel zu spüren bekam. Die Attacke warf ihn von den Beinen. Er fing sich schnell und rappelte sich eilig wieder auf, doch schon traf ihn eine neue Breitseite, diesmal im Genick. Branoul rammte den Widersacher zwischen Kopf und Körper und fügte ihm dabei mit dem linken Stoßzahn eine Stichwunde hinter dem rechten Vorderbein zu. Er hatte die unbestimmte Absicht, Rodures kleines Männlein im Kopf zu piesacken. Der angegriffene Elefant nahm zwar noch wahr, was vor sich ging, wußte jedoch nicht mehr, wie er Branoul in dieser Situation die Stirn bieten sollte. Er hatte das Gefühl, sein Kopf säße schief und er könne ihn nie mehr in die richtige Lage bringen. Dummerweise wollte er das gleich ausprobieren, und für die Zuschauer des Kampfes war es seltsam zu sehen, wie Rodure von der eigenen Anatomie völlig in Bann gezogen wurde und, ohne auf seinen Gegner und dessen Pläne zu achten, mühsam, geziert und sehr sorgfältig den Kopf schüttelte. Branouls nächster Stoß traf ihn an der Schulter, und das so hart, daß er glauben mußte, sein Kopf sei abgefallen und nach vorne geschossen und hätte ihn sozusagen

kopflos zurückgelassen. Ohne sich im mindesten zu wehren, gab er Fersengeld und verschwand im Wald.
Das dicke Weibchen Drozona hatte keinerlei Interesse mehr an Boulfac. Er zappelte nicht mehr sinnlos mit den Beinen, sondern überlegte sich, wie er – falls er das wollte – wieder auf die Beine kommen könnte. Er wollte aber nicht. In seinem Kopf war es so dumpf, daß nur der Gedanke darin Platz hatte, wie verletzbar er nun war, wie kugelrund sich sein Bauch ins Ungeschützte wölbte. Jeder könnte diesen riesenhaften Bauch aufschlitzen und ihn, Boulfac, auf diese Weise töten. Er versuchte, sich herumzuwälzen und seine Beine unter den Körper zu bekommen. Auf diese Weise kam wieder Leben in ihn. Es gelang ihm nur mühsam, seine Lage zu verändern, doch schließlich spürte er seine Beine unter sich. Er mußte allen Mut zusammennehmen, um aufzustehen. Hinter ihm lag der Wald, der sich seltsamerweise in einer breiten, natürlichen Allee öffnete. Wenn die Herde aus dem Wald in die Steppe hinaustrat, kam sie meist durch diese Allee. Boulfac schritt dann würdevoll voraus, und fast hätte man meinen können, die Allee wäre nur dieser einen Herde wegen oder, mehr noch, nur seinetwegen da. Wenn er jetzt gleich im Wald verschwände, dann mit Sicherheit nicht durch diese Allee. Der Gedanke ließ ihn zögern. Einsam und ohne daß ihm jemand folgte oder vorausging, würde er sich an einer beliebigen, schlecht dafür geeigneten Stelle durch die Büsche kämpfen müssen. Und für den Rest seiner Tage ein Einzelgänger bleiben. Ein einsamer, großer Elefant, der in seiner Verlassenheit so traurig und griesgrämig sein würde, daß sich jeder, der ihm entgegenkäme, vorsehen müßte. Und wenn Drozona jetzt auf ihn zukäme und, als wäre nichts geschehen, anschmiegsam wie immer wäre, würde er ihr einen Tritt in ihren dicken Hintern geben.

Er stocherte mit den Stoßzähnen im Boden und blies sich mit dem Rüssel Sand über den Rücken. Ein völlig zweckloses Unterfangen. Er tat dies nur, weil er den Sand aufgewühlt hatte, aus keinem anderen Grund sonst. Doch er sah wild und gefährlich dabei aus.
Die anderen Elefanten wußten nicht, wie es nun weitergehen würde. Boulfac war besiegt, Rodure verschwunden. Drozona mußte auf den Sieger warten. Das Weibchen von Rodure, sie hieß Rasda, war jedoch ebenfalls in dem Glauben, Branoul hätte mit dem Kampf sie gemeint. Alle waren von Boulfacs Niederlage überzeugt, als er aber wie wild den Sand hochschleuderte und mit den Ohren schlug, schien eine Fortsetzung des Kampfes wieder möglich. Doch Branoul war nicht mehr zu sehen, nur hören konnte man ihn noch. Er war, nachdem er Rodure verjagt hatte, ins Unterholz gestürmt. Die aufstiebenden Staubwolken und das Krachen von hochgeschleuderten und herabfallenden Ästen und Zweigen ließ vermuten, daß er dabei war, Büsche aus dem Boden zu reißen.
Die Situation war unüberschaubar. Merkwürdigerweise suchten Drozona und Rasda beieinander Zuflucht. Vielleicht würde die andere ja wissen, was in solchen Fällen zu tun war. Scheu schauten die beiden einander an, doch sobald sich in ihren Augen so etwas wie ein Ausdruck zeigen wollte, wandten sie den Blick ab und traten nervös mit den Vorderbeinen auf der Stelle.
»Papa Boulfac«, sagte Rasda nach einer Weile.
»Jaja, Papa Boulfac«, antwortete Drozona.
»Papa Boulfac liegt auf dem Boden«, murmelte Rasda.
»Papa Boulfac liegt auf dem Bauch«, präzisierte Drozona.
»Was wird Papa Boulfac jetzt tun?« fragte Rasda.
»Das weiß nur Papa Boulfac selber«, antwortete Drozona und fragte sofort: »Wird Rodure zurückkommen?«

»Wird Papa Boulfac weiterkämpfen?« fragte Rasda zurück, und damit hatten sie beide eine Frage gestellt, die wohl kaum zu beantworten war.
»Branoul«, flüsterte Drozona und trippelte etwas schneller.
»Ist er nicht ungeheuer stark?« sagte Rasda, und auch sie beschleunigte ihr Trippeln. Dabei klappten beide die Ohren nach vorn und hoben lauschend den Kopf, um genauer zu hören, wie der wilde Branoul wütete, Büsche und junge Bäume aus dem Boden riß und dabei entsetzlich brüllte und trompetete.
Wie schön wäre es, wenn Boulfac aufstehen, Branoul angreifen und tüchtig verdreschen würde. Dann käme er zur dicken Drozona zurück, und, wer weiß, vielleicht würde sich auch Rodure in der Nacht wieder zur Herde gesellen. Aber so etwas kam so gut wie nie vor. Boulfac stand zwar auf, aber nicht um zu kämpfen, das war deutlich zu sehen. Mit schwerem Schritt trottete er davon. Froh, daß er zumindest das noch konnte. Er ging auf den Wald zu, zuerst in Richtung Allee, dann aber bog er ab und schlug sich würdelos ins Gebüsch. Verließ die entsetzten Weibchen und den Rest der Herde. Allen war so elend zumute, daß die ganze Steppe widerhallte von Winseln, Brummen und trostlosem Gebrüll. Der Lärm wurde noch übertönt von Branouls krachender, schweißtreibender Plackerei, mit der er seine kochenden Energien abzureagieren versuchte. Er gönnte Boulfac sein Weibchen und Rodure das seine erst recht. Den Kampf hatte er vom Zaun gebrochen, weil er etwas zertrampeln mußte. Er wollte das Männlein in seinem Kopf loswerden oder es endlich zu Gesicht bekommen! Er wollte vergessen, daß er sich so lange mit seinem Rüssel und dem Fisch beschäftigt hatte. Er wollte Krach machen, um die Stille am Fluß zu vertreiben, und die kleine Strömung am Rüsselende ebenso loswerden wie

den Gedanken, daß der Fisch auch dann noch schwimmen würde, wenn er selbst schon längst den letzten Atemzug getan und durch den Rüssel ausgestoßen hätte. Er wollte ein Elefant sein. Er wollte die dicke Drozona, natürlich, so mußte es sein, und die zarte Rasda wollte er auch. Und den Rest der Herde würde er über den Haufen rennen, aber vor allem wollte er jetzt mit diesen Büschen aufhören und sich lieber den dicken Bäumen am Rande der offenen Steppe zuwenden, sie aus dem Boden zerren, vielleicht über den Rücken schleudern und auf ihren Ästen herumstampfen. Und zum Schluß wollte er sich einen furchtbar dicken Baum aussuchen, wie noch nie einer aus dem Boden gezerrt und noch nie einer gefällt worden war. Ja, das wollte er! Nachdem er sich dann ausgetobt hätte, dürfte das Männlein ruhig wieder den Ton angeben. Wenn er einen Baum mit planvoller Überlegung zum Umstürzen gebracht hätte, würde er auch in Zukunft ohne das Männlein zu Rande kommen. Und sich endlich Drozona und Rasda widmen. Aber das mußte jetzt erst einmal warten.
Wieviel schöne Dinge er noch vor sich hatte! Ein Leben neben Drozona, die ihn bei Gefahr warnte und ihm ein sicherer Schutz wäre und obendrein seine liebe Dicke. Er würde befreit sein vom Fisch, und er würde lernen, das Männlein in seinem Kopf zu respektieren, das ihn ruhig durch all diese Seligkeit lenken und leiten würde.
Branoul trat aus dem Unterholz und ging ruhig hinaus in die Steppe, wobei er mit Absicht nicht zu Drozona hinüberschaute. Sie stand noch immer neben Rasda, die, weil sie glaubte, Branoul käme auf sie zu, zu Drozona sagte: »Papa Boulfac wird wiederkommen.« Und Drozona, die annahm, Branoul käme in ihre Richtung, sagte zu Rasda: »Rodure wird heute nacht wieder bei der Herde sein.« Sie blieben nebeneinander stehen und schlenkerten den Rüs-

sel zum Maul hinauf, als ob sie davon abbeißen wollten. Branoul ging an beiden vorbei. Drozona und Rasda wünschten, sie hätten einander nie getroffen, denn beide konnten sie ja wohl kaum hinter Branoul hergehen, obwohl sie die allergrößte Lust dazu gehabt hätten, weil es allzu verführerisch war, wie wenig Aufhebens der Prachtelefant um seinen doppelten Sieg machte. Er warf weder den Rüssel in die Luft noch trompetete er großmäulig herum, sondern ging einfach weiter, als ob weit und breit niemand zu sehen wäre.

Branoul jedoch war alles andere als ruhig. Als er an Drozona vorbeikam, sagte er wie zur Erklärung: »Komisch, was für eine Lust mich doch auf diese Drozona packt.«

Er stand nun vor der Allee. Im Wald wurde es bereits dunkel. Hier wollte er bleiben, bis die Herde sich zur Tränke aufmachte, ihr dann bis zum Fluß folgen und sich dort Drozona anschließen. Er drehte sich um zur offenen Steppe, stellte ein Vorderbein auf einen umgestürzten Baum und blickte ins Licht der untergehenden Sonne. Zum ersten Mal sah er aus wie ein Sieger, auch wenn er diese stolze Pose nicht absichtlich eingenommen hatte.

Den Wald im Rücken und die weite Steppe vor sich, dachte er an den Fluß hinter dem Wald und an die Berge und Felsen jenseits der Steppe. Ein Elefant sieht schlecht, und hinsichtlich seines Sehvermögens ist die Welt sehr klein. So klein wie der Landstrich, auf dem sich sein Leben manchmal abspielt. Nahrungsmangel und vor allem Durst können ihn jedoch weitertreiben, es kommt aber auch vor, daß er sich mit der Herde ohne Grund in fremde Gebiete aufmacht. Auf Wanderschaft nimmt die Herde die Eigenheiten einer Landschaft problemlos wahr. Der Schatten in den Wäldern und das Wasser in den Flüssen und Sümpfen ist überall gleich wohltuend. Und die Sonne ist überall heiß und der Körper riesig: riesig, wenn man damit herumläuft, riesig, wenn man sich damit hinlegt, und äußerst riesig beim Paaren. Das hatte Branoul schon öfter beobachtet. Das war vielleicht eine Schufterei gewesen! Und trotzdem feierlich, zumindest beim ersten Mal. Drozona war standfest, was dieser Feierlichkeit zuträglich sein würde. Und sie glänzte. Hinter dem Wald ist der Fluß, dachte Branoul. (Und im Fluß der Fisch, fuhr er zu denken fort, aber vorläufig mußte er den Schwimmer vergessen und sich anderen Dingen zuwenden.) Die Steppe ist gut. Gut für Branoul, gut für Drozona. Gut für Boulfac. Branoul verehrte Boulfac sehr. Aber warum hatte er ihn dann angegriffen?

Drozona ist das Weibchen von Boulfac. Drozona steht neben Rasda. Auch ein Weibchen. Die Herde muß zur Tränke. Hinter mir ist der Wald. Hinter dem Wald ist der Fluß. Im Fluß ist der Fisch. Das Männlein hat mich zum Fisch geführt. Branoul hob den Rüssel und betrachtete, ein wenig geblendet durch die letzten Sonnenstrahlen, dessen Ende, das den Fisch berührt hatte. Noch einmal blies er kräftig Luft hindurch. (Nicht die letzte!) Er trompetete, weil er spürte, wie der Fluß, an den er nicht mehr denken wollte, allmählich wieder in seine Gedanken eindrang und dort ganz und gar zum blauen, reglosen Fisch wurde.

Auf Branouls Trompeten hin setzte sich die Herde in Bewegung. Das laute Schmettern in der schnell einbrechenden Nacht beunruhigte sie. Die Elefanten wollten erst trinken und dann aus dem lichten Dunkel am Fluß ins schwarze Dunkel des Waldes ziehen.

Sie gingen an Branoul vorbei in die Allee, die meisten mit gesenkten Köpfen. Am Schluß kamen Drozona und Rasda, immer noch nebeneinander. Auch sie schauten den

Sieger nicht an, aber sie fühlten die Kraft in seinen lärmenden Trompetenstößen. Sogar riechen konnten sie sie, eine geheimnisvolle, unverbrauchte Kraft, die sie gerne aus allernächster Nähe gespürt hätten. Sie stöhnten, als sie Branoul passierten, schüttelten mit ausschweifenden Bewegungen die Köpfe und rollten mit ihren erschreckten Augen, weil alles so anders verlief, als es sein mußte. Branoul wartete, bis sie vorbei waren. Er wollte nun doch nicht zum Fluß gehen, wie er zuerst geplant hatte. Er war den Fisch noch nicht los. Das Männlein im Kopf richtete immer noch gehörigen Schaden an. Branoul konnte dessen einzelne Bewegungen zwar nicht genau ausmachen, spürte jedoch ein Ziehen im Kopf, das ihm angst machte, weil es ihn immer wieder unerwartete Dinge tun ließ. Er mußte versuchen, das Männlein totzutrampeln, wollte damit aber noch eine kleine Weile warten. Er verstand buchstäblich nichts mehr. Drozona, dachte er, könnte doch aus der Herde treten und sich hinter ihn stellen, zumal sie sich um ihn als ihren neuen Gatten schon Sorgen machte. Eine Hoffnung, die verriet, wie wenig er im Grunde wußte. Er bedachte nicht, daß er gleich zwei Weibchen ihres Elefanten beraubt hatte und diese hinsichtlich der Rangfolge unsicher sein mußten. Er schaute sich um und stellte fest, daß Drozona mit der Herde zum Fluß gezogen war.

Das Männlein im Kopf war mucksmäuschenstill, verdächtig still sogar, und Branoul wußte, daß er einen schlechten Tag erwischt hatte. Sein Anrecht auf Drozona, berechtigt oder nicht, hatte ihm nichts als Einsamkeit eingebracht, und es sah ganz so aus, als ob er aus einem Kampf als Einzelgänger hervorging, noch ehe sein Leben richtig begonnen hatte. Er, der vollkommene, der vor Verlangen summende, junge Elefant. »Sag selber, wie du heißt«, hatte seine Mutter ihn angespornt. »Branoul«, war seine Antwort gewesen.

Branoul. Ja, hier stand er, Branoul, allein und ohne ein anderes Tier, das ihm Gesellschaft leistete.
Er betrachtete den Baum, den er sich bei seiner Berserkerei im Unterholz ausgesucht hatte. Es war ein ungeheuer großer Baum. Einsam vor sich hin zu kichern ist eine traurige Angelegenheit, aber mindestens ebenso traurig war es, als Branoul angesichts der Größe des Baumes kicherte. Er konnte immer noch der Herde folgen. Doch er ging hinüber zum Baum. Kopf voraus rammte er den mächtigen Stamm. Die äußerste, morsche Rinde des Baums blätterte ab. Der Stamm gab keinen Zentimeter nach. Branoul trat einige Schritte zurück und probierte es noch einmal, mit voller Kraft. Ein dumpfes Krachen folgte, von dem Branoul ganz schwindelig wurde, doch er drückte weiter gegen den Stamm, der sich bewegte und wahrhaftig ein kleines bißchen schräger dastand als vorher. Theoretisch wäre es also möglich. Ein grauenhaftes und völlig nutzloses Unterfangen zwar, aber eben theoretisch möglich. Wo Boulfac wohl war? Auch er war stark. Branoul hätte nichts dagegen gehabt, wenn Boulfac genau jetzt aufgetaucht wäre. Aber nein, Boulfac war nicht da, und Drozona auch nicht, die fette Klatschbase. Rodure war sicher in der Nähe, aber er hielt sich versteckt, und das mit gutem Grund, denn er war nur noch ein einziger elefantengroßer blauer Fleck. Wieder kicherte Branoul auf diese traurige Weise vor sich hin und donnerte weiter mit dem Schädel gegen den Stamm, daß es zum Fürchten war. Dabei zog er sich Verletzungen und Schürfwunden an Kopf und Körperseiten zu, die nicht unerheblich waren. Manchmal stand er so günstig, daß er für den nächsten Stoß kaum Anlauf nehmen mußte. Der Baum gab immer mehr nach. Branoul bearbeitete ihn auch von der anderen Seite, so daß sich die Erdmulde, in der sich die Wurzeln langsam locker-

ten, schnell vergrößerte. Der Elefant zitterte vor Erschöpfung, und ihm wurde immer einsamer und ausgestoßener zumute. Obwohl es schon tiefe Nacht war, ließ er vom Baum nicht ab, denn dann hätte er zur Herde zurückgehen und Rasda verjagen müssen, um sich endlich an Drozona zu lehnen und einzuschlafen.

Genau das war es, was das Männlein in seinem Kopf gerne wollte, und deshalb wollte Branoul es nicht. Er nahm erneut Anlauf und rannte mit unbeschreiblicher Kraft gegen den Stamm.

Der Baum ächzte und neigte sich mitsamt den Wurzeln. Er stand jetzt so schief, daß Branoul es wagen konnte, an ihm zu zerren. Er schlang den Rüssel um den Stamm, jedoch ohne großen Erfolg. Der Rüssel schmerzte inzwischen so, daß Branoul langsam wieder böse wurde. Böse und voller Gier, etwas totzutrampeln wie am Nachmittag, als er die Büsche aus dem Boden gerissen hatte. Er geriet so sehr in Rage, daß er es bei Sonnenaufgang schließlich geschafft hatte: Der Baum lag entwurzelt auf der Erde!

Der Boden um den Baum herum war in weitem Umkreis zerwühlt, und in den dunkelroten Wurzeln fing sich das erste Morgenlicht. Ein stechender Geruch stieg von ihnen auf. Sie waren zerrissen und zerfetzt, zerstört wie der Stamm und die Krone des Baumes.

Branoul war am Ende seiner Kräfte und hatte sich schwer verletzt. Als er sah, daß es hell wurde, schnaubte er durch den Rüssel, um die Herde, die bald aus dem Wald hervorkommen mußte, besser riechen zu können. Doch es war nichts zu sehen und nichts zu hören und außer den Wurzeln auch nichts zu riechen. Ihr Geruch war so stark, daß er alle anderen Gerüche überdeckte. Mit dem ersten Licht kam ein starker Wind auf, die Blätter des gefällten Baumes rauschten und raschelten. Große Vögel stiegen senkrecht

aus dem Wald auf, segelten eine Weile gegen den Wind und landeten dann in den Bäumen oder flogen zögernd in die offene Steppe hinaus.
Branoul betrachtete die sinnlose Zerstörung, die er angerichtet hatte. Er sehnte sich danach, die zerschrammte Haut zu kühlen. In seinen Wunden klebten Rindenstücke, an denen der Wind zerrte, was die Schmerzen noch vergrößerte. Branoul bemerkte, daß er keinen vernünftigen Gedanken mehr fassen konnte. Die Wunden waren schlimmer, als er gedacht hatte, aber er hatte keine Geduld, sie näher zu untersuchen oder zu pflegen. Sein Körper war zum Verzweifeln riesig.
Aber warum zum Verzweifeln?
Das Männlein war weg. Es mußte ihn in der Nacht verlassen haben, als er mit dem Baum kämpfte und krachend die Äste zerbrach. Wie, wußte Branoul nicht. Er spürte nur, daß ihn nichts mehr lenkte und leitete und in seinem Kopf eine Leere herrschte, die er ebenso schmerzhaft fühlte wie seine Wunden.
Der Wind wehte von der offenen Steppe in Richtung Wald und fegte lärmend durchs Gehölz. Branoul konnte die Herde nicht riechen und nicht hören. Er wollte sie hören und riechen und am liebsten auch sehen. Schutzlos und verwirrt stand er in der Wildnis. Er wollte Drozona bei sich haben, so wie er früher seine Mutter bei sich hatte. Das und nichts anderes, so mußte es sein.
Er würde auf sie warten. Ohne das Männlein würde er doch nur am falschen Ort suchen.
Traurige Mulde voller nackter Baumwurzeln. Trauriger, umgeworfener Baum. Trauriger Wind. Trauriger Boulfac. Traurige Vögel, die vom Wind aus dem Wald gejagt wurden. Trübseliger großer Leib. Traurige Wunden. Träger Fisch, der lebt, wo kein Leben mehr ist. Trauriges Männ-

lein im Kopf. Branoul warf schreiend vor Seelenqual und Jammer seinen großen, leeren Kopf in die Luft.
Vor ihm stand ein Jäger. Ein wohlriechender kleiner Mann. Er hatte dafür bezahlt, zwei Elefanten zu schießen, und trug den Berechtigungsschein dazu in der Tasche. Seit drei Tagen verfolgte er Boulfacs Herde. Seinen eingeborenen Fährtensucher hatte er verloren, weil er zu ungeduldig war. Der Fährtensucher hatte ihm beigebracht, das Alter von Elefantenkot zu bestimmen, hatte ihm immer wieder neuen Kot unter die Nase gehalten, bis der Jäger schließlich keine Elefantenäpfel mehr sehen konnte. Er bereute es schon lange, sich auf diese Jagd überhaupt eingelassen zu haben, doch er hatte Hunderte von Gulden dafür im voraus bezahlt. Gestern abend hatte er die Elefanten zum ersten Mal aus der Ferne beobachten können und sich – mit dem Wind – von der offenen Steppe her näher geschlichen. Nun stand er vor der Allee, und mitten in der Allee stand Branoul. Der Jäger kniete bereits, als Branoul ihn bemerkte. Als Einfaltspinsel, der er war, verkannte er auf skurrile Weise die Gefahr. Er schoß Branoul in die Schulter. Ein Blattschuß sei nie falsch, hatte er gelernt, da die Schultern des Elefanten von zahlreichen Blutgefäßen und Nervenbahnen durchzogen seien, zwei Schüsse genügten, um einen ausgewachsenen Elefanten zu töten. Branoul brüllte dunkel und tief und schlug mit den Ohren. Er war wütend und verdutzt. Die Kugel stach ihn entsetzlich, er wich fünf Schritte zurück.
Jetzt mußte er zurückschlagen, die Chancen standen gut, der Jäger war unerfahren und hatte nur ein Gewehr mit kleinem Kaliber, und mit etwas Glück konnte Branoul ein oder zwei Schüsse überleben. Der Jäger legte ein zweites Mal an, schien aber nicht weniger verwirrt als Branoul, und so traf er, für den Elefanten ungefährlich, nur dessen

Hinterflanke. Branoul wollte angreifen, doch mit der Kugel in der Schulter war es, als ob ihn eine Mauer daran hindern wollte.
Er hatte noch nie einen Menschen gesehen, und der erste, den er zu Gesicht bekam, war kein besonders eindrucksvolles Exemplar. Ein kleiner, fast kahlköpfiger Kerl in Khakihemd und kurzer Hose von unbestimmbarer Farbe, der sich auf Anraten des Fährtensuchers über und über mit Elefantenkot beschmiert hatte, um unbemerkt an die Herde heranschleichen zu können. Er kniete auf dem Boden und fühlte sich alles andere als überlegen, ein Elefant ist ein riesengroßes Tier, wenn man sich mit ihm anlegt.
Branoul wich abermals einige Schritte zurück, um dann endlich vorzustürmen. Mit einemmal stand ihm klar vor Augen, daß er das Männlein aus dem Kopf vor sich hatte.
Er hatte sich nie recht vorstellen können, was sich hinter dem Wort Männlein verbarg, und doch wußte er, daß es nur das Männlein sein konnte, das da klein und zusammengeschnurrt vor ihm kauerte und eine lange Stange in der Hand hielt, die in den Rüssel ragte, wenn es auf seinem Platz im Kopf saß.
Branoul war vollkommen verwirrt. Das Männlein würde ihn prüfend beobachten, um zu sehen, wie er mit dieser Situation ohne seine Hilfe fertig wurde. Er wurde bedroht, das sagte ihm der fürchterliche Schmerz in der Schulter und in der stechenden Flanke, aber vielleicht war das nur eine Strafe oder der Versuch des Männleins, wieder in seinen Kopf zurückzukommen. Branoul trat einen weiteren Schritt zurück und stürmte dann durch die Mauer des Schmerzes hindurch. Der Jäger zielte ein weiteres Mal auf die Schulter, streifte sie aber nur. Wieder ein quälender Schmerz, und zudem blutete es heftig! Branoul wurde wütend, wütender als je zuvor, weil das Männlein ihn verlas-

sen hatte und ihn so lange quälend stach, bis sein großer Körper vor Schmerz raste. Wieder ein Treffer. Ein Stechen in der Flanke, das in bohrenden Schmerz überging.

Der Jäger wurde leichenblaß. Der Elefant hätte schon längst tot sein müssen. Er stand schräg vor ihm, und das gab ihm die Möglichkeit zum letzten, zum tödlichen Schuß ins Maul. Er schoß, aber wieder ohne sichtbare Folgen. Die Kugel streifte das Gehirn, statt es zu zerschmettern, sie verwundete den Elefanten und beendete das Gemetzel nicht.

Branoul stand über dem Jäger, der zappelnd und mit wilder Angst in den Augen auf dem Boden lag. Branoul legte sich neben ihn und walzte ihn platt, wodurch er ihm, wie er meinte, die letzte Gelegenheit bot, um zurück in seinen Kopf zu gelangen. Mit seinem vollen Gewicht lag er ächzend auf dem Männlein und konnte den kleinen, bewegungslosen Körper unter sich spüren, doch das Männlein unternahm nicht den kleinsten Versuch, in seinen Kopf zurückzukehren.

Branouls Wunden sahen fürchterlich aus. An drei Beinen floß das Blut herunter. Der Elefant brüllte, riß mit dem Rüssel Laub vom gefällten Baum und begann zu fressen. Er tat dies seltsam teilnahmslos und weniger, um Nahrung zu sich zu nehmen, als um ein Zeichen des Lebens von sich zu geben.

Direkt vor ihm lagen zwei Findlinge aus der Steppe. Er ekelte sich vor ihnen, der Gedanke an Steppe und offene Weite war ihm zuwider. Wald, ja! und Bäume, an die er sich anlehnen, an denen er sich die Kinnbacken scheuern könnte, um den Schmerz zu betäuben. Kühl müßte jetzt alles sein. Kühlend für alles in und an seinem Leib, der immer heißer wurde. Er spürte etwas in seinem Körper, das all seine Organe, die bisher unbemerkt ihre Funktionen erfüllt hatten und nun hilflos in seinem Körper zu baumeln schienen, mühevoll zusammenhielt. Branoul brüllte wieder laut und lange, er spürte Blut im Maul. Er stellte die Ohren auf, um sie im Wind zu kühlen. Sein Atem, der durch den Rüssel rasselte, war heiß. Er erhob sich und bewegte seine Hinterbeine, erst das eine, dann das andere. Eine eigenartige Rechenschaft, die er da über seine Bewegungen ablegen mußte, er wiederholte es noch einmal: erst das eine, dann das andere. Es klappte. Er wollte ein Bein bewegen, und also bewegte er ein Bein. Man geht, indem man alle vier Beine ein Stück vorwärts bewegt. Alle vier Beine ein Stück vorwärts. Noch einmal. Er ging. Ich gehe, dachte Branoul, als er an den Bäumen vorbeizog. Der tote Jäger lag hinter ihm. Der Riemen des Gewehrs hatte sich in der Hornhaut eines Hinterbeins verfangen, und so schleppte der Elefant die Waffe hinter sich her.

Der Jäger . . .!

Vollkommen platt! Kein noch so kleiner Knochen in seinem Körper, der nicht gebrochen war. Selbst der Schädel war aus der Form und ragte wie ein bleicher Lehmklumpen aus der roten Erde. Das Männlein aus dem Kopf. So hätte es aussehen können, platt, kapriziös und deformiert, wie ein Verursacher von Launen und Grillen eben.

Branoul blieb stehen und lehnte den Kopf an einen Baum. Er hätte sich gern mit der Schulter abgestützt, aber das hätte die Schmerzen nur noch vergrößert. Er blutete noch immer, wenn auch weniger stark. Vor allem an den Vorderbeinen hingen dicke Klumpen geronnenen Blutes. Branoul sah es und lenkte traurig den Blick auf etwas anderes. Es war ihm einfach zuviel.

Er wollte tiefer in den Wald hinein und warten. Vielleicht würden sie kommen, die anderen. Etwas war fürchterlich schiefgelaufen, aber nun würde es wieder in Ordnung kommen. Er war kein Einzelgänger. Nein, ganz und gar nicht, er fing doch gerade erst an, ein ganz gewöhnliches Elefantenmännchen zu werden. Das Männchen vom Weibchen Drozona. Er schluckte das Blut im Maul herunter. Es störte ihn. Er spürte, daß die Herde in der Nähe war, er sehnte sich nach den anderen. Er war schwer verletzt, aber er hatte noch genug Kraft. Ja, er hatte einen seltsamen Anfall hinter sich, aber von jetzt an wollte er wieder ein normaler Elefant sein. Er konnte die Herde riechen. Wahrscheinlich rochen sie sein Blut, er hörte, wie beunruhigt sie waren. Manchmal stürmte einer von ihnen voran, doch dann wurde ihr Geruch wieder schwächer: Sie zogen sich zurück.

Branoul sah, daß Blut aus seinem Rüssel tropfte. Wie weh es tat, für die anderen so unnahbar zu sein! Er zog das Blut mit aller Kraft hoch.

Einem Weibchen würde er sich nun nicht mehr nähern können; wenn er sich in seinem jetzigen Zustand auf die Hinterbeine stellte, würde alles in seinem Körper nach hinten rutschen. Der Gedanke an Drozona erfüllte ihn sofort mit Ekel. Erst müßte er wieder gesund und normal sein.

Der Fisch.

Wenn er doch noch einmal dort anfangen könnte, wo die ganze Verwirrung begonnen hatte. Und von da aus wieder zum Wald gehen und ganz anders handeln: so, wie er hätte handeln müssen. Dann wäre er jetzt zwar auch verletzt, doch es gäbe Aussicht auf Heilung, und er könnte seine Wunden vergessen. Der Fisch also. Aber nicht im Fluß, sondern in den Rinnsalen der Schlammbank. Die alles kühlte. Und am Ende der Schlammbank wäre der Fluß. Er würde mit ausgestrecktem Rüssel durch den tiefen Schlamm stapfen und sich dem Fisch nähern. Wenn er ihn wiederfand und vor dem Rüssel hätte, wäre er am Ausgangspunkt angekommen und könnte, ohne die Verwirrung, tatsächlich noch einmal von vorn beginnen. Er schluckte das Blut im Maul herunter und zog das im Rüssel schniefend hinauf.

Ja, alles noch einmal von Anfang an. Er wollte den ganzen, seltsam orientierungslos und verwirrt zurückgelegten Weg zwischen Elefantendasein und Rätselhaftigkeit des Atmens nun in Richtung des bloßen Elefantendaseins gehen. Das mußte sein Ziel sein. Dann würde sich die Herde beruhigen, und Branoul könnte Drozona erwählen.

Der taube Körper des Elefanten kochte vor Fieber. Er setzte sich wieder in Bewegung, das heißt, Branoul setzte ein Bein vor das andere, immer vier und dann wieder vier und wieder vier. Er wollte nichts um sich herum wahrnehmen. Folglich wollte er auch von der Herde vorläufig nichts hören und sehen.

Sein Weg war qualvoll, doch er spürte nicht viel davon. Eigentlich war er ganz zufrieden. Ihn beherrschte nur die eine Sorge, ein, zwei, drei, vier Beine voreinander zu setzen, immer wieder: ein, zwei, drei, vier Beine, auf dem Weg in die Kühle und zum lieben Fisch.

Die Herde sah ihn zwischen den Bäumen und Sträuchern hindurchstolpern, er wirkte anders als die Einzelgänger sonst, die mürrisch und voller Argwohn sind. Sein Gehen war kaum noch ein Gehen, es sah aus wie eine einzige Quälerei und war nur noch der Schatten eines Elefantenganges. Aber trotzdem hatte diese Ruine eines Elefanten noch etwas Graziöses an sich.

Drozona blieb lange lauschend stehen. Sie atmete tief und schnell, um seinen Geruch aufzunehmen. Bis sie die Witterung verlor. Dann schlug sie dem Elefanten Nourka mit ihrem Rüssel donnernd gegen den Bauch, so daß der erschrocken seinen Schritt beschleunigte.

Branoul trat zur heißesten Tageszeit aus dem Wald. Er hatte die richtige Richtung eingeschlagen und stand nun unmittelbar vor der Schlammbank. Die Beine zählte er nicht mehr. Er fühlte sich sehr schwach, und sein riesiger Hinterleib schwankte. Mit den Hinterbeinen war es schwieriger als mit den Vorderbeinen, obwohl er die schwersten Wunden in den Schultern hatte. Der Weg zum Wasser war entsetzlich. Unbegreiflich, wie sich das schwerverletzte Tier so weit durch den Schlamm schleppen konnte, wie es sich mit seinem auf und ab wogenden und zu Tode erschöpften Körper tief einsinkend durch den saugenden, schmatzenden Morast vorwärts kämpfte und das Wasser fast erreichte. Der kühle, schlammige Grund tat der Fieberhitze gut. Möglicherweise gab ihm das die Kraft. Branoul schleuderte den Rüssel in die Luft – auch er ganz rot vor Blut –, als wollte er auf diese Weise sein Gewicht nach vorne verlagern und davon mitgezogen werden.

Am Ende war es nur noch der Rüssel, der sich bewegte.

Und die Augen. Er richtete sie entschieden auf den Rüssel, nichts konnte sie ablenken. Der Rüssel schlug auf die Wasseroberfläche. Doch so vertrieb er die Fische, also hielt er ihn bald still und starrte weiter auf dessen Ende.

Statt inmitten seiner Herde stand er nun ein weiteres Mal allein am Fluß. Obwohl von Stehen kaum noch die Rede sein konnte, so tief war er in den Schlamm eingesunken. Es kam ihm vor, als sei er gerade erst geboren, und zugleich fühlte er sich von allen und allem verlassen und, obwohl nur noch wenig von ihm zu sehen war, angreifbar und schutzlos wie nie zuvor. Er schaukelte hin und her, um sich tiefer in den Schlamm zu wühlen, und fühlte sich nicht nur bleischwer, sondern war es auf entsetzliche Weise tatsächlich, der Schlamm verleibte ihn sich immer mehr ein. Branoul bedachte nicht, daß er immer weiter einsinken würde, bis er völlig verschwunden wäre und nicht einmal mehr den Rüssel würde über Wasser halten können, er, Branoul, dachte an den Ruhm und die Herrlichkeit. Seine Augen bewegten sich nicht mehr. Sie starrten auf den Fisch am Ende seines Rüssels. Es war ein fest in seine Haut eingeschlossener Fisch, der nicht mehr tat, als nötig war, um atmen zu können. Ein in sich geschlossenes Ganzes, geborgen und schwebend wie ein Atemhauch.

Das Männlein im Kopf war vergessen, die Wunden waren nicht zu heilen, das Fieber erhitzte selbst den Schlamm, nur die Augen lebten noch das liebe Leben. Wie sich die Verheißungen erfüllen, wenn man nur geduldig genug darauf wartet! Ein Fisch!

Wieder ein blauer, ungefähr von der gleichen Größe wie der erste. Und auch er verharrte atmend vor Branouls Rüsselende. Leichte, kaum merkliche Schauer schüttelten den Elefanten, dessen Körper für solche Regungen eigentlich viel zu gewaltig war. Nichts in ihm verlangte danach umzukehren. Kostet man den Geschmack des Lebens erst, wenn es verschwindet? Von dem, was ihn bisher auf seinen rauhen Elefantenwegen gelenkt und geleitet hatte, vermißte er nichts. Selbst die Augen hatten ausgedient: Sie brauchten nichts mehr lenken und leiten. Er schloß sie. Den Fisch sah er immer noch.

Er spürte, wie er ein Stück tiefer sank, und er schloß das Maul mit dem Blut darin und streckte gelassen den Rüssel aus.

Der Fisch blieb.

Jetzt. Der Augenblick war gekommen. Ganz langsam, um den Fisch nicht zu erschrecken, blies der Elefant seinen Atem durch den Rüssel. Das Wasser am Rüsselende kräuselte sich unmerklich und so sanft, daß der Fisch sich nicht vom Fleck rührte.

Der Rüssel versank im Wasser. Und so unsichtbar, wie er gekommen war, glitt der Fisch in den trägen Fluß, wo man als Elefant nicht leben konnte. Ohne auch nur ein bißchen schneller zu atmen. Der Fisch atmete. Im Grunde war der Fisch nichts als Atem.
Der Himmel bezog sich, die Dämmerung fiel ein.

Niemand dachte irgend etwas. Drozona und Rasda standen nicht mehr nebeneinander. Der Fisch verharrte bewegungslos unter einer Wasserpflanze. Die Nacht war klar und voller Sterne. Im Schlamm versank der tote Elefant. In der Erde lag der tote Jäger mit nach oben gekehrtem Gesicht.
Der Wind hatte sich gelegt. Ein heller, windstiller Tag kündigte sich an. Nein, niemand dachte irgend etwas. Bald würde das erste Licht der aufgehenden Sonne zu sehen sein.

Kälte

Dafür, daß alles in Ordnung zu sein scheint, bin ich in letzter Zeit mächtig schlecht gelaunt, sagte sich der Bär Burlót, auch wenn er zugeben mußte, daß er seine Gedanken nicht mehr so gut zu Ende denken konnte wie früher. Er wußte nicht, woran das lag, aber vermutlich hatte es damit zu tun, daß er sich sonst immer gern auf die Vorderpfoten gestellt hatte und mit den Hinterbeinen den Felsen hochgeklettert war, bis er sozusagen auf dem Kopf stand. Dabei wurden sein Pelz, vor allem um die Schultern herum, sehr dick und seine Hüften ganz schlank. Daran hatte er enorm viel Spaß, und es brachte ihn auf allerhand Gedanken. Wenn er hinter einem anderen Bären herging, mußte er sich über diese Bärenhüften immer wieder wundern: Im Grunde sind wir doch reichlich üppig ausgestattet. Wir sind furchtbar stark und – geben wir es ruhig zu – entsetzlich grausam oder, noch besser gesagt: schön grausam. Unsere Häßlichkeit kümmert uns herzlich wenig, obwohl nicht zu leugnen ist, daß ich – wie übrigens alle Bären – außerordentlich schmale und zierliche Hüften habe. Das ist nicht zu unterschätzen, es ist überaus angenehm. Möglich, daß die Freude, mit der ich hin und wieder oder, geben wir es ruhig zu, reichlich oft töte, dabei eine Rolle spielt. Ich glaube unbedingt, daß dem so ist. Wem's angenehm um die Lenden ist, der beißt mit größerer Leichtigkeit zu als der, der dort außer Taubheit nichts fühlt.

Was sich in letzter Zeit verändert hatte, war nicht so leicht herauszufinden. Wenn Burlót sich auf den Kopf gestellt hatte und seinen Pelz nach vorne fallen ließ, dann eindeutig deswegen, weil es angenehm war, doch seit einiger Zeit wurde es ihm dabei unter dem – laßt es uns aus Gründen des Anstands umschreiben – unter dem Schwanz furchtbar kalt dabei. Das machte ihn mißmutig. Er probierte es mehrmals aus. Manchmal war es noch ein bißchen angenehm, aber meist hatte er nur ein nacktes, naßkaltes Gefühl, und die schmalen Hüften wurden ihm zu Feinden. Fiel er dann wieder auf alle viere zurück, erschien ihm sein Hinterleib wie ein Sack, der sich von ihm abgelöst hatte und ihm vermutlich irgendwann nur noch Unannehmlichkeiten bereiten würde, so daß man am besten gar nicht weiter darüber nachdachte.

Was Burlót in letzter Zeit ebenfalls sehr mißfiel, war sein Platz in der Höhle. Róbra, sein Weibchen, drängte sich immer als erste durch den Felsspalt und kroch möglichst tief hinein. Burlót folgte und legte sich mit dem Rücken zum Eingang, mit dem Bauch also in Richtung Róbra. Manchmal legte er ihr seine Vordertatzen auf den Rücken, und wenn ihm danach war, rückte er ganz nah an sie heran. Immer aber lag er mit dem Rücken zum Eingang. Bisher hatte ihm das nie zu denken gegeben, und einen Grund zur Beunruhigung hatte er nicht finden können. In letzter Zeit jedoch war es ihm zuviel geworden, und er hatte

schon einige Male versucht, vor Róbra in die Höhle zu schlüpfen. Doch sie hatte jedesmal mit einem eigenartigen Brummen reagiert, um zu zeigen, wie befremdlich sie sein Verhalten fand, und so war er einen Schritt zurückgetreten, um ihr den Vortritt zu lassen. Das allerdings widerwillig. Er warf ihr einen bösen Blick zu und spielte mit dem Gedanken, Róbra einfach Róbra sein zu lassen und sich eine eigene prächtige neue Höhle zu suchen, in die er so tief hineinkriechen konnte, wie er wollte, und in der er sich nicht mehr mit dem Rücken vor den Eingang legen mußte.
Was Burlót an diesem Platz am Eingang so störte, war, daß jederzeit jemand, von dem er sich allerdings keine genaue Vorstellung machte und nur wußte, daß er viele Zähne haben würde, seinen Kopf hereinstecken und ihn in den Rücken beißen konnte. Und zwar genau dorthin, wo seine Hüften in den gemächlicheren Teil des Rückens übergingen, oder, kurz gesagt, in ebenjene Stelle, die ihm in der letzten Zeit soviel Kopfzerbrechen bereitete. Es lag also nahe, daß die Sorge viel mit der Angst gemein hatte und beide zusammen Burlóts Sicherheit im alltäglichen Tun und Lassen nicht wenig beeinträchtigten.
Im Grunde ist es schon seltsam, dachte Burlót manchmal, daß ein so großer Bär Angst davor hat, am Steiß gepackt zu werden, und daß ihm die Kälte unter dem Schwanz Furcht einjagt. Er war ein Bär, der Humor hatte und auch wußte, daß seine Taten rühmenswert waren, und so war ihm durchaus bewußt, daß die Vorstellung, ein Bär wie er hasse es, vor dem Eingang einer Höhle zu schlafen, einige Heiterkeit erregen mußte. Doch er fand es überhaupt nicht witzig.
Aber was konnte man dagegen unternehmen?
Brauchte er Róbra überhaupt noch?
Und wie er sie brauchte! Er würde es zu sehr vermissen,

nicht ab und zu seinen Kopf in ihren dicken Schulterpelz stecken zu können: auf allen vieren stehend und ohne sich zu bewegen, lange und ohne über irgend etwas nachzudenken.

Donnerwetter, das war es! »Ohne über irgend etwas nachzudenken.« Das war ihm bisher noch nie aufgefallen. Meist stand er so lange da, bis Róbra zu spielen anfing oder ihm einen Prankenhieb verpaßte, weil sie fand, daß es nun genug sei. Daß er aber dabei über nichts nachdachte, war ihm noch nie aufgefallen. Es müßte viel geschehen, bis er die Tatsache seiner Gedankenlosigkeit wieder vergessen hätte. Er wollte es gleich ausprobieren und strebte zielsicher auf Róbra zu, die ihn nicht ohne Freude mit geneigtem Kopf auf sich zukommen sah. Rums, verschwand sein leerer Bärenkopf in ihrem Schulterpelz. Róbra verkrampfte sich für einen Moment, entspannte sich jedoch wieder und ließ alle Gedanken mit einem Seufzer des Genusses fahren.

Burlót wühlte sich so tief in ihren Pelz, bis seine Ohren an ihrer Haut abknickten. So hatte er es am liebsten. Hm! Er schnaubte heftig, nahm aus der warmen Tiefe ihres Fells einen langen Atemzug und ließ die Luft grunzend durch die Kehle rasseln, was auf äußerste Zufriedenheit schließen ließ. Ihm wurde etwas heiterer zumute, und ein wohltuender Strom der Geborgenheit kroch langsam die tiefen Falten seines Nackenfells herauf, schnellte über den Rücken und endete schließlich mit einem leichten, intimen Zittern in seinem Schwanz, der sich daraufhin fest auf das Hinterteil preßte. Burlót grunzte ein zweites Mal, damit sich das Ganze wiederholte. Dabei achtete er sehr sorgfältig darauf, ob das Wohlbehagen auch diesmal wieder träge über das Nackenfell bis zum Schwanz strich und das Zittern nicht ausblieb. Alles in Ordnung. Nur preßte sich der Schwanz diesmal mit noch größerem Nachdruck an den Körper, und Burlót wurde in unangenehmer Weise an die Hüften erinnert und alles, was dazugehörte. Er drückte den Schwanz noch fester an. Im selben Moment stellte er fest, daß er keineswegs gedankenlos war! Bisher waren seine Augen geschlossen gewesen, jetzt aber standen sie offen. Wachsam. Auch die Ohren waren wieder gespitzt. Burlót drehte den Kopf, um auf sein Hinterteil zu schauen, was Róbra jedoch in ihrer Seligkeit störte.

Nicht daß auch sie wachsam geworden wäre, doch es reichte, um in ihrem Dösen Unmut aufkommen zu lassen.

Burlót war inzwischen aufs äußerste gespannt, und es sah einigermaßen komisch aus, wie er so dastand, den Kopf zur Hälfte in Róbras Pelzzuflucht. Es wäre vernünftiger gewesen, wenn er diese Haltung aufgegeben hätte und ein bißchen herumgetrottet wäre; aber genau das war es, was er nicht wollte, denn schließlich wollte er prüfen, ob er seine Gedanken loswerden konnte oder nicht. In seiner Halbgeborgenheit schloß er die Augen und ließ mit Absicht dem Schwanz seinen Willen, wobei er genau darauf achtete, worin dieser bestünde. Der Schwanz wurde nervös, schlug heftig hin und her und drückte sich zwischendurch immer wieder krampfhaft auf das Hinterteil. Burlót spürte die Kälte, direkt unter dem Schwanz, eine lästige, bleiche und unerbittliche Kälte.

Er grunzte wieder laut. Zum einen, um Róbra zu beruhigen, zum anderen, um sich auf bessere Gedanken zu bringen, doch es gelang ihm nicht.

Er stieß den Kopf noch einmal so tief wie möglich in Róbras Fell und wühlte darin, bis ihr Unmut anschwoll zu der bösartigen Lust, ihm etwas anzutun. Mit offenen Augen wartete sie schweigend und gespannt, was geschehen würde, damit sie sofort reagieren konnte.

Burlót hatte es nach kurzer Zeit gründlich satt. Seit er unaufhörlich daran denken mußte, war sein kaltes Hinterteil zu einer Zielscheibe für Eiszapfen geworden. Es wäre passender gewesen, wenn er mit seinem Hinterteil statt mit dem Kopf in Róbras Fell Schutz gesucht hätte. Und weil Burlót üble Gedanken unverzüglich in üble Taten umzusetzen pflegte, probierte er es sofort aus.

Róbra war überrascht wie noch nie in ihrem Leben. Burlóts sonderbares Verhalten brachte sie so sehr aus der Fassung, daß sie im ersten Augenblick gar nicht reagieren konnte. Eigentlich hätte ihr die Ungewöhnlichkeit seines Verhaltens zu denken geben müssen, aber sie war viel zu wütend, und so traf Burlót, noch bevor er begriffen hatte, daß Róbra diese Stellung nicht paßte, ein Prankenhieb direkt unter dem Schwanz.

Außer daß ihn dort fror, war er an dieser Stelle nun auch noch verletzt. Das hielt ihn jedoch nicht davon ab, sich auf Róbra zu stürzen und ihr tüchtig eins zu versetzen. Nach dieser Züchtigung war ihm ganz erbärmlich zumute.

Er ging. Grimmig und böse. Riß sein Maul ein paarmal weit auf und schloß es klatschend wieder, wobei er jedesmal laut schmatzte und einen Blick hinter sich warf. Er war so böse, daß er von der Stelle zwischen Leib und Hinterleib nichts mehr spürte, und verlangte gierig danach, irgend etwas im Genick zu packen und kräftig zuzubeißen.

Die Gelegenheit dazu bot sich ihm wenig später, als er auf dem Bergpfad einer Frau begegnete. Sie trug einen Sack Mehl langsam den Berg herauf. Um den Kopf hatte sie ein buntes Tuch geknotet. Obwohl sie schon graues Haar hatte, war sie noch nicht alt und ziemlich stämmig.

Burlót erhob sich auf die Hinterbeine. Die Begegnung kam für beide Seiten so unerwartet, daß sie im ersten Augenblick nur voreinander standen und sich ansahen. Die

Frau setzte den Mehlsack ab, auch wenn es nicht viel Sinn hatte, an Flucht zu denken, weil der Pfad felsig und beschwerlich war. Die Felsen hinaufzuklettern war einem Bären gegenüber sinnlos, sämtliche Fluchtwege erwiesen sich schnell als aussichtslos. Die einzig mögliche Rettung bestand darin, daß der Bär sie unbehelligt ließe, und der Gedanke war so abwegig nicht, da es keinesfalls ausgemacht war, daß Burlót sie angreifen oder gar töten würde. Die Frau war absolut wehrlos und hatte nichts in Händen, womit sie dem Bären hätte Widerstand leisten können.
Burlót gab einen tiefen, unzufriedenen Seufzer von sich. Die Frau hatte recht mit ihrer Annahme, daß der Bär ihr vielleicht nichts tun würde, und ehrlich gesagt war es das letzte, wonach ihm der Sinn stand. Unter normalen Umständen hätte sich der wohlgenährte Burlót längst umgedreht und ihr davonschlendernd seine schmalen Hüften zugekehrt, doch ein merkwürdiger Zufall wollte es, daß er gerade jetzt besonders bösartig war. An ihr vorbeizugehen oder kehrtzumachen schien ihm zu einfach zu sein. Er machte zwei Schritte auf die Frau zu, und sie bückte sich, wie um ihn abzuwehren. Nur daß sie nichts hatte, womit sie sich wehren konnte. Keinen Spieß, keinen Stock, kein Messer, nicht einmal eine Schnur, die sie ihm um die Vordertatzen hätte wickeln können. Eine Schnur, fiel ihr ein, die sie ihm schnell um die Pfoten wickeln könnte und die ihn eine Weile beschäftigt hätte, so daß er sie, falls sie doch eine Flucht wagen würde, nicht sofort den Felspfad hinab verfolgen konnte. Aber sie hatte keine Schnur. Sie griff nach ihrem Kopftuch und umfaßte es fest mit beiden Händen. Eine eigenartige Waffe – immerhin konnte sie damit einen Augenblick lang Burlóts Aufmerksamkeit erregen. Er trat noch näher auf die Frau zu, und sie sah sich gezwungen zurückzuweichen, bis sie mit dem Rücken gegen den Felsen stieß.

Der Bär war um vieles gewaltiger als sie. Brummend ließ er den Blick an der Felswand oberhalb ihres Kopfes entlanggleiten und dann an ihren Seiten wieder herab. Nur gelegentlich sah er direkt auf sie herunter. Noch drei Schritte, und er würde mit den Vordertatzen den Felsen berühren und die Frau vollkommen verdecken. Aber nicht einmal dazu hatte er Lust. Nur seine Bosheit – eine Folge seiner Verwundung unter dem Schwanz – würde schuld daran sein, wenn er sich mit den Vorderpfoten am Felsen abstützte und die Frau mit seinem Körper vollkommen zudeckte. Dabei war er des Aufrechtstehens müde und wollte sich auf alle viere stellen, um zu sehen, was wohl die Oberhand gewänne, sein Drang davonzutraben, oder seine Bosheit, der Frau kurzerhand das Genick zu brechen.
Jedesmal, wenn Burlót ein Opfer tötete, sah er nach oben oder zur Seite, als ob es ihn eigentlich gar nichts anginge und er bloß aus Versehen etwas zerbräche. Selbst bei größtem Hunger. Als ob Unschuld das Leben erst lebenswert machte.
Die Person vor ihm stand stockstill und leicht vornübergebeugt da. Der Gedanke, Gottes Ebenbild zu sein, wäre ihr in diesem Augenblick wohl schwerlich gekommen. Vielmehr drängte sich bei ihrem Anblick die Vermutung auf, daß von allen wehrlosen Opfern der Mensch das wehrloseste ist. Er besitzt keine einzige natürliche Waffe, ist nackt, auf die erbärmlichste Weise unbehaart und das Allerarmseligste, was man sich vorstellen kann. Er kann sprechen, richtig, aber nicht mit einem Bären. Kein Tier, das, allein oder zu mehreren, dem Menschen nicht überlegen wäre. Wie klein doch seine Kräfte sind, wie zerbrechlich seine Nägel, wie geradezu lächerlich sein Gebiß. Von Schnelligkeit ganz zu schweigen. Weshalb ihm das, was jedem Tier als letzter Ausweg bleibt – die Flucht –, verwehrt

ist. Unternimmt er sie dennoch, stirbt er trotzdem, und das auch noch zu Tode erschöpft. Eine Kuh hat Hörner, eine Muschel ihre Schale, ein Floh kann springen, und eine Zecke ist im Pfuhl ihres Wohlbehagens unerreichbar. Der Mensch aber steht mit einem bunten Kopftuch in der Hand und dem Rücken zur Felswand da und kann nur warten. Kein Wunder, daß er für so wenig Schutz und Wehr Rache genommen hat, indem er darauf sann, wie er seinerseits Vernichtung und Ausrottung über die Welt bringen konnte. Der nackten Beute Rache ist der Mensch. Falls die Frau in diesem Moment so dachte, lag wenig Genugtuung in diesem Gedanken. Sie wußte genau, an welcher Stelle sie dem Tier das Messer in den Leib stoßen mußte, aber sie hatte kein Messer. Der dunkle Bär kam ihr so fremdartig vor wie ein Fossil. Er rührte sich so wenig wie sie, und beide hätten sie zu Stein erstarren können. Alles, was der Frau an Verstand geblieben war, war kochende Rachsucht geworden, doch sie konnte nichts tun.
Burlót starrte immer noch mißmutig auf den Felsen und reckte den Kopf so heuchlerisch unschuldig nach oben, als ob er mit dem Töten bereits begonnen hätte. Wäre er einem Mann begegnet, wäre es wenigstens zu einem Kampf gekommen, und er hätte gewußt, was zu tun sei. Er fühlte sich um etwas betrogen.
Die Frau betrachtete den Mehlsack. Nur zu gerne wäre sie in diesem Moment ein Sack weißes Mehl oder etwas Ähnliches gewesen. Nun, da ihr Schicksal besiegelt war, interessierte sie außer dem Sack Mehl nichts. Mehr Leben als in diesem Mehl war auch in ihr nicht, selbst wenn sie in der Magengegend stechende Schmerzen verspürte. Das Töten sollte endlich beginnen: Es wäre für beide eine Erlösung, wenn es endlich vorbei wäre. Der Aussicht hinunter ins Tal konnte die Frau so wenig abgewinnen wie dem Rest der

Welt, von der sie nicht mehr viel sehen konnte, weil der Bär so dicht vor ihr stand, daß sie nur noch seinen Brustpelz vor Augen hatte. In ihrer Hütte hatte sie ein Bärenfell. Es lag auf dem Fußboden, manchmal schliefen sie alle darauf, und sie und ihr Mann liebten sich auf dem Fell. Würde sie ihren Kopf etwas näher an den Bären halten, könnte sie die Wange an sein Fell drücken wie zu Hause, wenn sie auf dem Fell schlief. Kleine Wellen ließen Burlóts Brust beben: Er schwenkte die Vordertatzen, weil er nicht wußte, wie er die Frau anpacken sollte. Dann legte er ihr eine Tatze auf die rechte Schulter und die andere gegen die linke Schläfe. Ganz sanft. Er ließ gleich wieder von ihr ab. Noch immer vermied er es, auf sie herabzusehen, auch wenn sein Unterkiefer schon entschlossener über ihrem Kopf schwebte. Statt dessen richtete er seinen Blick nach oben. Es wäre nicht das Schlechteste, spürte er, wenn etwas geschähe, das ihn von diesem hier ablenkte, weil zuerst untersucht werden mußte, ob es vielleicht bösartig oder gefährlich war. Aber es war bemerkenswert wenig zu sehen. Kein Lüftchen regte sich, und sosehr er sich anstrengte, es war auch nichts zu hören.

Die Frau griff dem Bären nun mit beiden Händen in den Brustpelz, wo er am dichtesten wuchs, und krallte sich krampfhaft daran fest. Sie spürte die Lebendigkeit seines dicken Leibes so deutlich, daß sie einen Augenblick lang erwog, an ihm vorbeizuschlüpfen und langsam wegzugehen. Es wäre immerhin möglich, daß der Bär sich nicht von der Stelle rührte, bis sie sich versteckt hätte oder verschwunden wäre, und er nicht nach ihr suchen würde, weil solche Spielchen nicht seine Sache waren. Allerdings würde sie dann wohl recht steifbeinig davongehen, denn das Leben würde gewiß zögern, wieder zu ihr zurückzukehren.

Alles war wie zu Stein erstarrt, und mit dem Tode hatte sie sich eigentlich schon abgefunden. Aber als sie die Bärenhaut festhielt und ihre Wange daran anschmiegte, änderte sich etwas, sie spürte die Verwundungen, die er ihr zufügen würde, und sah das Blut, weil sie das Blut in seiner pochenden Brust fühlte.

Wenn sie in ihrer Hütte mit den Kindern auf dem Bärenfell lag, ließ sie sie die Klauen betasten, die friedlich auf dem Boden lagen, und beschrieb ihnen manchmal, was sie alles anrichten konnten. Sie schienen aus totem Holz zu sein, doch daß sie gewaltige Wunden schlugen, wenn sie etwas mit großer Kraft trafen, konnte man sich gut vorstellen. Die Klauen, die sie jetzt neben und über sich schweben sah, waren ganz sicher nicht aus totem Holz. Sie glänzten und waren schmutzig, aber es haftete ihnen etwas von jenem Einverständnis an, das zwischen den Klauen des Bärenfells auf dem Hüttenboden und ihr herrschte, wenn sie dort (aus welchen Gründen auch immer) eine Gänsehaut bekam. Burlóts Klauen standen leicht nach außen. Es waren unverkennbar Werkzeuge.

Er drückte seine Beute noch mehr an die Wand. An ihm vorbeizuschlüpfen war inzwischen schwierig, aber immer noch möglich. Nur weggehen könnte sie nicht mehr. Angenommen, es gelänge, an ihm vorbeizukommen, dann müßte sie mit ihren steifen Beinen erst einmal liegenbleiben, um abzuwarten, was weiter geschähe. Vorbeischlüpfen, dachte sie einige Male. Aber dann fiel ihr wieder ein, daß Bären in dieser Hinsicht seltsame Tiere waren. Sie sahen zwar schwerfällig aus, doch selbst wenn es ihr mit aller Schnelligkeit, die ihr die Angst eingäbe, gelänge, an ihm vorbeizuschlüpfen, hätte er sich im nächsten Augenblick zu ihr herabgebeugt, und schon säßen ihr die Klauen im Genick.

Die Frau begann mit ihren Überlegungen von vorn. Sie saß gefangen zwischen dem Bären und dem Felsen, seine Pfoten bildeten eine weitläufige Umgrenzung, und trotzdem war die Situation noch nicht entschieden. Er konnte immer noch einfach weggehen, dachte sie. Ich nicht, er schon. So seltsam es auch klingen mag: Bei diesem Gedanken war der Frau für einen Moment zumute, als müsse sie aus Verzweiflung in schallendes Gelächter ausbrechen.

Ja, sie war verzweifelt. Sie rollte wild mit den Augen und zerrte mit beiden Händen wie rasend am Bärenpelz. Obwohl ihr nicht mehr bewußt war, was sie tat, schien es, als ob sie den Henker auf dem Schafott zur Eile drängen wollte.

Burlót stützte sich immer noch mit den Vorderpfoten am Felsen ab. Er brummte ungeduldig und stieß mit leisen Schnaubern bedächtig Luft aus. Auf diese Weise behielt er sich unter Kontrolle, schaute nun aber geradewegs auf den Kopf der Frau herunter. Das Ganze reizte ihn weniger denn je. Er seufzte tief und gab ein gelassenes Knurren von sich, wie er es tat, wenn Róbra etwas zu heftig an ihn geraten war. Erst einmal wollte er sich die Schramme unter dem Schwanz lecken, bevor er in der Sache mit der Frau etwas unternehmen würde. So geschah es, und die Frau war mit einemmal frei. Das heißt, der Bär stand auf allen vieren vor ihr, und in seinen Augen war deutlich zu lesen, daß Fliehen nicht in Frage kam und irgendwelche Experimente keinesfalls geduldet würden. Er leckte sich ausgiebig und mit Bedacht. Es tat immer noch weh. Voller neuer Wut richtete er sich plötzlich auf, diesmal in etwas größerem Abstand von der Frau, legte ihr eine Tatze auf die rechte Schulter und die andere gegen die linke Schläfe und drückte. Das heißt, er drückte die Tatze an der Schläfe mit etwas mehr Nachdruck, die an der Schulter aber schwächer, was die Schulter in bezug auf die Schädelbasis aus dem Lot brachte und in die entgegengesetzte Richtung zwang. Das Genick der Frau brach, sie sank zwischen den Tatzen in sich zusammen.

Burlót sprang zurück und beschnüffelte die Frau von oben bis unten. Dann drehte er sich um. Er knurrte noch einmal, als wäre jemand zu heftig an ihn geraten, und stapfte auf den Sack Mehl zu, beschnüffelte auch ihn ausgiebig und wurde ganz aufgeregt, als er seinen Kopf über den schlaffen, muffig riechenden Sack hielt. Er drückte mit der Nase tiefe Furchen hinein, biß zu und schüttelte den Sack hin und her, bis er nachgab. Durch einen Riß quoll das Mehl heraus und färbte den Felsweg weiß. Auch Burlóts Kopf war in kürzester Zeit weiß, und Mehl war auch an den Tatzen und in einem großen Teil des Pelzes. Das reizte Burlót zu noch größerer Unordnung in noch kürzerer Zeit, und unter größtem Gelärm und lautem Geschmatze biß er in die Reste, die noch im Sack waren, und schluckte sie hinunter. Danach setzte er sich mitten auf den Sack, um sein ramponiertes Hinterteil hineinzuwühlen. Das tat gut, und so sprang der Bär nach einer Weile übermütig auf und drehte die Frau mit der Schnauze auf den Rücken. Schmatzend suchte er sie noch einmal von oben bis unten ab und packte sie dann an einem Arm, um ziehend und zerrend mit ihr den Felsen hinaufzuklettern. Er war prächtiger Laune. Nachdem er ein tüchtiges Stück an Höhe gewonnen hatte, warf er sie über einen kleinen Baum, der aus dem Felsen wuchs, und zupfte an den Zweigen, ohne weiter auf die tote Frau zu achten. Dann sah er, wie sich unten etwas bewegte. Irgendein Tier. Gegen eine kleine Jagd hatte er nichts einzuwenden. Keine Sekunde später stand er wieder auf allen vieren und begann, aus Vorsicht starr vor sich hin stierend, mit dem Abstieg.

Als das Mehl nicht im Bergdorf ankam, machte sich der Mann der Frau auf die Suche. Gegen Mittag fand er den Sack und ahnte sofort, was geschehen war. Mit seinen Pelzstiefeln stand er mitten im Mehl und dachte lange nach. Dann suchte er die Umgebung ab. Spuren waren leicht zu finden, aber sie waren verwirrend, weil Burlót mit dem Mehl so herumgewütet hatte. Der Mann folgte der deutlichsten Spur, und nachdem er eine Weile geklettert war, fand er den Körper seiner Frau auf dem Bäumchen.
Sie schien merkwürdigerweise kaum verletzt zu sein, aber das Genick war gebrochen, das war sofort zu sehen. Es war fast unmöglich, die Leiche zum Mehl hinunterzubringen, aber es gelang dem Mann schließlich doch, und nur wenig später lag sie wieder neben dem Sack und dem verstreuten Mehl. Der Mann dachte wieder nach. Er konnte zwei Dinge tun. Zum einen die tote Frau hier liegenlassen und sofort die Spuren verfolgen, zum anderen aber die Leiche ins Dorf tragen und am nächsten Morgen zurückkommen, um den Bären zu suchen und zu töten. Und wenn es inzwischen regnete? Er blickte zum Himmel, um zu sehen, wie hoch die Sonne stand. Viel Zeit blieb ihm nicht mehr. Eine Stunde würde er noch nach dem Bären suchen können, dann mußte er sich auf den Rückweg machen.
Er schaute, ob von dem Mehl noch etwas zu retten war. Schließlich hatte der Bär es nur zerstreut und nur wenig gefressen. Mit ein paar Zweigen fegte er dort, wo es am dichtesten lag, noch einen stattlichen Haufen zusammen. Er legte den Sack mit der am meisten zerrissenen Seite nach oben und schaufelte dann das Mehl mit vollen Händen in die Öffnung. Dabei fiel sein Blick auf die Frau. Wegen des gebrochenen Genicks lag der Kopf im Verhältnis zu den Schultern irgendwie seltsam da, und der Mann ließ kurz vom Mehl ab, um ihn in eine natürlichere Position zu

bringen. Dann klopfte er den Sack in Form. Immerhin war er halbvoll.
Er verbrachte einige Zeit damit, zu überlegen, wie er die Frau und das Mehl transportieren konnte. Auf irgendeine Weise mußte er zu einem Trageband kommen, das er sich um die Schultern legen würde, um den Körper der Frau damit zu stützen. Mit den Armen würde er ihre Schultern und Beine umklammern und den Sack Mehl auf ihren Bauch legen. Er hätte schwer zu tragen, aber wenn er auch das Mehl nach Hause bringen wollte, hatte er keine andere Wahl.
Als er das Problem auf diese Weise gelöst sah, folgte er den Spuren und flocht dabei Zweige zu einem Trageband. Burlót hatte auf seiner Jagd Spuren über Spuren hinterlassen, es gab zu viele, und sie führten alle ins Nichts. Bis der Mann eine fand, die vielversprechend war. Es war jedoch schwer, ihr zu folgen, da sie ziemlich steil den Felsen hinaufführte. Nachdem der Mann ein Stück geklettert war, kam er an eine Felskante. Ungefähr zwanzig Meter entfernt lag ein kleines Plateau. Ein Felsen überragte eine kleine Aussparung im Stein. Das konnte eine Bärenhöhle sein.
Es war bereits dunkler geworden, als der Mann für seine Rückkehr berechnet hatte. Er musterte die Umgebung genau und prägte sie sich gut ein. Dann stieg er zum Mehl und zur Leiche hinunter. Er legte den Sack auf den Bauch der toten Frau und hob sie an, um das geflochtene Band aus Zweigen unter ihrem Körper durchzuziehen. Stöhnend und schwitzend vor Anstrengung arbeitete er sich mit seiner Last auf dem Bergpfad voran.

Die Jagd hatte Burlót erquickt, und er war in den Genuß eines zarten Stückes Fleisch gekommen. Als er zurückkam,

lag Róbra nicht in der Höhle, und so kroch er nach der Inspektion wieder hinaus, um zu sehen, ob sie irgendwo in der Nähe wäre. Er wanderte auf dem kleinen Plateau vor der Höhle hin und her. Am Wendepunkt stieß er sich mit beiden Vordertatzen gleichzeitig von der Felskante ab, so daß er mit dem Oberkörper für einen Augenblick über dem freien Raum schwebte. Róbra war nicht weit weg gewesen und eilte herbei, als sie Burlóts zufriedene Laute hörte. Auch sie begann sofort damit, auf dem Plateau hin und her zu gehen. Ab und zu prallten sie gegeneinander, was Róbra ähnlich zufriedene Laute entlockte wie Burlót.
Eine Weile stießen sie ihre Köpfe sanft gegeneinander und brummten und grunzten in gegenseitigem Einvernehmen. Dann richtete sich Róbra auf und schwebte mit dem Oberkörper einen Moment lang über Burlót. Schließlich trottete sie auf die Höhle unter dem überhängenden Felsen zu. Doch gerade als sie sich durch den Spalt zwischen den riesigen Felsblöcken zwängen wollte, wurde sie mit einer Kraft zur Seite gestoßen, an deren Entschlossenheit nicht zu zweifeln war. Es war Burlót, der immer noch einverständig brummte. Róbra war wie vor den Kopf gestoßen, und als sie nun mit aller Kraft den kleinen Vorsprung, den sie mit ihren Schultern hatte, ausnutzen wollte, wurde sie von Burlót mit einem kräftigen Tritt daran gehindert.
Wie ein Torpedo bohrte er sich zwischen Róbra und den Eingangsspalt zur Höhle, und sie spürte nur noch, wie sein Pelz an ihrer Nase entlangglitt und er vor ihr in die Höhle schlüpfte. Ihre Reaktion war präzise und prompt. Sie wollte ihm einen zweiten Prankenhieb unter den Schwanz verpassen. Doch ihre unglaublich schnell ausholende Tatze traf nur noch Burlóts Schwanz, den er rasch auf die bewußte Stelle gepreßt hatte. Burlót war als erster in der Höhle, und Róbra würde ihn durch nichts in der Welt von

dort vertreiben können, es sei denn durch einen Kampf auf Leben und Tod. Dazu war sie tatsächlich bereit, denn der Platz hinten in der Höhle war ihr heilig. Sie ging im Dunkel sofort zum Angriff über und erwartete, daß ihr kräftig zupackendes Maul auf Burlóts Zähne treffen würde. Burlót aber lag mit dem Rücken in Richtung Eingang mucksmäuschenstill im hintersten Winkel der Höhle und hatte den Kopf eingezogen. Deshalb schlug sie ins Leere und traf auf keinen Widerstand. Burlót hatte jeden Muskel seines Rückens aufs äußerste gespannt und die Tatzen gegen die rückwärtige Wand gestemmt. Die Höhle war so niedrig, daß ein Angreifer nicht sehr gut manövrieren konnte, und Burlóts Rücken bot, gespannt wie er war, nur eine geringe Angriffsfläche. Da stand Róbra nun, bereit, den anderen Bären mit Haut und Haar aufzufressen, ohne ihn danach je wieder eines Gedankens zu würdigen, und er gab ihr nicht die kleinste Gelegenheit dazu. Reglos lag er da und verfolgte aufmerksam, was als nächstes passieren würde. Daß er als erster in die Höhle gehen und dort bleiben könnte, war ihm erst in dem Moment aufgegangen, als Róbra über ihm schwebte. Wie gut seine Laune auch gewesen sein mochte, die Kälte unter dem Schwanz und die Zähne, die des Nachts seinen Steiß bedrohten, konnte er auch in diesem Augenblick nicht vergessen. Dabei hatte er noch gar keine Lust, in die Höhle zu gehen, doch wenn er hinten liegen wollte, mußte er handeln. Von daher –.

Von daher, dachte er zufrieden, und die beiden Wörter begannen ihm furchtbar Spaß zu machen.

Róbra war wieder hinausgegangen. Es war undenkbar, daß sie einen neuen Angriff wagen würde, solange Burlót einfach nur dalag. Ebenfalls auszuschließen war aber auch, daß sie die Nacht draußen verbringen würde. Also mußte sie zurückkommen, und das bedeutete, daß sie sich mit dem

Platz am Höhleneingang zufriedengeben mußte. Von daher, dachte Burlót noch einmal und entspannte sich. Er war nicht im mindesten schlafbedürftig, sondern ausschließlich neugierig, was weiter geschehen würde.
Róbra kam tatsächlich irgendwann zurück. Es gab keine weiteren Schwierigkeiten. Sie legte sich mit dem Rücken zur Höhlenöffnung direkt hinter den Eingang und vermied es auf jede erdenkliche Weise, Burlót zu berühren oder ihn ihre Anwesenheit spüren zu lassen.
Lag Burlót gut dort, wo er lag?
Allerdings! Außerordentlich gut sogar.
Nicht ausgeschlossen, daß er sich später einmal wieder vor den Eingang legen würde, doch im Moment fiel ihm das nicht im Traum ein. Róbra hatte sich zur Ruhe gelegt, und er glitt ohne jede Grübelei und Klügelei in den Zustand hinüber, den er am Morgen vergeblich zu erreichen versucht hatte, als er den Kopf in ihr Fell steckte: Er genoß gedankenlos. Vor Wohlbehagen seufzte er leise und schnaubte bedächtig durch die Nasenlöcher, die ihm nun ganz deutlich wie zwei angenehme und absonderliche, nützliche und durch nichts versperrte Pfade vorkamen. Und es war nicht kalt unter seinem Schwanz. Es kam ihm nicht in den Sinn, daß es dort kalt sein könnte. Friedlich schlief er ein.
Róbra hatte es weniger bequem. Durch die jüngsten Ereignisse war sie vollkommen aus der Fassung und voller Unruhe, sie quälte sich, wälzte sich, scharrte mit den Tatzen, schüttelte den Kopf und zitterte, bis auch sie endlich in Schlaf fiel. Nicht daß sie Burlóts Gefühle aus der Zeit, als er vor dem Eingang lag, oder seine Angst vor dem Kopf, der plötzlich hereinschießen und zubeißen konnte, geteilt hätte, aber der Verlust ihres angestammten Platzes, und sei es auch nur für eine Nacht, erschütterte sie doch sehr. Sie wußte, daß die Situation sich auch wieder ändern würde

und sie Burlót morgen ganz andere Backpfeifen zu schmecken geben wollte als heute, aber lästig war das Ganze trotz allem doch.

Und also schliefen sie.

Und also traf am Ende der Nacht ein Spieß Róbra in den Rücken. Es war kein starker Stoß, mehr einer, der darauf aus war, einen Raum zu erkunden. Ein Mann führte ihn aus, der Mann, dessen Frau von Burlót getötet worden war.

Mit der Leiche und dem Mehl war er zum Dorf hinaufgeklettert. Er betrat seine Hütte und setzte das Mehl an der Feuerstelle ab. Die Leiche legte er in einen Verschlag neben der Hütte. Obwohl es schon dunkel war, ging er nach draußen, um Blätter zu sammeln, mit denen er sie zudecken wollte.

Zurück in der Wohnhütte, buk er Pfannkuchen mit dem Mehl. Die Kinder saßen vor dem Feuer auf dem Bärenfell und sahen ihn an. Sie warteten auf das erlösende Zeichen, daß sie am nächsten Tag mitkommen durften, um den Bären zu töten. Der Mann kauerte sich in einiger Entfernung vom Feuer auf den Boden, die Arme auf den Knien. Ihm war kalt. Er konnte näher ans Feuer heranrücken oder sich zwischen die Kinder legen. Er konnte sie wegjagen und in eine andere Hütte gehen und sich dort eine andere Frau nehmen. Doch das Bild seiner Frau, das Bild der eigenartigen Lage ihres Kopfes ließ ihn nicht los. Er hatte schon öfter Opfer von Bären zu Gesicht bekommen, meist war von ihnen nicht mehr viel übriggeblieben. Man barg Reste, selten den vollständigen Toten. Die stille, kalte Tote des Bären. Seine Frau. Mit grauem Haar, aber sonst noch eine stämmige Frau, mit der er auf dem Bärenfell gelegen hatte, oft und heftig.

Er sah zu den Kindern auf dem Fell hinüber. Die Kinder

starrten ihn immer noch unentwegt an und warteten auf das Zeichen seines Einverständnisses. Ihm war kalt. Er würde sich keine Frau aus einer anderen Hütte nehmen und sich auch nicht zwischen die Kinder legen. Er würde kein Wort sagen und auch kein Zeichen geben, er würde nach seinem Spieß greifen und nach draußen gehen. Jetzt. Er hatte Grund genug, todtraurig zu sein. Die Kälte, die ihn ergriffen hatte, würde ihn auch nicht loslassen, wenn er sich näher ans Feuer setzte oder zwischen die Kinder legte, sich eine andere Frau nahm oder seine älteste Tochter. Die Kälte, die er spürte, ließ keine Sehnsucht nach etwas zu. Kein Körper und kein Feuer könnte ihm über diese Kälte hinweghelfen. Die Hütte gab ihm nicht das leiseste Gefühl von Geborgenheit. Mit ihren dünnen Wänden stand sie auf einem Bergplateau. Über dem Plateau herrschte die Nacht. Dort gehörte er hin. Das Plateau paßte zur Kälte in ihm.

Wehklagen. Gleichgültig worüber. Eine tote Frau ist Anlaß genug, doch drängt es meist von tiefer herauf. Es herrscht kein Frieden zwischen der Erde und dem, der auf ihr lebt. Das ist Wehklagen. Jetzt, wo die Frau weg war und die Kinder ihn nach der Rache fragend anschauten, jetzt, wo das Feuer brannte und der Mann an der Kälte litt, wollte er noch mehr an Kälte. Er wollte die allerletzte Kälte um sich haben, die ihm Aufklärung darüber verschaffen würde, wo das Wehklagen herkam, das ihn erfüllte, aber nicht aus ihm hervorbrach, weil es zu kalt war, um den Körper des Mannes zum Kochen zu bringen.

Der Mann betrachtete den Spieß, der an der Wand lehnte. Sofort sahen auch die Kinder hinüber. Dann sahen sie einander an und dann wieder ihn und hielten die Augen starr auf ihn gerichtet und hüteten sich zu zeigen, wie aufgeregt sie waren.

Der Mann drehte sich um, griff ohne ein Zeichen des Einverständnisses nach einer Art Fellmantel, zog ihn an und ging zur Tür hinaus. In der Hütte geschah nichts. Die kleineren Kinder leckten sich einen Finger naß und strichen damit durch das Mehl neben dem Bärenfell. Mit offenen Augen lagen sie nebeneinander.
Der Himmel war bewölkt, aber im Licht des Mondes war noch genug zu sehen. Der Mann ging denselben Weg zurück, den er mit der Leiche gekommen war. Er blickte oft zum Mond hinauf und zu den Wolken, die sich davor vorbeischoben. Er hatte den Spalt der Bärenhöhle vor Augen, er wollte den Bären töten und ihn dort liegenlassen, wo er ihn getötet hatte. Das Fell würde er opfern. Das war zwar ungewöhnlich, aber es paßte zu seiner Kälte.
Nachdem er den Bergpfad verlassen hatte, kletterte er den Felsen hinauf, was im Dunkeln sehr mühsam war, und erreichte schließlich das kleine Plateau. Er horchte am Spalt, der den Eingang zur Höhle bildete, und spürte die Wärme. Der Bär war da. Am liebsten hätte er gleich angefangen, aber er konnte noch zuwenig sehen. Das erste Licht würde auf dieser Seite des Berges auftauchen, und darauf wollte er warten. Er lehnte den Spieß gegen die Schulter und setzte sich wie eine Art Schildwache auf einen Stein. Als der erste Lichtschein in die Nacht brach, erhob er sich und stieß den Spieß in die Höhle. Er traf Róbra in den Rücken.
Die Bärin war sofort hellwach, geistesgegenwärtig und auf den Beinen. Sie wollte weder den stechenden Gegenstand angreifen noch nach draußen gehen. Sie würde an der gleichen Stelle kämpfen, an der Burlót am Abend an ihr vorbeigeschlüpft war. Die Stelle war eng, und Róbra kannte den Feind nicht.
Der Spieß stieß von neuem in die Höhle, diesmal mit mehr Kraft, und Róbra schlug trotz ihres Vorsatzes mit der

Tatze dagegen, um ihn loszuwerden. Er wurde dem Mann draußen fast aus der Hand gerissen.
Der Mann bekam Spaß an der Sache. Die Unsichtbarkeit des Bären reizte ihn. Die Kälte in ihm war ebenso ungreifbar wie die Wärme, die aus der Höhle kam. In einer einzigen Nacht war er so sehr vereinsamt, daß er das Leben selbst bekämpfen wollte.
Er stach und stieß mit dem Spieß in die Höhle, und die Reaktion von drinnen erfolgte mit voller Wucht.
Er fragte sich, ob der Bär wohl heraus käme. Alles würde von diesem einen Moment abhängen. Wenn er den Spieß mit beiden Händen hielt und seine Position es ihm erlauben würde, alle Kraft einzusetzen, könnte der Kampf schnell zu Ende sein.
Er tastete nach seinem Messer.
Es war griffbereit.
Er strich sich über die Stirn.
Er war hellwach.
Er warf seinen Mantel ab und stieß den Spieß noch einmal in die Höhle, Róbra gegen die Brust. Nicht sehr heftig, denn sie konnte ausweichen und wurde nur leicht verwundet, doch sie begriff, womit sie es zu tun hatte.
Unvorsichtig wich sie ein paar Schritte zurück und saß plötzlich auf Burlót, der sich nicht im mindesten rührte, obwohl er wach war. Róbra wandte kurz den Kopf; es war doch zu seltsam, daß Burlót sich nicht bewegte. Burlót stierte böse ins Dämmerlicht, das durch den Spalt hereinkam, aber das war auch alles. Den Kopf hielt er seltsam nach oben gereckt, was Róbra verunsicherte.
Eigentlich waren sie und Burlót aufeinander eingespielt, und nichts wäre selbstverständlicher gewesen, als daß sie sich in diesem Augenblick gemeinsam verteidigt hätten. Aber nun – nichts.

Róbra stand neben Burlót und roch an dem neben ihr liegenden Körper, ob vielleicht etwas Ungewöhnliches an ihm wäre. Sie entspannte sich. Der Spieß kam zurück, schob sich über den Boden, erreichte sie aber nicht. Der Mann verlor den Mut, als sich drinnen nichts mehr rührte.
Róbra kroch näher an Burlót heran und wartete ab. Sie hörte den Mann, und sie hörte das Scharren des Spießes. Gleichzeitig spürte sie mit ihrer rechten Hintertatze, wie Burlót zitternd den Schwanz an den Körper preßte und offensichtlich noch immer keine größere Sorge hatte als ebendiese Stelle. Brüllend griff Róbra den Spieß an. Das Eisen wurde zurückgezogen, sie drehte sich um. Burlóts Kopf war für ihren Biß unerreichbar, und so stürzte sie sich mit blindwütigem Knurren auf seinen Rücken. Sie biß zu, so fest sie konnte: direkt über seinem Schwanz, und so fest und so lange, bis der Bär sich aufrichtete, wie ein Rasender knurrte und sie abschüttelte. Doch er blieb im niedrigen Teil der Höhle, so daß Róbra nur noch den Kampf Maul gegen Maul führen konnte.
Sie schnappte nach seinem Kiefer, aber Burlót wich zurück, warf ihr einen bösen Blick zu, schmatzte und scharrte mit den Hinterbeinen. Róbra griff wieder den Spieß an, der sie an einer Tatze gestreift hatte.
Plötzlich spürte sie, daß ihr Hinterteil durch Burlót nicht weniger bedroht war als ihre Vorderseite durch den Spieß. Während sie mit dem Eisen kämpfte, mußte sie damit rechnen, daß Burlót von hinten zubeißen würde, um sich auf diese niederträchtige Weise für den Biß in seinen Rücken zu rächen.
Mit aufgesperrtem Maul rannte Róbra aus der Höhle, geradewegs in den Spieß des Mannes.
Der Mann hielt den Spieß in diesem Moment tatsächlich mit beiden Händen, und seine Position erlaubte es ihm,

mit aller Kraft zuzustoßen. Als er das offene Maul sah, das seine Frau so merkwürdig verschont hatte, und die Bärenkraft spürte, die ihr ohne Aufhebens das Genick gebrochen hatte, packte ihn eine klammkalte Mordlust.
Er stieß zu, der Spieß drang in die Kehle, der Mann drückte und drückte und drehte die Waffe mit aller Kraft in der Wunde und hätte den Bären am liebsten durchbohrt.
Doch das war unnötig. Róbra zerrte am Spieß und stürzte mit gekrümmtem Rücken nach vorn. Der Mann mußte die Waffe loslassen, wenn er nicht von dem kleinen Plateau gedrückt und in die Tiefe gestoßen werden wollte. An der Felskante drehte sich der Bär um und erhob sich mit vorgestrecktem Kopf und aus dem Maul ragendem Spieß auf die Hinterbeine.
Die Bärin war vollkommen außer sich, sie konnte nicht mehr denken, und eine Möglichkeit, die Waffe loszuwerden, gab es auch nicht. Sie fiel auf alle viere zurück und stürmte blind und unter Qualen und Husten auf den Felsen zu. Sie rammte den Schaft des Spießes mit aller Kraft gegen den Felsen und gab sich so den Gnadenstoß.

Der Mann betrachtete die Bärin, die in den letzten Zuckungen lag. Ein einsames Weibchen; denn andernfalls wäre sicher auch das Männchen aus der Höhle gekommen oder hätte sich sonstwie bemerkbar gemacht.
Wie er es sich vorgenommen hatte, ließ der Mann alles so liegen, wie es war, und zog nicht einmal den Spieß aus dem Bären. Er kletterte den Felsen hinunter und nahm den Pfad zurück nach Hause.

Burlót in der Höhle drückte sich noch näher an die Wand. Mit den Vordertatzen strich er sich wie zur Liebkosung einige Male über Augen und Ohren. Er preßte den Schwanz fest an den Körper und rollte sich entspannt auf die Seite. Weit weg vom Spalt, vom Eingang. Róbra kam nicht zurück. Er hatte gehört, wie sie röchelte und wie sie starb. Schnaubend versuchte er das kribbelnde Gefühl in den Nasenlöchern wiederzubeleben, das ihm so viel Freude gemacht hatte. Zu seiner Beunruhigung wurde ihm dabei nur kalt. Kälter, als ihm je unter dem Schwanz gewesen war. Als ob die Kälte sich von dort unter der Haut ausbreitete. Burlót überließ sich einem nicht enden wollenden Zittern. Danach schien sich alles wieder zu beruhigen. Bis ein neues Zittern kam. Es machte ihn böse und traurig, und er fing an, grimmig mit dem Maul zu klappern, um laut kundzutun, daß er gleich heraus käme, um alles zu fressen, was er zu fressen und zu töten fände.

Der Mann kam nach Hause, als die Sonne schon etwas Wärme spendete. Er kauerte sich vor die Hütte. Eins nach dem anderen kamen die Kinder nach draußen, um zu sehen, ob das Fell eines Bären vor der Hütte läge. Aber es war nichts zu sehen. Nicht einmal der Spieß ihres Vaters. Nachdem sie alle herausgekommen waren und in der Nähe der Hütte blieben, um den Vater nicht aus den Augen zu verlieren, ging der Mann in die Hütte, um zu schlafen.
Das Feuer war ausgegangen.
Er legte sich in einiger Entfernung vom Bärenfell auf den Boden und schlang die Arme um die Schultern. Bevor er einschlief, durchlief ihn mehrmals ein Zittern.
Er dachte an das Wehklagen und warum es bestand.
Die Kinder draußen verhielten sich still, um ihn nicht zu stören, zum ersten Mal in ihrem Leben.

Vergeßt nicht, den Löwen zu streicheln

I.

Eines Tages beobachtete der Löwe Basra eine Herde Gazellen. Er nickte einem jüngeren Löwen zu, der neben ihm lag.
»Siehst du die Herde dort?« fragte er den jungen Löwen, der Betoel hieß.
»Aber klar seh ich die«, antwortete Betoel. »Schon seit vier Tagen. Zwei davon hab ich gefressen.«
Basra zeigte sich wenig beeindruckt. »Es ist eine ordentlich große Herde«, sagte er. »Ist dir schon einmal der komische Gedanke gekommen, daß ein Löwe im Laufe seines Lebens mühelos eine ganze Herde in sich hineinfrißt? Hier gehen sie hinein, mein Freund«, brüllte er und sperrte zur Verdeutlichung weit das Maul auf, »und hier kommen sie wieder raus!« Hierbei warf er einen Blick auf sein Hinterteil und hob den Schwanz. Mit Interesse betrachtete Betoel zuerst Basras Maul und dann seinen Hintern. Er nickte bestätigend.

»Nicht zu fassen«, fuhr Basra mit tiefer Stimme fort, »daß da eine ganze Herde durchmarschiert.« Und wieder sperrte er sein furchterregendes Maul auf und hob den Schwanz. »Aber tatsächlich, mein Freund, es geht, es geht.«
Überraschend wendig ließ er sich auf die Seite fallen, was ihm offensichtlich sehr behagte, streckte alle vier Tatzen in die Luft und wälzte sich auf den Rücken. Auch Betoel war gut gelaunt und legte sich auf die Seite, den Kopf ausgestreckt auf der Erde. Er gähnte zufrieden und betrachtete wohlgefällig die Herde. Ihm ging Basras Gedanke nicht mehr aus dem Kopf, daß einem Löwen im Laufe seines Lebens eine ganze Gazellenherde durch den Leib wanderte.
Als Basra sich ausgiebig gewälzt hatte, legte er sich wieder auf den Bauch. Er sah zu dem geistesabwesenden Betoel hinüber und peitschte ihn so mit dem Schwanz, daß dieser aus seinem angenehmen Grübeln aufschreckte und Basra erschrocken anblickte.
»Manchmal frage ich mich, mein Freund«, sagte Basra, »wie es eigentlich um unser Ansehen bestellt ist.«
Die Gazellen hatten aus einem rätselhaften Grund alle zu grasen aufgehört und schauten in Richtung der Löwen.
»Nicht schlecht, wie man sieht!« antwortete Betoel.
»Die haben Angst, nicht wahr?« fragte Basra. »Und das durchaus mit Recht«, fügte er nach einer Weile hinzu.
»Aber das war es eigentlich gar nicht, worauf ich hinauswollte«, begann er bald darauf von neuem. »Ich meinte damit nicht nur die Gazellen und anderes Naschwerk«, sagte er und peitschte Betoel wieder mit dem Schwanz, »sondern alle Tiere. Heißt es nicht, daß wir über die Tiere herrschen sollen, als Könige, als die höchsten Wesen? So heißt es doch, aber davon ist wenig zu merken. Das soll man aber. Was mich schon seit einiger Zeit beschäftigt, ist die ...«

Betoel hatte zwar wenig Lust, auf Basras Probleme näher einzugehen, aber er wußte, daß er nun etwas sagen mußte. Er drehte sich auf den Bauch, warf Basra einen durchdringenden Blick zu und beendete den Satz: »... die Macht!«
»So ist es!« bestätigte Basra.
»Macht«, fuhr Betoel sehr nüchtern argumentierend fort, »nicht so sehr als Ergebnis der Angst, von uns gefressen zu werden, sondern Macht als Idee, als Ergebnis bloßer Anerkennung.«
»Wie wahr!« antwortete Basra und warf Betoel aus den Augenwinkeln einen anerkennenden Blick zu.
»Zweifellos sind Sie der Ansicht, daß davon nur wenig zu spüren ist«, tastete sich Betoel vorsichtig vor.
»Nichts. Null. Nicht die Bohne!«
»Vielleicht liegt's an unseren Zeiten«, murmelte Betoel.
»An unseren Zeiten? Unsinn!« brummte Basra. »Was soll sich an denen denn geändert haben?«
»Möglicherweise sind andere Dinge wichtiger geworden, oder man ist allgemein vom Weg abgekommen«, sagte Betoel, der an Basras Problem langsam Gefallen fand.
»Vom Weg abgekommen? Wohin denn?« fragte Basra trocken. Er hatte sich an der Fragestellung richtig festgebissen. Die Sonne schien angenehm, es war nicht zu warm, die Herde war groß, und die Zeit schien unendlich.
Betoel fuhr fort: »Ich habe zuwenig Erfahrung, um darüber dezidiert eine Meinung äußern zu können, aber die Sache scheint mir die zu sein: Man beachtet uns, Pardon: Sie, zuwenig, denn sonst wäre die Ehrfurcht wohl doch um einiges größer.«
»Du sagst es, mein Freund!« gab Basra ungehalten zur Antwort, spannte jeden Muskel seines Körpers und peitschte wieder kräftig mit dem Schwanz, was Betoel tüchtig zu spüren bekam.

»Wo doch Ehrfurcht in unserem Leben eine so große Rolle spielen soll«, sprach der jüngere Löwe weiter. Er wußte Basras Schwanzpeitschen richtig zu deuten und erhob sich.
»Die Frage ist nun«, sagte Basra, der nicht aufhören wollte und grimmig vor sich hin starrte, »ob die Verehrung faktisch vorhanden ist und uns aus lauter Angst nicht erreicht, oder ob sie uns nicht erreicht, weil sie einfach nicht besteht. Wird sie vielleicht gar nicht mehr praktiziert, weil jeder nur noch denkt: Was gehen uns die Löwen an? Das ist es, was ich befürchte, mein Freund!«
Er drehte sich so ungestüm um, daß er Betoel mit einem gewaltigen Stoß zu Fall brachte. Er blickte jetzt statt zur Herde ins Gehölz, wo er nachts manchmal Unterschlupf suchte.
»Ganz meine Meinung«, sagte Betoel und rappelte sich auf. Er stellte sich neben Basra, das heißt, etwas hinter ihn. Dann sagten beide Löwen lange nichts mehr und starrten mehr oder weniger aufmerksam ins Unterholz.

»Eine Umfrage!« rief Basra nach ungefähr einer Stunde. »Man müßte eine Umfrage machen.«
»Warum eine Umfrage?« fragte Betoel. »In dem Augenblick, in dem wir das wollen, haben wir unsere Macht doch zurück!« Er stimmte ein lautes und königliches Gebrüll an. Die Herde reagierte erstaunlich schnell. Sofort kam Bewegung auf, und als stünde es unter Strom, stand jedes einzelne Tier sprungbereit da, um gegebenenfalls blitzschnell davonstieben zu können.
Nicht minder schnell warf sich Basra lautlos zu Boden. »Hinlegen!« herrschte er Betoel an.
Dabei stieß Betoel den alten Löwen heftig an, doch der reagierte nicht.
»Aber das Ergebnis war doch prompt, oder nicht?« flüsterte er und sah auf die unruhigen Tiere. Die Anführer der Ga-

zellen trabten nervös an den äußeren Flanken der Herde entlang.

»Ergebnis?« fragte Basra. »Was denn für ein Ergebnis? Es dürfte vielleicht noch ein oder zwei Tiere auf der Welt geben, die dein dämliches Gebrüll nicht gehört haben. Ach was, Millionen sind es, unglaublich viele, die keineswegs den Kopf heben und davonrennen, auch wenn wir beide den lieben langen Tag durchbrüllen würden. Diese Herden meine ich, und nicht diese Abhängigen hier, die doch nur tun, was von ihnen erwartet wird.« Und noch einmal hob er demonstrativ den Schwanz.

»Also eine Umfrage«, sagte Betoel nun wieder etwas lauter, denn die Herde hatte sich, da nichts weiter geschah, wieder beruhigt. Einige Gazellen hatten schon wieder zu grasen angefangen.

»Ich werde es bekanntgeben«, sagte Betoel und trat einige Schritte zurück, denn es schien wieder ratsam zu sein, sich nicht unmittelbar in Basras Schwanzreichweite aufzuhalten.

»Was wirst du bekanntgeben?« fragte Basra, obwohl er ganz genau wußte, was Betoel im Sinn hatte.

»Daß eine Umfrage gemacht wird«, sagte Betoel trotz seiner immer noch lauten Stimme sehr verschmitzt.

»Und wem willst du es bekanntgeben?« donnerte Basra. »Diesen erbärmlichen Gazellen vielleicht?«

»Nein, mein Freund«, sagte Betoel. »Das mit Sicherheit nicht. Ich dachte an die anderen Löwen.«

»Was haben die denn damit zu schaffen?«

»Löwen sind Löwen«, antwortete Betoel. »Es ist sicher nicht schlecht, wenn auch die anderen wissen, daß es eine Umfrage geben wird.« Betoel bekam Lust, Basra eins auf die Nase zu geben, denn schließlich war er kein kompletter Idiot der Wildnis. Doch Basra kam ihm leider zuvor. Er sprang Betoel schräg von hinten an und biß ihn in die Halsseite, und zwar ziemlich fest. Alles ging so schnell, und Basra hatte so geschickt angegriffen, daß Betoel nicht im mindesten darauf vorbereitet war. Basra hätte ihn töten können, wenn er gewollt hätte.

Betoel blutete stark, wehrte sich aber nicht. Daß er jetzt schon tot sein könnte, dieser Schreck war ihm ordentlich in die Glieder gefahren, und die geschickte und schlaue Art und Weise, auf die ihn Basra überrumpelt hatte – ganz abgesehen von der unbändigen Kraft dieses Tieres –, ließ einen Gedanken an einen Gegenangriff bei ihm erst gar nicht aufkommen. Darüber wunderte er sich selbst, denn es ist bei Löwen keinesfalls üblich, nicht zurückzuschlagen, und so mußte dieser erstaunliche Verzicht auf Rache als Vorzeichen für etwas Besonderes gedeutet werden.

»Du gibst gar nichts bekannt«, entschied Basra.

»In Ordnung«, antwortete Betoel.

»Wir werden zusammen entscheiden, wie wir die Umfrage in Angriff nehmen wollen. Das heißt: Ich bestimme, und du führst es aus. Wenn irgendwo von Löwen die Rede ist, mein Freund, dann bin ausschließlich ich damit gemeint. Und wenn es um Ehrfurcht geht, dann gebührt die allein mir und niemandem sonst!« Damit beendete Basra vorläufig die Unterredung und leckte freundlich die kleine Blutspur an Betoels Hals ab.

Betoel antwortete nicht. Immerhin bin ich ja auch ein Löwe, dachte er nicht ohne Genugtuung. Er warf einen Blick auf Basra, der sich wieder umgedreht hatte und die Gazellenherde betrachtete. Wie er so dastand, voller Stolz, über die Maßen von sich überzeugt und doch nachlässig, sah er wirklich außerordentlich stattlich aus. Das machte Betoel trotz der blutenden Halswunde ehrlich gesagt glücklich und zufrieden.

»Um auf die Umfrage zurückzukommen«, begann er von neuem. »Im Grunde steht das Ergebnis für Sie ja schon fest. Damit würde die ganze Umfrage am Ende auf nichts anderes als eine bloße Bestätigung hinauslaufen.« Basra leckte wieder ein wenig Blut von Betoels Hals und preßte die Zunge flach auf die Wunde, um zu zeigen, daß er nicht nur seinen Zorn vergessen hatte, sondern auch das schlechte Benehmen des Jüngeren. Dann trotteten die beiden langsam auf eine Gruppe Löwinnen zu, die ein paar frisch gefangene Gazellen heranzerrten und ihre Beute zum allgemeinen Verzehr anboten. Hunger hatten sie zwar beide nicht, aber die Wonne des Augenblicks verlangte es geradezu. Basra begann seufzend zu fressen und überließ Betoel freigebig ein großes Stück Keule. Als die Gazelle verspeist war, zog Basra sich zurück. Es dunkelte nun schnell, und das paßte ihm gut. Sein vollgefressener Bauch machte ihn schläfrig, aber er wollte noch nicht schlafen, er wollte nachdenken. Darüber, wann die Umfrage nach der Ehrfurcht und der Anerkennung des Löwen, nach dem Glauben und der Macht überhaupt stattfinden solle. Helfer würden unerläßlich sein, aber welche?

Potentielle Beutetiere konnte man mit dieser Aufgabe nur schwerlich betrauen, denn zu richtigen Verhandlungen würde es dann wohl kaum kommen, weil sie statt zuzuhören sofort um ihr Leben rennen würden. Nur wenige Tiere blieben in der Nähe eines Löwen ruhig. Schakale, manchmal Geier und Hyänen. Nette Mitarbeiter, dachte Basra. Vielleicht noch einige Vogelarten. Aber Vögel sind seltsame Tiere und stehen in Dingen, die die Ehrfurcht betreffen, nicht gerade mit beiden Beinen auf der Erde. Immer wollen sie alles schöner und anders machen, als es ist, oder sie nehmen es einfach mit in die Lüfte. Außerdem gehören sie nur bedingt dem Erdendasein an, und man weiß nie genau, woran man mit ihnen ist. Sie würden mit der gestellten Frage in die Luft fliegen, um dort besser nachdenken zu können und irgendwelche Informationen zu sammeln, und weg wären sie. Keiner wüßte, was solche Mitarbeiter aus der Frage machen würden, in welcher Form sie sie den anderen Tieren vermittelten oder was sie selbst davon hielten.

Vor langer Zeit hatte sich Basra einmal mit einem Vogel unterhalten.

»Weißt du, wer ich bin?« hatte er ihn gefragt.

»Der Löwe«, gab der Vogel zur Antwort.

»Und?« fragte Basra.

»Ich habe etwas in Eurem großen Schatten geweilt und sag Euch Dank dafür«, entgegnete der Vogel. »Nun aber werd ich meine Reise fortsetzen, mit neuer Kraft beseelt, weil ich Eurer ansichtig werden durfte. Mit Verlaub werde ich allerorten verkünden, daß es gut weilen ist in Eurem Schatten.«

Damit war der Vogel davongeflogen und hatte Basra ratlos und verstört zurückgelassen. Solche Worte sind schon fremdartig und unbegreiflich genug, aber wenn das Tier, das sie geäußert hat, dann auch noch einfach wegfliegt, bleibt nichts zurück. Basra hatte dann noch eine ganze Weile die Erde, wo der Vogel gesessen hatte, beschnüffelt und dabei die Nase so tief den Boden gesteckt, daß er Sand in die Nasenlöcher bekam. Nur mit Mühe konnte er erriechen, daß der Vogel bis zu der Stelle getrippelt war, auf der jetzt sein Kopf war, mehr aber nicht. Die umgewühlte Erde, auf der der Vogel – das Allerleichteste überhaupt – gesessen hatte, war das Werk des schweren und starken Basra: Der Vogel aber konnte genausogut auch nie dort gesessen haben. Das alles jedenfalls ermutigte kaum dazu, Kontakt zu Vögeln zu pflegen. Basra hatte sich noch vier-

oder fünfmal über die zerwühlte Stelle gewälzt. Dann hatte er zum Himmel hinaufgeblickt und einige Vögel beim Fliegen beobachtet, aber das Licht war zu grell gewesen, um lange hinaufschauen zu können. Nein – Vögel sprachen eine gänzlich andere Sprache, außerdem waren sie nie aufzutreiben, als hätten sie sich in Luft aufgelöst. Geier waren nicht viel besser. Zwar waren sie schwerfälliger und man verlor sie auch nicht so schnell aus den Augen, aber sie gehörten ebenfalls einer Welt an, mit der man nicht gerne zu tun hatte. Obendrein war ihnen deutlich anzusehen, daß es ihnen an Ehrfurcht weiß Gott nicht mangelte. Bei Basras Erscheinen flogen sie zwar nicht gerade lautlos davon, aber sie flohen doch zumindest, halb fliegend und halb hüpfend. Dabei befanden sich ihre Beine so weit vom Erdboden entfernt, daß sie so gut wie in der Luft waren, und damit waren auch die Geier für die Tiere des Erdbodens eigentlich unerreichbar.

Für Schakale wollte sich Basra ebenfalls nicht entscheiden, Schakale waren zwielichtige und unzuverlässige Gesellen. Ein Schakal würde bereitwillig jeden Auftrag annehmen und für eine Umfrage sogar angeblich die ganze Welt bereisen, aber keine Viertelstunde später stünde er vor einem und forderte eine Portion Fleisch als Belohnung für seine bis dahin gezeigte Dienstbeflissenheit.

Und die Hyänen? Warm waren sie, verletzbar und guten Willens. Sie lebten ebenfalls vom Abfall der Löwen, und doch resultierte ihre Ehrfurcht nicht nur aus dieser Abhängigkeit. Basra war der Ansicht, daß Hyänen an die Löwen glaubten. (In Wirklichkeit glauben Hyänen an jedes Wesen, das einen geraden Rücken hat.) Ihre Ehrfurcht vor den Löwen war eine Ehrfurcht vor deren Kraft und Geschicklichkeit, mit der sie die Beute rissen und töteten. Anders als die Schakale versuchten sie niemals zwischen

den träge fressenden Löwen einen Knochen wegzustibitzen. Sie kamen höflich von einer Seite und zogen sich auf einen Blick oder ein Knurren des Löwen hin sofort zurück, und zwar nicht, wie die Schakale, nur aus Furcht vor einem Hieb mit der Löwenpranke. Von erfreulicher Höflichkeit zeugte außerdem ihre Angewohnheit, sich auch dann noch eine Weile in der Nähe eines Kadavers aufzuhalten, wenn schon lange nichts Freßbares mehr dran war. Und immer zeigten sie sich erkenntlich für die Gaben, die sie vorfanden, und gaben deutlich zu verstehen, daß sie den Löwen als Beschaffer ihrer Mahlzeit verehrten.
Nein, dachte Basra, für die erste Phase der Umfrage sind die Hyänen vielleicht gar nicht so schlecht. Und außerdem kämen sie an Orte, wohin ein Löwe nie gelangte. Sie waren überall, wo sie etwas zu fressen ergattern konnten. Wo sie sich den Rest der Zeit aufhielten, wußte Basra nicht zu sagen. Aber irgendwo mußten sie ja sein. In Grotten und Höhlen wahrscheinlich und an Orten, die eines Löwen nicht würdig waren. Dort würden die Hyänen dann Tiere treffen, mit denen Basra keinen Umgang pflegte, ja, von deren Existenz er noch nicht einmal etwas ahnte. Wenn man bei diesen Tieren anfinge und ihnen schon mal die Frage nach der Ehrfurcht vor dem Löwen als höchstem Wesen stellte, dann könnte man aus den Antworten schließen, wie es um seine Macht im allgemeinen bestellt sei. Sehr zufrieden mit diesem Gedanken, schlief Basra ein.
Am nächsten Tag tat er, als ob er Betoels Neugier nicht bemerkte. Der junge Löwe hatte sich sehr sorgfältig saubergeleckt. Erst gegen Abend, als Betoel gar nicht mehr von seiner Seite weichen wollte, sagte Basra zu ihm: »Wir werden die Hyäne fragen.«
»Die Hyäne?« entfuhr es Betoel verdutzt.

»Ich habe alle Tiere vor meinem geistigen Auge passieren lassen, und die Hyäne erschien mir dafür am geeignetsten«, erklärte Basra.
»Sie erstaunen mich doch sehr, mein Herr – oder darf ich Sire sagen?« fragte Basra.
»Nur zu, ich wüßte nicht, daß es verboten wäre«, gab Basra zur Antwort.
»Mit Verlaub, Sire«, sagte Betoel heiter. »Sire, Ihr führt die Hyäne sehr überraschend ins Feld.«
Die Zeit für ein Löwenmahl war noch nicht gekommen. Basra und Betoel hatten in den letzten Tagen entsetzlich viel gefressen, und so würde es eine Weile dauern, bis sie wieder genug Appetit hätten. Reichlich Zeit also, die Frage noch einmal zu erörtern. Aber es kam nicht dazu. Sie sprachen nur wenig miteinander in diesen Tagen. Betoel jedoch zeigte sich zunehmend verbindlicher, was Basra – und der ins Auge gefaßte Plan trug seinen Teil dazu bei – mehr und mehr mit einem Gefühl der Majestät erfüllte. Oft kletterte er auf einen hochgelegenen Standplatz und starrte stundenlang reglos in die Ferne. Im Grunde war es überflüssig, erkunden zu wollen, wie es um die Anerkennung Basras bestellt war, denn jeder, der ihn majestätisch daherschreiten oder innehalten sah, würde bestreiten, daß dies überhaupt in Frage stand. Erst Tage später – Betoel als der Jüngere litt bereits nagenden Hunger – konnte Basra sich wieder mit dem Gedanken anfreunden, etwas zu sich zu nehmen. Als ihnen dann ein junges, zartes Gazellenweibchen angeboten wurde, machten sich die beiden Löwen darüber her. Sie hatten es schon beinahe aufgefressen und waren fast satt, als sich einige Hyänen näherten. Ein Hyänenrüde mit Namen Drauwdie wartete in einiger Entfernung. Mit Freuden stellte er fest, daß Basra und Betoel zunehmend lustloser fraßen und noch einiges übrig

war. Er knurrte die anderen Hyänen in die Flucht, die zu anderen Löwenmahlzeiten weitereilten, und leckte sich das Maul. Dann trat er einen Schritt näher. Er konnte riechen, wie herrlich die Gazellenreste schmecken mußten. Er schluckte, hechelte und sah Basra freundlich und prüfend an, ob er sich noch ein Stück weiter heranwagen durfte. Basra starrte mit Absicht in die entgegengesetzte Richtung, aber Betoel sah Drauwdie ins Gesicht, nicht unfreundlich und schon gar nicht auf eine Art, die einen Hieb mit der Pranke vermuten ließ. Drauwdie zuckte einmal wohltuend mit den kräftigen Schultern, leckte sich noch einmal die Nase, damit der Geruch der Gazelle leichter seinen Weg fände, und trat einen Schritt vor. Jetzt konnte er die Gazelle fast berühren. Wie ein Magnet zog ihn das Fleisch an. Aber er mußte sicher sein, daß die Löwen sein Verhalten nicht als unpassend empfanden. Also bemühte er sich, mit weitgeöffneten großen gelben Augen so liebenswert und guterzogen wie möglich auszusehen. Doch Basra würdigte ihn noch immer keines Blickes. Betoel hingegen schien ihn eher auffordern als zurückhalten zu wollen, und so machte Drauwdie einen großen Schritt nach vorn und stellte eine seiner ungeschlachten Vorderpfoten auf das, was von der Gazelle – sie hatte Thera geheißen – noch übrig war. Noch immer reagierte keiner der Löwen. Die Gazelle roch überwältigend gut, wunderbar frisch und verführerisch. Drauwdie öffnete das Maul, um es fast im gleichen Moment mit einem so furchterregenden Krachen wieder zuzuklappen, daß es schallte. Basra hatte sich ihm ganz plötzlich zugewandt und ihm zugerufen: »He, du – sag mal!«

Trotz seines Schreckens mußte Drauwdie innerlich kichern. Das Geräusch, mit dem seine Zähne aufeinandergedonnert waren, war zu komisch gewesen. Dieses Geräusch nämlich war Gegenstand eines heimlichen Ehrgeizes von Drauwdie. Immer wenn er guter Laune war, übte er, sein Maul so zuzuklappen, daß der dröhnende, etwas hohle Laut gleichzeitig rund und wohlklingend ausfiel. Ein Kunststück, das ihm unter den Hyänen den Ruf eingebracht hatte, ein Original zu sein. Diesmal war das Geräusch vor Schrecken und Staunen lauter als sonst, und das war der Grund dafür, daß Drauwdie trotz seines Entsetzens innerlich kichern mußte, während er Basra mit Augen anblickte, die weiter aufgerissen waren als sonst.

»Ruhig, mein Freund«, sagte Basra. »Ich will dir nur eine Frage stellen.« Trotz dieser beruhigenden Worte trat Drauwdie einige Schritte zurück.

Er war zu weit gegangen. Kein Zweifel. Er fragte sich, woher er den Mut genommen hatte, sich an die Beute zu wagen, obwohl die Löwen noch nicht zu Ende gefressen hatten.

»Bleib stehen, Frechling!« rief Betoel, worauf Basra ihm eine mit dem Schwanz verpaßte, was bedeutete, daß er sich nicht einmischen sollte.

»Weißt du, wer ich bin?« wurde Drauwdie nun von Basra gefragt.

Was für ein Jammer, dachte Drauwdie, daß ich so langsam im Denken bin. Erst denke ich: Da liegt ein Kadaver – dann denke ich: Da muß ich hin – dann fällt mir ein: Erst mal gucken – und dann: Gucken, was die anderen machen – und schließlich: Ah ja, da sind sie – danach stell ich fest: Die haben's auch schon in die Nase gekriegt – und zum Schluß denke ich noch: Nichts wie hin! Das wollen die anderen aber auch, doch da denke ich schon nicht mehr, weil es jetzt nur noch darum geht, als erster dazusein und die anderen wegzujagen. Mehr geht mir nicht im Kopf herum. Fassungslos starrte er Basra an und blieb ihm eine Antwort auf die Frage, wer er denn sei, schuldig. Dabei wußte er sehr genau, daß Basra nichts und niemand anderes war als *der* Löwe, der stärkste und größte von allen.

»He, man hat dich was gefragt«, sagte Betoel, der eine Weile seine Lust, sich einzumischen, unterdrückt hatte. Und zu Basra sagte er: »Verzeiht mir, Sire, aber dieser Tölpel ist wirklich unerträglich!«

»Immer mit der Ruhe«, antwortete Basra. »Er weiß es sicher.«

Und dann wandte er sich wieder an Drauwdie: »Ich tu dir nichts, mein Freund. Aber du mußt mir antworten. Ist deine Antwort richtig, gehören diese Reste hier dir, und er«, damit meinte er Betoel, »er wird dafür sorgen, daß dich beim Fressen niemand stört.«

Warum aufzählen, was Drauwdie durch den Kopf ging? Er dachte es so langsam, daß man ewig bräuchte, um es mitzuschreiben, und außerdem war es zu inhaltslos. Daß Basra ein Löwe wäre, das zu sagen kam der Hyäne Drauwdie einen Moment lang durchaus in den Sinn, doch im gleichen Augenblick war er überzeugt davon, daß diese Antwort mit Sicherheit falsch sei und es besser wäre, nichts zu sagen. Vor langer Zeit hatte Drauwdies Mutter ihrem Jungen von etwas sehr Rätselhaftem und Geheimnisvollem erzählt, von einem »Extrakt aus Pilzen.« Drauwdie überlegte, ob er das vielleicht zur Antwort geben sollte: »Ein Extrakt aus Pilzen.« Was aber, wenn es nur den Hyänen etwas sagte, und den Löwen nicht? Es würde für Basra keine Bedeutung haben. Und damit wäre es nur eine freche Antwort. Ach, Mama, dachte Drauwdie (nun wieder ganz langsam), wie wenig hast du mir nur beigebracht! Mutlos ließ er den Kopf hängen und schwieg.

Das jedoch paßte Basra gar nicht. Als er Betoel seinen Entschluß mitgeteilt hatte, daß die Umfrage bei den Hyänen beginnen sollte, war dieser sofort skeptisch gewesen. Basra hatte jedoch an seinem Entschluß festgehalten, und jetzt also sollte sich zeigen, daß Betoel recht gehabt hatte, und das war ihm unangenehm.

»Du fängst an, mich zu langweilen, dummes Vieh«, sagte Basra. »Antworte! Na los!«

Betoel wagte sich trotz der demütigenden Aufgabe, die Basra ihm als Wächter einer fressenden Hyäne zugedacht hatte, wieder etwas vor. Er stellte sich hinter Drauwdie und beschnüffelte gespielt unschuldig dessen Hinterpfote. Drauwdie begriff, daß alles verloren war, und sein Kopf sank noch tiefer.

Ach, Mama, dachte er, warum nur, warum nur hast du mir von alledem so wenig erzählt? Drauwdies Mutter hatte sich in diesem Punkt nie anders verhalten als alle anderen Hyänen, und etwas Vergleichbares war einer Hyäne nie passiert. Drauwdie konnte also gar keine Antwort geben, und deshalb trat er noch einen Schritt zurück. Doch das war keine gute Idee, denn nun biß Betoel zu, in das Bein, an dem er eben noch geschnüffelt hatte. Drauwdie schoß zwei Schritte nach vorn und stand nun grauenhaft nah vor Basra und dessen Maul.

»Also keine Antwort, was?« knurrte der große Löwe. »Keine Antwort auf die Frage, wie es bei den Tieren, die dir bekannt sind, um die Anerkennung des Löwen als König und höchstem Wesen, um die Ehrfurcht, den Glauben, den Gehorsam und die Macht bestellt ist? Auf nichts davon eine Antwort? Nur eine große Leere und nicht mal der Schatten einer Antwort?«

Es hatte keinen Zweck, sich an etwas aus vergangenen Zeiten erinnern zu wollen, das hier passen könnte. Drauwdies Mutter war längst über alle Berge, und seit der Trennung hatte er keinen Augenblick mehr an sie gedacht. Und jetzt war es zu spät. Dennoch überkam ihn ein Gefühl der Wärme und Sicherheit, wenn er an sie zurückdachte.

»Heb den Kopf etwas«, sagte Basra.

Drauwdie tat, wie ihm geheißen.

Und dann ließ Basra wohlgezielt, unnachahmlich kraftvoll, krachend und dröhnend, unabwendbar und nicht wiedergutzumachen seine rechte Vorderpranke auf Drauwdies Kiefer herabdonnern, daß es laut und anhaltend durch die Wildnis schallte. Mit einem Krachen folgte unmittelbar darauf das Geräusch eines zuklappenden Hyänenmauls. Der gleiche hohle und dennoch rund- und wohlklingende Laut aufeinanderschlagender Kiefer, über den sich Drauwdie (dem es für den Bruchteil einer Sekunde durch den Kopf schoß, daß es noch nie so laut und lustig geklungen hatte wie heute) sonst so sehr freuen konnte. Aber da war es mit dem Freuen bei dem armen Tier auch schon vorbei. Denn mit dem Aufeinanderschlagen der Kiefer und dem Umherfliegen der Zähne war die Wucht von Basras Schlag noch nicht erschöpft. Das Genick der Hyäne brach, der Kopf schlug auf den Rücken, und Drauwdie stürzte tot auf die versprochenen Reste der Gazelle.

Als Betoel diesen meisterhaften Prankenhieb sah, begriff er, daß Basra zwar in der Ausführung von Plänen Fehler begehen konnte, aber deswegen noch lange kein Hanswurst war. Die Kraft des Schlages, den Basra soeben ausgeteilt hatte, war schlichtweg unerhört, unerhört im Reich der wilden Tiere, unerhört in diesem Erdteil und unerhört vielleicht sogar in der ganzen Welt und am Ende im gesamten Universum. Als Basra mit schmerzender Pranke, aber ohne zu hinken und Drauwdie noch eines Blickes zu würdigen, den Weg zu seinem Nachtlager einschlug, folgte ihm der jüngere Löwe Betoel voller Anerkennung und Unterwürfigkeit, und das würde so bleiben, bis er eines Tages ebenso würde zuschlagen können oder Basra dazu nicht mehr imstande wäre.

Bei diesem ersten Umfrageversuch zur Anerkennung des Löwen zog außer Drauwdie noch einer den kürzeren: der Floh Lyrus. Er hatte bis dahin auf der Gazelle Thera ein angenehmes und glückliches Leben geführt. Sie war für Lyrus sein ein und alles gewesen. Graste sie in der Sonne, brach für ihn eine herrliche Zeit in einem Quell von Wärme und Licht an. Sprang sie durch Wald und Flur, um in andere Gefilde zu gelangen, sprang Lyrus mit und freute sich an ihrer Geschicklichkeit, die er als Floh durchaus zu beurteilen wußte. Ruhte sie in der Nacht, ruhte auch er, und so gut wie nie gab sie zu erkennen, daß sie seine Anwesenheit als störend empfand. Doch mit einem Mal, nach einer schnellen, aber kurzen und vergeblichen Flucht, war Thera kalt geworden und ihr Blut geronnen. Von dieser plötzlichen Veränderung war Lyrus so überrumpelt worden, daß er dem Grundsatz seiner Art, einen sterbenden Körper so schnell wie möglich zu verlassen, nicht nachkam. Vom Schlag wie betäubt und voller Trauer über Thera, blieb er, wo er war. Blieb auch, als die Löwen, die Thera getötet hatten, die Leiche durchs Gras und später sogar durch den Sand schleiften. Blieb sogar, als Basra und Betoel seine Gazelle verschlangen, wobei er stets auf der Hut war, nicht in einem der Löwenmäuler zu verschwinden. Und saß schließlich am Steiß, an der Wurzel des Gazellenschwanzes, als Drauwdie mit einem Herzen voller Hoffnung seine grobschlächtige Pfote wie einen amtlichen Stempel genau dorthin setzte. Da ergriff Lyrus die Flucht und landete auf der Hyäne.
Während des Gesprächs von Drauwdie und Basra erkundete Lyrus erst einmal die Lage und nahm eine Blutprobe.

Er hatte keine Wahl, er mußte sich in sein Los fügen. Und so kroch er auf Drauwdies Kopf, um zu sehen und zu hören, was vor sich ging. Vom Anfang bis zum Ende war er also Zeuge dieses Dramas, und am liebsten hätte er Drauwdie die Antwort (und alle Antworten, die noch folgen würden) ins Ohr gebrüllt. Die phänomenale Wucht, mit der Drauwdies Kopf nach hinten schlug, traf den Floh nicht weniger überraschend als Drauwdie.

Als die Hyäne lautlos in sich zusammensackte, saß der Floh Lyrus erneut auf einer Leiche. Das gab ihm zu denken: In nicht weniger als einer Stunde saß er nun schon zum zweiten Mal auf einem Kadaver, und dabei war er vor nichts so sehr gewarnt worden als vor einer solchen Situation, nur der Aufenthalt auf Aas war noch schlimmer. Seine Aussichten waren schlechter als je zuvor. Niemand interessierte sich für eine tote Hyäne, außer vielleicht ein sehr hungriger Schakal, ein paar Geier oder später das mickrige Käfergeschmeiß. Lyrus hätte auch von der Leiche ins Gras hüpfen können, aber wer hat schon einmal von einem Floh gehört, der sich von den Früchten des Feldes genährt hätte? Lyrus mußte sich also einen anderen Wirt oder eine andere Wirtin suchen. Aber um eine entsprechende Strategie auszuarbeiten, war seine Lage zu aussichtslos. Er befand sich in höchster Not. Seine letzte Chance war ein einziges Tier, auf das er noch hinüberwechseln könnte. Die Parole lautete: wachsam sein.

Zeit zum Nachdenken, zum Nachgrübeln über den seltsamen Zufall, daß zwei tote Tiere ihn in kürzester Zeit zweifach heimatlos gemacht hatten, hatte er genug. Es war schon fast eine Seuche! Katastrophen dieser Art bringen es jedoch meist mit sich, daß man sich auf das Eigentliche zu besinnen beginnt. Und wenn Lyrus' Katastrophe dazu noch nicht Anlaß genug gab, dann ganz sicher Basras Worte zu

Drauwdie: »Wie ist es um die Anerkennung« – so lauteten doch wohl seine Worte –, »die Ehrfurcht, den Glauben und die Macht des Löwen bei anderen Tieren bestellt?« Drauwdies Loyalität in jedem einzelnen Punkt dieser Aufzählung war nicht anzuzweifeln gewesen. Hätte er Basras Prankenhieb überlebt, wäre dazu noch weniger Anlaß gewesen, denn sowohl die Ehrfurcht als auch der Glaube, der Gehorsam nicht weniger als die Macht hätten sich mit solch einem Schlag für alle Ewigkeit in Drauwdies Kopf eingeprägt. Lyrus fand, daß Basras Entscheidung, Drauwdie zu fragen, nicht die schlechteste gewesen war, auch wenn der Tod für etwas, was die Hyäne dem Löwen sowieso schon entgegengebracht hatte, eine zweifelhafte Belohnung war. Und nicht weniger zweifelhaft für mich, dachte Lyrus, der ich es an Ehrfurcht vor dem Löwen doch weiß Gott nicht habe fehlen lassen. Lyrus' Chancen auf ein Überleben jedenfalls waren im Moment gleich Null – auch wenn sein Sterben vermutlich etwas länger dauern würde.

Wie mächtig die Löwen doch sind, dachte Lyrus. Zuerst töten sie meine Gazelle und dann meine Hyäne. Dabei haben sie nicht das geringste Interesse an mir. Sie haben mich doch nie gesehen, nie auch nur eine Minute an mich gedacht. Und trotzdem sitze ich jetzt auf einem Kadaver und werde verhungern. Sie mischen sich ein und verurteilen mich zum Tode, und wissen dabei nicht einmal, daß es mich gibt. Ich bin dem Löwen Basra noch nie zur Last gefallen, noch nie hat er mich fühlen müssen, noch nie hat er von mir gehört, und keinen Augenblick lang wird es ihm Genugtuung oder Freude sein, daß ich seine Macht anerkenne. Ich bin weniger als ein Nichts für ihn, und trotzdem tötet er mich. Mein Tod wird langsam sein und mein Leid grenzenlos. Doch Basra weiß von alledem nichts, und deshalb wird es seiner Macht auch nicht schmeicheln.

Lyrus kletterte der toten Hyäne ins borstige Nackenfell und versuchte, sich einen Überblick zu verschaffen. Es wurde bereits dunkel, und in der Ferne war das Geheul anderer Hyänen zu hören. Zu weit weg, dachte Lyrus. Er hoffte nicht einmal mehr auf eine Gazelle und wäre auch mit einer Hyäne zufrieden gewesen – wenn es nur eine Zukunft für ihn gab. Aber vielleicht waren das Halluzinationen eines Flohs, der immer schwächer wurde. Er spürte die Nacht über seinem gepanzerten Rücken, und aus der Weite des Raums vernahm er, wie mächtig der Löwe sei und daß es in der ganzen Welt nur eine einzige Antwort gäbe auf die Frage nach der Anerkennung seiner Macht.
Lyrus wurde trauriger und trauriger und zog sich tiefer in den Pelz zurück. Angestrengt begann er nachzudenken. Noch konnte er unter sein Leben keinen Schlußstrich ziehen. Und er faßte den Entschluß, daß er, wenn das Schicksal ihm einen neuen Wirt bescheren würde, den Rest seines Lebens der Frage widmen wollte, wie es um die Ehrfurcht, den Glauben, die Anerkennung und die Macht des Löwen bestellt sei. Um die Anerkennung als König insbesondere des Löwen Basra, der mit einem einzigen Prankenhieb die Welt aus den Angeln heben konnte. Das ist es, dachte Lyrus und hätte vor Kummer am liebsten geheult, als die Nacht immer kälter wurde, bis sie so kalt war wie die tote Hyäne Drauwdie. Alles war still und verlassen, das Leben ohne Hoffnung und Aussicht, weil nirgends Leben war und nirgends Blut, keine Wärme und keine Geborgenheit. Lyrus schlief ein, schluchzte ab und zu wegen der Gazelle Thera und weinte manchmal ein bißchen wegen Drauwdie. Halb saß und halb hing er zwischen den Fellhaaren des Kadavers und war krampfhaft bemüht, die tote Haut nicht zu berühren.

Mitten in der Nacht schreckte er auf. Die tote Hyäne bewegte sich. Sofort saß Lyrus wieder in den Fellspitzen. Eine Hyäne beschnüffelte den toten Artgenossen und drehte den Körper mit der Schnauze auf die andere Seite. Drawdies Kopf blieb, wo er war, und wurde von der anderen Hyäne aufmerksam untersucht.
Lyrus wechselte sofort das Quartier.
Es gab nichts Einfacheres auf der Welt, als von den Nackenhaaren einer toten Hyäne überzuwechseln in die einer lebenden. Die lebende Hyäne hieß Strok, und nur wenig später trabte Lyrus mit seinem neuen Wirt in die nächtliche Steppe hinaus. Während er sich festkrallte, erfüllte ihn ein strahlendes Gefühl der Dankbarkeit über das Wunder, das soeben stattgefunden hatte. Er erinnerte sich des Versprechens, den Rest seines Lebens der Frage zu widmen, wie es um die Ehrfurcht und den Glauben bestellt sei. Er, für den schon zweimal die Welt untergegangen war, fühlte, daß er ein anderer geworden war. Jetzt hatte er eine Aufgabe, er hatte einen Auftrag zu erfüllen! Und das Problem, zu leben und am Leben zu bleiben, war nicht mehr das einzige seines Daseins. O nein, von nun an gab es etwas Wichtigeres! Lyrus nickte feierlich, bevor er erneut einschlief, und spürte, wie ein neuartiges Gefühl von Würde seine Adern durchströmte. In dieser Nacht stach er nicht und saugte auch kein Blut, denn nichts zierte seinen neuen Stand mehr als Entsagung.

II.

Was war dieser Treffie doch für ein elender Köter!
Wenn man einige Dutzend Hunde vor dem geistigen Auge passieren ließe, wäre keiner dabei, der es in puncto Quer-

köpfigkeit, Unflätigkeit und Nihilismus mit Treffie aufnehmen könnte. Trotzdem war dieser Hund manchmal durchaus fröhlich, wenn auch nicht auf eine besonders sympathische Weise. Es war vielmehr die Heiterkeit der Schadenfreude und Spielverderberei. Eine Heiterkeit, die auf nichts zielte und der schlechten Laune entsprang. Treffie hatte viele Herrchen gehabt. Mit Sicherheit gab es keinen Hund, der weniger treu war als er. Manche Hunde verlieren ihr Herrchen durch Zufall. Dann irren sie leise fiepend und suchend umher. Andere wiederum, besonders die edlen Rassen, heben horchend ein Vorderbein oder bleiben bewegungslos schnüffelnd stehen. Fast alle aber werden in dieser Situation so nervös, daß sie in ihrer Anspannung die richtige Richtung einschlagen und ihr Herrchen wiederfinden. Wenn Treffies jetziges Herrchen nur für einen Meter eine Richtung einschlug, die Treffie nicht zusagte, dann hatte dieses Herrchen sofort keinen Hund mehr. Das Herrchen oder dessen Frau oder Sohn lief dann suchend umher, fanden Treffie jedoch nicht wieder. Litt er durch den Verlust eines Daches über dem Kopf Hunger, trieb ihn dieses Gefühl dazu, wildfremden Leuten eine so herzerweichende Anhänglichkeit vorzuspielen, daß sie ihm in ihrer Rührung einen Napf mit warmem Essen hinstellten. Hunde, denen Ähnliches widerfährt, verhalten sich in dieser Situation meist so, wie man es von ihnen erwartet: Sie wedeln mit dem Schwanz und lecken die großzügige Hand, und manchmal fiepen sie vor lauter Dankbarkeit sogar leise. Treffie aber wedelte nicht einmal dann mit dem Schwanz, wenn er nach mehrtägigem Fasten seinen Kopf endlich wieder in einen Napf stecken durfte. Wagte sich der edelmütige Wohltäter zu nahe heran, schnappte er nach dessen Knöchel oder Hand. Sobald Treffie zu Ende gefressen hatte, lauerte er darauf, daß sich die Tür einen Spalt öffnete und er abhauen konnte, denn nichts war schlimmer, als wenn ein neues Herrchen gleich mit einem Halsband oder einer Kette ankam. Treffie an die Leine zu legen versuchte niemand sehr lange, und jeder ließ den Hund nach kürzester Zeit wieder laufen. »Wir scheinen dem Hund nicht gut genug zu sein«, hieß es dann.

Nein, für Treffie war niemand gut genug, und er – darin lag sein ganzer Ehrgeiz – war seinerseits niemandem gut genug. Er war klein, drahtig und schwarz-weiß gefleckt. Das Weiß in seinem Fell war mit Sicherheit nicht weißer als weiß, sondern eher schmutzig, und verdeckte nur unvollkommen zahlreiche Narben. Das Schwarz war zwar schwarz, aber scheckig und stumpf, daß alte Wunden rot hindurchschimmerten. Ein Hund wie Treffie verlor manchen Kampf und ließ ganz sicher nicht immer einen wimmernden und blutenden Artgenossen auf dem Kampfplatz zurück.

Ja, es war tatsächlich Treffie, auf dem der Floh Lyrus endlich gelandet war.

Fragt sich bloß, wie.

Doch unsere Erzählung will keine Reisebeschreibung sein, und deshalb soll nur so viel verraten werden, daß die Hyäne Strok für einen Zoo gefangen wurde. Sie wurde verschifft und stand eines Tages als gelöschte Ladung in einem Verschlag am Pier. Auf ebendiesem Pier trieb sich Treffie herum. Er steckte seine Nase in sämtliche Kisten und Verschläge, und so steckte er sie auch in den Verschlag von Strok. Weil die Hyäne für Treffie ziemlich ungewöhnlich roch, zog er den Kopf nicht sofort zurück. Er hatte nur vage gesehen, was sich darin befand. Auch die Hyäne hatte den Eindringling bemerkt. Sie versuchte sich umzudrehen, um nachzusehen, was es wäre, doch die Kiste war zu klein. Außerdem stand ihr, die seit Anfang der

Reise vom Geschehen rein gar nichts begriff, der Sinn kaum nach kurzweiliger Geschäftigkeit, deren Folgen man nicht übersehen konnte. Aber immerhin trat sie, als sie spürte, daß etwas sie berührte, aufgrund eines alten Instinktes mit beiden Hinterbeinen gleichzeitig aus. Ein anderer Hund hätte sofort Reißaus genommen, denn obwohl die Hinterbeine einer Hyäne nicht so kräftig sind wie die vorn, ist ihre Kraft noch beachtlich. Der Umstand, daß eine der Pfoten Treffies Kopf streifte, war für ihn Grund genug, sofort einen Gegenangriff zu starten, und er versuchte mit aller Hinterlist der Hyäne von oben ins Bein zu beißen. Das gelang ihm, und die wild um sich tretende Hyäne machte einen Höllenlärm. Er biß ein zweites Mal zu und überraschte dabei Lyrus, der die ganze Reise über unruhig auf Stroks Körper hin und her gezogen war, weil auch er von Anfang an vom Geschehen rein gar nichts begriff. Lyrus fiel Treffie ins Maul. Gott sei Dank konnte er sich in einer Falte der Lefzen fangen und rettete sich von dort schnell auf den Hals. Der wohlgezielte Wurf eines Matrosen mit einem Stück Metall traf Treffie am Hinterleib, der aus dem Verschlag ragte. Daraufhin gab er den seltsamen Kampf auf und rannte davon. Unversehens hatte der Floh Lyrus ein weiteres Mal seinen Wirt gewechselt.
Eine Veränderung zum Besseren jedoch war das nicht, denn so verdreckt Treffie auch war, Flöhe hielten es auf ihm meist nur kurze Zeit aus. Er war ständig auf Jagd nach ihnen und dabei so geschickt, daß man als Floh schon sehr aufgeweckt sein mußte, um Treffies zielsicherer Gelenkigkeit gewachsen zu sein. Der Grund für Treffies Hartnäckigkeit beim Flöhejagen war sein grenzenloser Abscheu vor jeder Art von Schmarotzertum, und als Lyrus auf Treffie landete, war er tatsächlich der einzige Floh dort.

Doch es gab auch eine Zecke. Sie war ein Zeckenmännchen und hieß Zomptu. Die ersten Jahre seines Lebens hatte Zomptu auf einem fürchterlich dicken Kater verbracht, bis dieser eines Tages von Treffie heftig in die Mangel genommen wurde und Zomptu sich im Eifer des Gefechts an den Falschen geklammert hatte. Dabei war er – besinnlich wie alle Zecken – schon seit längerem der Meinung, es ginge ihm auf dem Kater im Grunde viel zu gut, und so hatte er sich mit der Zeit eingeredet, absichtlich auf den Hund übergesprungen zu sein.

»Das Leben kann es zu gut mit einem meinen«, sagte er einmal zu einer anderen Zecke. »Ich tat beinahe nichts und hatte alles im Überfluß. Es ist, als würde man immerzu auf einem Harmonium spielen, man verdirbt sich den Geschmack damit. De gustibus sehr wohl disputandum est. Was mich angeht, so ist mir ein Leben mit etwas mehr Abwechslung lieber.«

Zomptu hatte sich festgesogen, wo kein Halsband sich je hatte festsetzen können: an Treffies Hals. Aber wie gelenkig Treffie auch war, die Zecke konnte er nicht erreichen.

Zomptu war das einzige lebende Wesen in Lyrus' neuem Hundedasein, und so vernahm die Zecke als erste den Auftrag des Hyänenflohs.

Die Flöhe, die Lyrus damals auf Strok angetroffen hatte, hatten sich mit der Zeit vertraut mit dessen Gedanken und Plänen gemacht und fühlten sich dadurch geradezu geadelt. Was ein Hyänenfloh wohl auch nötig hat, denn der Körperbau seines Wirts gibt ihm ein Gefühl der Minderwertigkeit. Er sitzt dort wie auf einer Tribüne und glaubt deswegen, daß die anderen Tiere ihn mehr für einen Zuschauer als für ein tätiges Mitglied der Gesellschaft halten. Wer auf einer Hyäne lebt, kann sich viel weniger als andere Tiere mit seinem Wirt identifizieren. Und so hatten sich sämtliche Flöhe von Strok nach den ersten einführenden Worten von Lyrus aufgemacht, um herauszufinden, wie es um die Anerkennung des Löwen und die Ehrfurcht vor ihm bestellt sei. Als Folge davon hatte sich unter den Insekten in Basras Gebiet eine Bewegung gebildet, als deren Vorprediger sich Lyrus mit seinen Artgenossen und anderen Insekten oft über die großen Fragen unterhalten hatte, bis er mit dem gefangenen Strok zu seiner Reise aufbrechen mußte.

Zomptu begrüßte den Neuankömmling sehr herzlich.

»Man muß sich hier höllisch vorsehen«, sagte er sofort nach dem ersten Willkommensnicken. »Unsere Nahrungsgrundlage ist äußerst kregel und impulsiv.«

Lyrus war froh, sich mit jemandem unterhalten zu können, der von seinem Auftrag sicher noch nie etwas gehört hatte, und er hatte große Lust, sofort mit der Tür ins Haus zu fallen und seine Frage zu stellen. »Ich komme von weit her«, fing er an.

»Und ich hier ganz aus der Nähe«, hakte Zomptu sofort ein. »Von einem kastrierten Kater. Ich hatte dort mehr, als ich brauchen konnte. Aber der ständige Überfluß verdirbt einen nur. Auf die Dauer betrachtete ich die Dinge mit der gleichen Trägheit, die meinen Nahrungsspender auszeichnete. Nicht, daß das Leben auf diesem kleinen Hund hier ideal wäre – heute oder morgen kann ihm einfallen, wie er mich loswerden kann, und dann ist es um mich geschehen –, aber wegen der größeren Unsicherheit ist dieses Leben geistig doch um einiges anspruchsvoller als dieses oberflächliche Dahinvegetieren. Doch nehmen Sie dieses ›oberflächlich‹ nicht zu wörtlich«, widerrief er sofort. »Wir Zecken sind hinlänglich dafür bekannt, daß wir uns völlig in etwas versenken können.«

Lyrus war selig, einen so intelligenten Gesprächspartner

gefunden zu haben, und sagte: »Ich glaube, wir werden uns gut verstehen. Ich sprach soeben davon, daß ich von weit her komme, und so ist es in der Tat. Bis jetzt habe ich auf Tieren gelebt, die es in dieser Gegend vermutlich gar nicht gibt, und meine früheren Lebensumstände haben mit den hiesigen wohl auch nur wenig gemein. Ich kann gar nicht sagen, wie sehr es mich freut, sofort jemanden getroffen zu haben, mit dem ich meine Gedanken auf fruchtbare Art und Weise austauschen kann.«

»Wie gut, daß Sie das bemerken«, antwortete Zomptu, »ehrlich gesagt, würde ich ohne die große Veränderung, die sich in meinem Leben vollzogen hat, viele Dinge ganz anders sehen. Die Überwindung der Bequemlichkeit und der liebgewordenen Gewohnheiten, das ist für mich von größter Dringlichkeit. Ich habe das einem früheren Freund gegenüber einmal so ausgedrückt: Man kann nicht immer Harmonium spielen und fortwährend alle Register ziehen, ohne sich von der Einfachheit, die in allen Dingen liegt, immer mehr zu entfernen.«

Lyrus hatte keine Ahnung, was ein Harmonium war, und noch weniger war ihm die Bedeutung des Wortes Register bekannt. Sein Kontakt mit der zivilisierten Welt hatte gerade erst begonnen. Wenn er Zomptu auf diese Weise reden hörte, öffnete sich ihm eine neue Welt. Er hatte zwar eine Botschaft zu überbringen, aber zugleich würde er hier auch sehr viel lernen. Seine Bedenken, wie er jemals wieder in Basras Gebiet zurückfinden sollte – sie waren ihm in letzter Zeit immer häufiger gekommen –, schienen jetzt weniger drängend. Unter Umständen würde er hier sicher auch einiges über den Rückweg in Erfahrung bringen können. Er nickte Zomptu zu und wollte die Lage erkunden gehen. Nachdem er Lyrus' Nicken erwidert hatte, versank Zomptu schweigend in Treffies Hals.

Treffie hatte Lyrus sofort bemerkt und machte sich unverzüglich auf die Jagd nach ihm. Doch der, obwohl mit seinen Gedanken bei der Gazelle Thera und dem Glück seiner Jugend, war um einiges flinker. Er fand einen Platz, auf dem er ausruhen und gleichzeitig die beruhigende Anwesenheit von Zomptu spüren konnte.
Nach der vergeblichen Jagd auf Lyrus eilte der kleine Hund in Richtung Stadt. Er hatte gerade noch sehen können, wie Männer mit langen Stecken versuchten, Strok in dem Verschlag zur Ruhe zu bringen. Er lief geschäftig durch die Stadt, als ob er einen Termin nach dem anderen zu absolvieren hätte. Alles in allem war er nicht unzufrieden, denn kurz vor seinem Abenteuer mit Strok hatte er sich den Proviant eines Hafenarbeiters unter den Nagel gerissen und alles aufgefressen. Grund genug, ein paarmal auszurufen: »Ein fetter Bauch! Ein fetter Bauch!« (Dabei wurde einmal mehr deutlich, wie sehr es Treffie an jeglicher Kultur mangelte, denn jeder andere Hund würde irgend etwas wie »Gehört 'nem groben Schlauch« oder Ähnliches hinzugedichtet haben.) Er lief zu einem Lumpenlager, in dem er schon seit einer Weile Unterschlupf gefunden hatte, und wollte sich schlafen legen. Im Eingangstor klaffte ein großer Spalt, durch den nicht nur Ratten, sondern auch kleine Hunde hindurchpaßten. Treffie gelang das allerdings nur mit Mühe, und um ein Haar hätte die Holzkante Lyrus seinen Wirt gekostet, denn der vor sich hin dösende Floh war auf so etwas nicht vorbereitet. Treffie huschte quer durch das Lagerhaus und wälzte sich wenige Sekunden später wohlig zwischen zwei Lumpenballen, die als Nachtlager geradezu phantastisch waren. Er schlief sofort ein und merkte nichts mehr von dem, was weiter geschah. Und das war nicht wenig.
Nachdem Treffies Körper zur Ruhe gekommen war, krab-

belte Lyrus wieder zu Zomptu. Kaum hatte er seine Unterhaltung mit Zomptu wiederaufgenommen, kroch allerlei unglaublich kleines Getier aus den Lumpen hervor. Alle wollten sie etwas aus der großen, weiten Welt hören. Auf diese Weise hatte Lyrus schon beim ersten Bericht über die wunderlichen Geschehnisse, die sein Leben bestimmt hatten, eine erstaunlich große Zahl von Zuhörern. Er erzählte von seinem Leben auf der lieben Gazelle, vom Tod dieses schnellen Sprinters, vom Auftauchen der Löwen Basra und Betoel und schließlich von der Frage, die die beiden der Hyäne Drauwdie gestellt hatten: Wie ist es bei den Tieren, die man kennt, um die Anerkennung des Löwen als König und höchstem Wesen bestellt? Und wie um die Ehrfurcht, den Glauben, den Gehorsam und die Macht? Keines der Tiere, die Lyrus' Ausführungen lauschten, hatte jemals von einem Löwen gehört, geschweige denn von einem König oder gar von der Ehrfurcht, aber in seiner Stimme lag etwas, das sie mahnte, davon lieber nichts zu sagen.

»Wie war doch wieder der Name des Löwen?« fragte Zomptu, als Lyrus zum Ende seines Berichts gekommen war.

»Basra«, antwortete Lyrus. »Und sein erster Vertreter heißt Betoel.«

»Basra ... Basra ...«, murmelte Zomptu. »Den Namen habe ich doch schon mal gehört!«

»Aber ja doch«, rief Lyrus erfreut. »Ich habe doch erzählt, wie er Drauwdie getötet hat.«

»Erzähl es noch einmal«, bat Zomptu, und die Kriecher aus den Lumpen rückten noch näher heran.

»Zuerst sagte er nur: Heb den Kopf etwas«, berichtete Lyrus. »Und dann zerschmetterte er ihn mit einem einzigen Hieb seiner Pranke. Den Kopf der Hyäne, wohlgemerkt.«

»Das alles spielt sich in Größenordnungen ab, von denen

wir keinen Begriff haben«, sagte Zomptu und rief: »So ist das. Mein Gott, in was für einer Welt habe ich nur gelebt! Auf einem Kater! Auf einem kastrierten auch noch. Und in was für einer Welt lebe ich jetzt? Auf einem Hund! Auf einem kleinen, um genau zu sein.« Er erschauerte vor Ergriffenheit, als ihn die Erinnerung überwältigte: »Wenigstens habe ich den Schatten dieses Wesens – ähm, eine Hyäne, nicht wahr? – gesehen!« (Zomptu spielte darauf an, daß er die Hyäne theoretisch ja hätte sehen können, als Treffie den Kopf in den Verschlag steckte und der Hyäne in das Hinterbein biß.) »Ich habe den Schatten gesehen und wußte es noch nicht einmal. Oh, hätte ich doch nur eine Ahnung von alldem gehabt! Das Tier höchstpersönlich hätte ich sehen können. Aber laßt uns dankbar dafür sein, daß ich den Schatten betrachten und spüren durfte. Ich, Zomptu, Zecke eines Hundes!«

»So ist es!« sagte Lyrus und strahlte. »So ist es, und nicht anders.«

»Jetzt weiß ich, daß meine Anerkennung des Löwen grenzenlos ist und meine ganz persönliche Sache«, fuhr Zomptu fort. »Und daß meine Ehrfurcht, mein Glaube und mein Gehorsam ebenso grenzenlos sind.« Zomptu war wie im Rausch. Vollkommen entrückt starrte er Lyrus an, bis dieser ganz verlegen wurde. Die meisten Tiere, denen er von seiner Sache berichtet hatte, waren zwar ernst geworden, aber sonst in ihren Reaktionen durchaus nüchtern geblieben. Vielleicht war das in diesem Land einfach so üblich.

Auch das Kleinvieh war sprachlos. Durchaus möglich, daß sich Zomptu als ihr Dolmetscher verstand, aber im Grunde waren diese Kriecher einfach zu unscheinbar, zu unbedeutend, zu mickrig und zu ungreifbar, als daß man annehmen könnte, sie würden sich in Anerkennung und Gehorsam vereinigen. Aber immerhin ist es ja ein ganz netter Abend gewesen, dachten die Kriecher, als sie wieder in die Lumpen krochen.

»Es muß etwas unternommen werden«, sagte Zomptu nach einer Weile. »Das Ganze ist zu großartig und zu überwältigend. Es kann die Welt aus den Angeln heben, weil uns, die wir hier mit etwas Erhabenem in Berührung gekommen sind, endlich ein Lebensziel gegeben wurde.« Er starrte Lyrus ein weiteres Mal so lange an, bis dieser wieder verlegen wurde, und dann flüsterte er: »Der Löwe ist mein König!« und zog sich wieder in seine Hautfalte zurück.

Lyrus war nicht wenig erstaunt über diesen Verlauf der Dinge. Seine Aufgabe war es, in Erfahrung zu bringen, wie es um die Anerkennung und die Ehrfurcht bestellt sei, um dann irgendwann dem Löwen Basra darüber Bericht zu erstatten. Doch schon die bloße Nachricht von der Existenz des Löwen hatte Lyrus' neuen Gefährten in eine so entrückte Stimmung versetzt, daß er unverzüglich mit der Anerkennung Ernst machte. Wobei kaum zu leugnen war, daß Zomptu von einem Löwen vorher noch nie gehört hatte und die Antwort auf Basras Frage in diesem Falle also zu dessen Ungunsten hätte ausfallen müssen. Sobald Zomptu sich wieder zeigen würde, wollte Lyrus ihn danach fragen und vor einer übereilten Reaktion warnen, die die Umfrage gefährden könnte. Nachdem er sich gerade noch darüber wundern konnte, daß er immer weniger Blut zu sich nahm und der Nahrungsfrage kaum noch Aufmerksamkeit widmete, fiel er in tiefen Schlaf.

III.

Es gelang Lyrus am nächsten Tag wahrhaftig, Zomptu davon zu überzeugen, daß es nicht darum ging, mir nichts, dir nichts in den Ruf »O mein Löwe, mein Herr und König!« auszubrechen, sondern daß eine Strategie ausgearbeitet werden mußte, um auf die Frage des Löwen, wie es denn bei den Tieren, die man kennt, um die Anerkennung bestellt sei, eine Antwort zu finden.

Da die anderen Tiere den Löwen niemals leibhaftig gesehen hatten, konnten sie ihrer Phantasie freien Lauf lassen. Ihr König sah womöglich ganz anders aus als der tatsächliche. Das würde bei dieser Umfrage zweifellos die Hauptschwierigkeit darstellen, so viel war klar. Zomptu war der Meinung, eine Umfrage wäre, was ihn anginge, gar nicht mehr nötig. Obwohl er von sich des öfteren als von einem »Eingeweihten« sprach (weil er den Schatten der Hyäne Strok gesehen hatte), versprach er Lyrus dennoch, ihn nach besten Kräften zu unterstützen. Jetzt, da er vom König gehört hatte und die Überlegungen vom Vorabend bedachte, begann er es zu bedauern, daß er nicht mehr auf seinem Kater lebte. Mit all den Kenntnissen um die Ehrfurcht und die Anerkennung, die ihn zu grenzenloser Meditation und Träumerei befähigten, könnte das bequeme, ungestört ruhige Leben auf einem Kater, in dem man sich in Gedanken ganz dem Dienst des Löwen widmete, trotz allem ein sehr erfülltes Leben sein. Leider aber lebte er nun einmal auf dem Hund Treffie, und so war es ihm doch etwas lästig, daß der Floh Lyrus in bezug auf die Umfrage einiges an zusätzlichem Engagement erwartete. Einen Augenblick lang dachte er daran, sich Lyrus' Unkenntnis der hiesigen Sitten und Bräuche zunutze zu machen und einfach zu behaupten, in diesem Lande zähle der Geist mehr als das tätige Wort. Andererseits war es immerhin eine Nachricht von Lyrus gewesen, die ihn in diesen zauberhaften Zustand des Entrücktseins versetzt hatte. Und außerdem war Lyrus doch noch mehr Eingeweihter als er selbst.

Also erklärte er Lyrus, daß es am besten wäre, erst die Tiere, die auf Wirten lebten, über diese Sache zu informieren, und der Umfrage dann mit deren Hilfe eine noch größere Verbreitung zu verschaffen. Allerdings konnten weder Flöhe noch Zecken jemals direkt das Wort an ihre Wirte richten. Lyrus und Zomptu konnten zwar verstehen, was die großen Tiere untereinander besprachen, aber zu Hunden oder Katzen war für sie kein Durchkommen.

»Unsere einzige Chance liegt bei den jungen Mäusen«, sagte Zomptu. »Junge Mäuse hören zu, wenn Mücken summen. Denn das ist das berühmte Mückensummen.« Und Zomptu weihte Lyrus in die Seltsamkeiten dieses Sachverhaltes ein. Jungen Mäusen liegt im Grunde gar nichts daran, Mücken zu verstehen, aber es ist nun einmal so. Die Mücken ihrerseits sind stolz auf dieses Vermögen und blasen den Mäusen deshalb manchmal die verrücktesten Dinge ins Ohr, die diese dann ihr Leben lang nicht mehr vergessen. Durchdringend summen sie immer wieder das gleiche irre Zeug, und die Mäuse erholen sich davon nie mehr. Diesmal jedoch würden die Mücken endlich einmal etwas Richtiges zu erzählen haben, und auf ihre Penetranz könnte Verlaß sein. Wenn sie es oft genug wiederholten, war die Aussicht groß, daß die jungen Mäuse es ihren Müttern weitererzählten, und war die Nachricht dann erst einmal bei den erwachsenen Mäusen, würde sie von dort auch weiterverbreitet werden. »Verlassen Sie sich darauf, guter Freund aus den fernen Landen!«

17

beschloß Zomptu seine Erläuterungen über Mücken und junge Mäuse.*

Die Maus, die von den bereits eingeweihten Mücken zuerst die Nachricht vom König und der Umfrage vernahm, war der blutjunge Ignaat. Er war gerade hinter seiner Mutter her an einem Efeu hochgeklettert und saß auf dem Fensterbrett eines alten Hauses am Stadtrand, als das Gesumm auf ihn einstürzte. Gleich drei Mücken eröffneten die abscheuliche Attacke.

»Weißt du, wer König ist?« fragten sie und setzten ohne Pause hinzu: »Der große gelbe Löwe, der, der mit einem Prankenhieb alles vernichten kann. Weißt du, wer König ist?« wiederholten sie. »Der Löwe!«

»Weißt du, was du fragen mußt?«

»Weißt du, was du fragen mußt?«

»Weißt du, was du fragen mußt? Du mußt deine Mutter fragen, und du mußt alle anderen Mäuse fragen – also frag deine Mutter und frag alle anderen Mäuse: Weißt du, wer König ist? Wie ist es um die Ehrfurcht und den Glauben, den Gehorsam und die Macht bestellt? Das mußt du fragen, und sag auch gleich die Antwort: der Löwe, mußt du sagen, der Löwe, der große gelbe Löwe!«

Diese Sätze wiederholten die Mücken mit ihrem durchdringenden Gesumm, bis Ignaat ganz schwindelig davon wurde und ihm fast die Augen aus dem Kopf sprangen.

---

* Zomptus Worte entsprachen der Wahrheit. Junge Mäuse finden es entsetzlich, wenn die Mücken ihnen etwas erzählen. Je mehr sie verstehen können, desto jünger sind sie und auch um so unerfahrener und weiter vom Leben der erwachsenen Mäuse entfernt. Dabei wollen sie selber schon wenige Tage nach der Geburt nichts anderes, als sich so zu verhalten wie die älteren Mäuse. Doch sie können es nicht ändern, daß sie die Mücken verstehen. Außerdem sind diese so hartnäckig, daß die Mäuse einfach zuhören müssen. Fast alle Mäuse haben deshalb nur schreckliche Erinnerungen an die Mückenlitaneien.

Kaum war Ignaats Mutter mit den spitzen Worten: »Nichts, rein gar nichts, sie waren wieder mal vor uns hier!« unter dem Fensterrahmen hervorgekrochen, platzte er schon heraus: »Weißt du, wer König ist? Der Löwe!«

Ignaats Mutter erstarrte zur Salzsäule. Irgendwie war ihr, als ob sie diese Frage früher schon einmal gehört und diese Situation schon einmal erlebt hätte: ein breites Fensterbrett, der Wind, der leise im Efeu raschelt, und neben sich ein Söhnchen, das Ignaat heißt. Ihr war, als hätte sie schon vor Ignaats Geburt geahnt, daß dieser Moment kommen würde: »Weißt du, wer König ist? Der Löwe!«

Ignaat leierte sofort sämtliche Sätze herunter, die ihm die Mücken ins Ohr gesummt hatten. Er wiederholte sie genauso monoton, wie er sie gehört hatte, und glich mit seinem immer wiederkehrenden »Der große gelbe Löwe, der große gelbe Löwe, der große gelbe Löwe« eher einem Mückentrio als einer lebenden Maus.

»Komm mit, du Wirrkopf«, sagte Ignaats Mutter zu ihm. Ihr Name war Trui. »Komm mit.« Eilig machte sie sich auf den Heimweg zu den anderen Mäusen, von denen sie sich Hilfe erhoffte, um dadurch vielleicht von dem Schreckgespenst, das Ignaats Nachricht in ihr wachgerufen hatte, wieder loszukommen. Und das alles auf leeren Magen, dachte sie.

So verbreitete sich die Frage auch unter den Mäusen. Nachdem Ignaat die Reaktion seiner Mutter gesehen hatte und zu Hause alles aufs Wort genau wiederholen mußte, wurde ihm bewußt, daß er etwas ganz Besonderes geworden war und im Grunde schon jetzt so gut wie erwachsen. Mit enervierender Ausdauer wiederholte er von nun an schrill und summend wieder und wieder, was er von den Mücken gehört hatte. Bis den Mäusen dieser anstrengende, mit jeder Wiederholung eingebildeter und unausstehlicher werdende Ignaat mit seinem ewigen »der große gelbe Löwe, der große gelbe Löwe« entsetzlich auf die Nerven ging und Alsatubel, die Leitmaus, ihm schließlich einmal kräftig ins Bein biß und ihn anbrüllte: »Halt endlich die Schnauze, elendes Krähbalg!«

Vor Schreck klappte Ignaat das Maul zu und gab dabei ein allerleisestes, etwas hohl und trotzdem schön rund- und wohlklingendes Geräusch von sich. Das allerdings erhöhte – man muß es leider sagen – sein Ansehen bei den anderen Mäusen wieder über das Maß, das für einen Kerl seines Alters üblich war, was wiederum Ignaat nicht entging, so daß er jedesmal, wenn er die Mückensätze vortrug, am Ende auf die nämliche Weise sein Maul zuklappte, um dieses originelle und wohlklingende Geräusch hervorzubringen. (Es war – wie wunderlich sind doch Gottes Wege – ein winziges Echo jenes Geräusches, auf das die Hyäne Drauwdie einmal so stolz gewesen war.) Die größeren Mäuse übten lange, bis sie die von Ignaat gerufenen, gesprochenen, gemurmelten oder gesummten Sätze wortwörtlich wiederholen konnten, und als es soweit war, schwärmten sie aus. Und wenn er nicht in der Nähe war, beendeten sie ihren Vortrag wie er mit dem Geräusch des zuklappenden Mauls.

Sie erzählten allen Tieren davon, die Zeit zum Zuhören hatten, und so verbreitete sich die Frage übers Land. Die Mücken flogen damit herum, zahllose Flöhe trugen das Ihrige zur Verbreitung bei, und ebenso die Mäuse. Zahllose sehr kleine, nicht ganz so kleine, kleine, etwas größere und ziemlich große Tiere kannten die Frage so gut wie die Antwort: Der Löwe, der große gelbe Löwe!

Nur die Ameisen bildeten eine Ausnahme. Als einmal ein Floh einer Ameise davon berichten wollte, gab ihm diese – etwas geistesabwesend – zur Antwort, daß das alles doch höchst interessant sei, aber sie gehöre bereits einer Gruppierung an. Worauf sie in getragenem Ton ausrief: »Rupet, rupet bim nol naget!«, was wohl so etwas wie ein Bekenntnis zur Ehrfurcht sein mußte und also bei den Ameisen an einem großen gelben Löwen kein Bedarf herrschte.

Auch Hertha kam die Sache zu Ohren. Hertha war ebenfalls ein Hund. Sie hauste in der Nähe des Lumpenlagers, in dem Treffie sein Nachtlager hatte, und war einige Male Treffies Weibchen gewesen. Allerdings war sie von ganz anderer Art als ihr Geliebter, eher unterwürfig und demütig. Sie hatte immer zu ihm gehalten, trotz der vielen Eimer Wasser, die sie an seiner Seite in Kauf nehmen mußte. Ja, Treffie war der einzige, der ihre kriecherische Freundlichkeit in eine beherzte Unruhe verwandeln konnte. Meistens jedoch lag sie völlig eingeschüchtert in einer Ecke, um jedes Lebewesen, das sich ihr näherte, anzuwedeln und gegebenenfalls abzulecken. Als zwei Mäuse direkt vor ihrer Nase die Sätze über den Löwen, die Ehrfurcht und den Glauben vortrugen, hörte sie aufmerksam zu. Und nicht weniger schnell als die kleineren Tieren hatte sie die Traumgestalt des großen gelben Löwen, die mit einem Prankenhieb die Welt aus den Angeln heben konnte, in Bann geschlagen.
Auch Hertha behielt die Sache nicht für sich. Sie erzählte schon am nächsten Tag jedem Hund davon, dem sie begegnete, und wartete am Abend vor Treffies Lagerhaus, um auch ihn davon in Kenntnis zu setzen, was in ihr Leben getreten war. Um nichts anderes ging es: Hertha spürte ganz deutlich, daß sich ihr Leben verändern würde. Und genauso deutlich spürte sie, daß Hunde ganz besonders dazu geeignet waren, in der Sache des Löwen als Vermittler zu fungieren. Kein Tier wußte besser als ein Hund, was unter Ehrfurcht vor der Macht zu verstehen sei.

Treffie jedoch reagierte überhaupt nicht, als Hertha ihm davon erzählte. Obwohl sie beim dritten Herunterleiern der Satzfolge vor lauter Ergriffenheit sogar zu sabbern begann und einiges darum gegeben hätte, wenn Treffie sich auch nur ein bißchen anerkennend dazu geäußert hätte. Er war gerade mit dem letzten Pinkeln zur Nacht beschäftigt und sagte nur: »Schätzchen, krieg dich wieder ein und geh zu Bett«, und verschwand, ohne sich umzusehen, durch den Spalt. Er ist manchmal schon arg grob, fand Hertha und ging ebenfalls nach Hause.

Ihre Vermutung, Hunde würden für das Neue ein ganz besonderes Ohr haben, war richtig. Die Hunde, denen sie vom Löwen erzählt hatte, waren in ihrem missionarischen Eifer nicht mehr zu bremsen. Sie gaben es an alle weiter, die sie auftreiben konnten, egal, ob sie groß oder klein waren. Manchmal heulten sie sogar einen Hund aus seinem warmen Zimmer vor die Tür, um es ihm zu erzählen. Oder besser: es zu verkünden, denn das war das richtige Wort.

Wie also war inzwischen der Stand der Dinge?

Einige Hyänen wußten es. Sie hatten es den Schakalen mitgeteilt und die den Geiern, die es wiederum anderen Vögeln hinterbrachten. Die Vögel würden die Frage aller Wahrscheinlichkeit nach unter den anderen Tieren verbreiten. Dank Strok wußten auch die Flöhe, die Zecken, die Mücken, Käfer und anderes eiferndes Geschmeiß davon. Dazu die Mäuse, die Ratten, die Hunde, und mit deren Hilfe in Kürze wohl auch Pferde, Kühe, Füchse, Wiesel und Iltisse, und durch sie wieder zahllose andere Tiere. Die Frage machte die Runde, die Umfrage hatte ihren Anfang genommen, und doch war nichts so, wie es sein sollte. Und es war Lyrus hoch anzurechnen, daß er dies als erster bemerkte. Die Tiere, die nun schrien »der Löwe, der große gelbe Löwe«, hatten fast alle von einem Löwen bis dato noch nie etwas gehört, ganz egal, ob er groß und gelb war oder nicht. In dem Moment aber, als sie den Namen zum ersten Mal hörten, riefen sie entrückt »O ja, der Löwe!« (oder etwas Ähnliches). Aber niemand dachte daran, den Löwen wissen zu lassen, wie es um die Sache bestellt sei. Niemand überlegte sich, wie man Basra davon in Kenntnis setzen könnte. Niemand bis auf den Floh Lyrus, und der dachte an nichts anderes mehr, nachdem er mit wachsender Bestürzung zusehen mußte, wie sich alle Tiere um ihn herum in kürzester Zeit veränderten und Dinge von sich gaben, die immer weniger mit dem wirklichen Basra und dem zu tun hatten, was er Zomptu als erstem in diesem Land erzählt hatte und immerhin mit eigenen Ohren aus Basras Maul vernommen hatte.

Zomptu und Lyrus sprachen kaum noch miteinander. Jedesmal, wenn das Zeckenmännchen den Floh kommen hörte, steckte es den Kopf so tief wie möglich in die Haut. Sprach Lyrus ihn dann trotzdem an, hob er den Kopf zwar ein kleines Stück, rief aber nur: »Der Löwe, o der Löwe«, um Lyrus deutlich zu machen: »Jetzt nicht!«, er sei im Moment wirklich tief, tief versunken in wichtige Gedanken über den Löwen und alles, was mit der Ehrfurcht zu tun hatte. So wurde es um Lyrus immer einsamer.

Er sah ein, daß er die Sache falsch angepackt hatte und seinem Auftrag und seiner Aufgabe nicht gerecht wurde. Vielleicht bin ich für so etwas auch einfach zu klein, dachte er demütig. Obwohl es ihn manchmal doch ermutigte, daß Treffie jetzt von mehr Flöhen heimgesucht wurde als je zuvor – was den Hund viel Zeit kostete –, und diese nur kamen, um allen Gefahren zum Trotz seinen Worten lauschen zu können. Doch alle waren wie Zomptu vollkommen zufrieden mit der bloßen Nachricht vom König, und es kam ihnen nicht in den Sinn, mitzuhelfen, Basras Auftrag zu erfüllen. Das beunruhigte Lyrus so sehr, daß er gar nicht bemerkte, wie sich ein Unheil ankündigte.

Daran waren nicht zuletzt Herthas eifernde Bemühungen schuld. Einige der Hunde hatten sich zu einer Gruppierung zusammengeschlossen, die sich ausschließlich der Verehrung des großen gelben Löwen widmete, wozu sie sich auserwählt wähnten. Unruhig und aufmüpfig versammelten sie sich mal hier und mal da, so daß man immer häufiger große Hunderudel durch die Straßen ziehen sehen konnte: die Schwänze hochgereckt, die Köpfe ein bißchen gesenkt. Scheinbar ziellos streunten sie durch die Stadt, aber wer genauer hinsah, bemerkte die Verschworenheit, die sie verband.
Männchen wie Weibchen durchstreiften unentwegt Plätze, Straßen, Brücken und manchmal sogar die Felder am Stadtrand. Sie schienen vollkommen damit ausgefüllt zu sein, sich einer Sache auf diese Weise hinzugeben.
Eines Abends schließlich, nach einem Tag heftigster Unruhe, an dem erstaunte Hundebesitzer, denen die Treue ihres Hundes sonst die Tränen in die Augen trieb und die nun hilflos zusehen mußten, wie ihre Lieblinge ohne sichtbaren Grund aus den Halsbändern schlüpften, versammelten sich Tausende von Hunden im Hafengebiet der Altstadt, wo es nur heruntergekommene, verfallene Lagerhäuser und so gut wie keine Menschen gab. Dort standen sie die ganze Nacht in friedvollem Einvernehmen beieinander.
Zuerst sprach man über den Löwen und seine Macht im allgemeinen. Da man darüber aber vollkommen einer Meinung war, konnte man sich alsbald alltäglicheren Ge-

sprächsthemen widmen, um auch diese einmal im Lichte der neuen königlichen Erscheinung zu betrachten. Man unterhielt sich über das Fressen, das Gassigehen, die Stubenreinheit und das Gestreicheltwerden. Im Zusammenhang mit letzterem äußerte man sich einerseits voller Achtung darüber, daß der Löwe niemals gestreichelt wurde, andererseits sorgte man sich, daß dies möglicherweise eine Ursache für spätere Kümmernisse sein könnte.

»Ich«, rief ein Hirtenhund mit Namen Cäsar, »ich habe nichts lieber, als wenn man mich hinter dem Ohr krault.«

Eine riesige dänische Dogge, die Cäsar an Körperkraft noch übertraf und zitternd aufsprang, wenn man den Namen Hassan rief, beschrieb, wie herrlich es sei, wenn die Finger dabei an den Lefzen entlangstreiften. »Ich fange unwillkürlich an zu sabbern, so sehr genieße ich das«, gestand er. »Mein Herrchen zieht spezielle Sabberkleidung an, wenn er abends zu mir kommt, um mich zu streicheln, damit er seine guten Kleider nicht versaut.«

»Äußerst angenehm ist auch, wenn man auf dem Rücken liegt«, rief der Schäferhund Duc mit Piepsstimme, »und sie einem seitwärts über die Rippen krabbeln. Ich muß mich dann jedesmal mit der Hinterpfote mitkratzen. Das nennen sie radfahren. Ich sage euch, wegtragen könnten sie mich, und ich würde es vor Lachen nicht mal merken, so schön ist das.« Sprach's und setzte sich wieder hechelnd hin.

»Ich lege mich auch schon mal auf den Rücken«, murmelte ein fetter Boxer. »Dann greifen sie mir fest ins Halsfell und massieren es langsam auf und ab. Ich persönlich finde das am angenehmsten. Dabei kann ich alles andere auf der Stelle vergessen. Es ist wie eine Sucht, und es entschädigt mich für die Eintönigkeit des Fressens. Ich bin nämlich auf Diät. Wir fünf sind alle auf Diät und hassen es. Aber daran

ist nun mal nichts zu ändern. Man schluckt ja am Ende doch alles«, fügte er beklommen hinzu.
Hertha lief mit einem Gefühl von Ehrfurcht und Dankbarkeit zwischen ihnen hindurch und war stolz, wenn der eine oder andere den Nachbarn in die Rippen stieß und flüsterte, daß sie die Nachricht unter die Hunde gebracht habe. Viele umringten sie und baten darum, noch einmal die ursprünglichen Worte vernehmen zu dürfen. Und Hertha wiederholte den Text der zwei Mäuse zum soundsovielten Male. Auch sie beendete inzwischen ihren Bericht damit, die Zähne aufeinanderzuschlagen, wie sie es bei einer der beiden Mäuse beobachtet hatte, und auch bei ihr entstand ebenfalls ein hohler Laut, der gleichzeitig rund- und wohlklingend war. Bis jetzt war unter den Hunden diese Art Abschluß der Rezitation nicht oder nur vereinzelt bekannt gewesen, und die Neuigkeit machte so schnell die Runde, daß nur wenige Augenblicke später alle Hunde auf dem Platz mit den Zähnen klapperten, daß es bis zu den Giebeln der Lagerhäuser hinaufschallte.
»Mir sitzt ein richtiger Kloß im Hals«, flüsterte ein Windspiel, dessen schmale Kiefer eigentlich zu klein waren, um ein ordentliches Geräusch zu verursachen. Aber es bemühte sich sehr, mithalten zu können. »Wie sich unser Leben doch verändert hat!« rief es aus.
Die anderen stimmten lauthals zu. Dieser Ausruf war zur rechten Zeit gekommen. Denn viele waren nach der Lobpreisung des Löwen und dem heftigen Zähnegeklapper in einen Zustand der Ratlosigkeit verfallen. Sie betrachteten die Hundeversammlung und dachten: Wenn nur einer jetzt sagen würde, was wir tun sollen. Genau da rief das Windspiel seinen schönen Satz über die Veränderung, die wirklich nicht zu leugnen war. Früher wäre es keinem von ihnen eingefallen, mitten in der Nacht aus dem herrlichen

Korb zu kriechen, und jetzt standen sie alle hier! Das wollte doch wohl etwas heißen! Sie alle zusammen bildeten etwas, das Geltung besaß. Und so war es auch: Sie waren zu einer Macht geworden. Und dazu noch der Löwe! Beim Anblick all der Hunde, deren Leben sich so sehr verändert hatte, wurde auch jenen, die schon etwas unsicher geworden waren, unmerklich wieder feierlich zumute.

Der einzige, dem überhaupt nicht feierlich zumute war, war Treffie.

Auch er war zum Hafen gekommen. Sein Lagerhaus stand um die Ecke, und die Hundeversammlung hatte ihn neugierig gemacht. Aber ihm wurde schnell schlecht, als er zwischen den Hunden hindurchlief. Schlecht vor Ekel über die Geschichten von den Streicheleinheiten und schlecht vor Abscheu darüber, wie diese Hundemeute sich aufführte. Hertha war unerreichbar für ihn. Ab und zu schaute sie sich nach ihm um, ob vielleicht schon eine Veränderung an ihm zu erkennen war, die anzeigte, daß er anders über die Sache zu denken begann. Aber er hatte noch immer die gleiche Verweigerungshaltung an sich. Einige Hunde sprachen ihn an. »Haben Sie es direkt von Hertha gehört oder anderswoher?« fragte ihn ein deutscher Schäferhund, der vor Nervosität zitterte. Treffie hatte darauf nur eine Antwort: Er wollte das Bein heben. Wegen des großen Gedränges jedoch war bis zu den Bäumen an der Kaimauer kein Durchkommen, und seltsamerweise machten nicht einmal die in der Nähe der Bäume stehenden Hunde Gebrauch davon. Im Gegenteil, es sah ganz so aus, als ob sie dieses Bedürfnis mit Absicht unterdrückten.

Treffie stand schlechtgelaunt in einem Kreis von fünf Hunden und hörte zum soundsovielten Male die gleiche Geschichte. »Am Anfang gab es einen Floh, der lebte auf einer Hyäne, und die hieß Dola«, berichtete ein äußerst mickriges Hündchen namens Tippo. »Diese Dola erzählte alles einer Zecke. Entschuldigen Sie, wenn ich dieses Wort gebrauche, aber es ist ja leider häufig so, daß große Dinge zuerst beim Kleinvieh Anklang finden«, fügte er verschmitzt hinzu. »Also, jedenfalls, irgendwie hörten die Mücken davon, und die erzählten es den kleinen Mäusen, und so kam es zu uns. Ich habe auch gehört, daß wir die eigentlichen Adressaten der Nachricht gewesen sein sollen. Wenn man sich die Stafette der Überlieferer so anschaut, ist es ein Wunder, daß uns die Worte überhaupt erreicht haben. Denn was ist schon ein Floh, nicht wahr?«

»Sie sind nicht ganz im Bilde«, antwortete ein Foxterrier. »Die Nachricht des Flohs wurde durch die Zecke – wenn Sie mir gleichfalls das Wort verzeihen möchten – überhaupt erst das, was sie jetzt ist. Erst die Zecke hat die Tragweite des Ganzen erkannt, und was beim Floh einfach nur eine Nachricht war, erhielt durch die Zecke das Besondere einer Botschaft.«

»O herrliche besondere Botschaft!« rief der Schäferhund. »O was für eine glorreiche Bestätigung, was für eine Botschaft, was für ein Löwe, unser aller König und Anführer!«

Die Worte über den Anführer wurden sofort von den anderen Hunden aufgenommen, und alle schrien: »O glorreicher Anführer!«

»Und was bringt euch das?« fragte Treffie.

Die Hunde warfen ihm Blicke der Verachtung zu.

»Es gibt Dinge«, gab ihm Tippo zur Antwort, »die einem nichts einbringen und trotzdem besser sind als alles, wovon man unmittelbar etwas hat.«

»Was wir davon haben, ist ein besseres Leben. Es vertreibt das Dunkel aus unserem Dasein«, rief der Schäferhund.

Und ein elegant geschorener Pudel, der eben erst hinzugekommen war, sagte: »Ach, dieses Gesindel, daß es dieses

Lumpenpack überhaupt gibt!« Treffie biß den Pudel nicht. Ihn ekelte die Materie, auf die seine Zähne dabei treffen würden. Er verließ die Runde und beschloß, zu seinen Lumpen zurückzugehen. Noch mehr vom König hören zu müssen würde ihn krank machen.

»Hallo, Treffie«, sagte Hertha, die vor lauter Ergriffenheit tropfte.

»Du sabberst ja«, antwortete Treffie. Und dann plötzlich, als ob es ihm helfen könnte, seinen Ekel loszuwerden, besprang er Hertha, wie er es schon so viele Male getan hatte.

»Oh!« rief Hertha und hielt es für besser, sich ihm zu fügen. Aber der Rest der Hunde war schockiert und so voller angestauter Energie, daß sie sofort angriffen. Mit gefletschten Zähnen und schnappenden Mäulern stürzten sie sich auf Treffie und setzten ihm schrecklich zu. Einen Augenblick lang versuchte er sich zu wehren und rief laut: »Platz da für den Löwen!« Aber da rückten sie ihm schon so zu Leibe, daß er um sein Leben rennen mußte. Die Meute verfolgte ihn, und schließlich holten ihn ein paar der großen Hunde ein. Egal, wohin und wie stark sie zubissen: Sie richteten ihn so furchtbar zu, daß er am Ende zur Kugel gekrümmt über das Straßenpflaster rollte, um den Zähnen der Angreifer möglichst wenig Angriffsfläche zu bieten. Die dachten nicht daran aufzuhören. Ihr Rachedurst kam mit einer solchen Heftigkeit zum Ausbruch, als seien er und die Vernichtung des ungläubigen Treffie der eigentliche Grund für die Versammlung gewesen.

Treffie wußte, daß sein Tod beschlossene Sache war. Die anderen waren in der Überzahl, er hatte keine Chance. Ihm blieb nur noch, sich nach Kräften zu wehren. Also richtete er sich unversehens auf seinen zerbissenen Pfoten auf und stürzte dem größten seiner Verfolger an die Kehle, in die er sich so sehr verbiß, daß es auch mit dem größten

Hund auf dem Platz bald zu Ende war. Die anderen Hunde versuchten, Treffie von seinem Opfer loszureißen, doch als ihnen das nicht gelingen wollte, stießen sie ihn mitsamt dem anderen Hund ins Hafenbecken. Im kalten Wasser ließ Treffie endlich von ihm ab und hielt sich nur noch mit allergrößter Mühe über Wasser.

Der große Hund war bereits tot und ging sofort unter. Treffie hatte viel Blut verloren, die Pfoten waren zerfleddert und der Körper voller Bißwunden. Die Kaimauer war hoch. Verzweifelt versuchte er, sich irgendwo festzuklammern, und fand schließlich an einem Büschel Gras und Unkraut, das aus der Mauer wuchs, Halt. Er ging nicht unter, aber er starb dennoch. Schnell und unter den seltsamsten Zuckungen. Das letzte, was er tat, war heftig nach Luft zu schnappen. Er sperrte das Maul weit auf und sah noch, wie sich über ihm hoch und dunkel die Kaimauer erhob. Über den Mauerrand ragten zahllose Hundeköpfe. Alle wollten sehen, was dort unten vor sich ging, und jaulten auf in zielloser Beißwut. Treffie spürte, daß sein Maul offenstand, aber er hatte keine Macht mehr darüber. Er wollte nicht mehr beißen, nur rufen wollte er noch etwas. »Vergeßt nicht, den Löwen zu streicheln!« Das hätte er ihnen doch noch zu gerne hinaufgerufen. Aber was machte das jetzt noch für einen Sinn? Außerdem war er dazu nicht mehr imstande, und diese Kraftlosigkeit war ihm noch nicht einmal unangenehm.

Das allerletzte, was Treffie in seinem Leben sah, waren nicht die Hundeköpfe oben auf der Mauer, sondern ein Floh, der friedlich und beruhigend auf dem Rand seines Augenlids saß und sich riesig vor dem Licht der Hafenlaternen abhob. Als Treffie durch sein offenstehendes Maul keine Luft mehr bekam, schlug er, ohne es zu wollen, krachend die Zähne aufeinander.

»Also doch!« sagten die Hunde oben auf der Kaimauer. Dann gingen sie alle nach Hause und baten winselnd vor den Türen ihrer Herrchen um Einlaß.

Treffie war tot. Zum dritten Mal saß Lyrus der Floh auf einem Kadaver, und zwar auf dem Rand eines Augenlids. Der Hund erkaltete rasch. Ein Stück seines Kopfs und eine zerbissene Pfote, die sich in ein Grasbüschel verkrallt hatte, ragten aus dem Wasser. Lyrus war von Treffies Kampf wie betäubt und gleichzeitig ganz außer sich über das, was er gehört und gesehen hatte.
Zomptus Schicksal war besiegelt, er war unter Wasser und für Lyrus unerreichbar. Lyrus konnte nirgends mehr hin. Er war verloren, und mit ihm die Frage des Löwen. Die Frage, die doch so sehr einer Antwort bedurfte. Lyrus war der einzige gewesen, der sich ihrer Verbreitung gewidmet hatte, und er war an seinem Auftrag gescheitert. Der große und mächtige Löwe würde keine Antwort bekommen. Der Löwe, der mit einem Prankenhieb die ganze Welt aus den Angeln heben konnte, der die Hyäne getötet hatte und Ursache war von Lyrus' Tod in fernen Landen, einem einsamen und seltsamen Tod auf einem toten Hund im Wasser.

IV.

Menschliche Hoffart – eine der übelsten Eigenschaften auf dieser Welt – hat in ihrer Anmaßung auch noch das Wunder für sich in Anspruch nehmen wollen. Zu Unrecht, denn auch in der Tierwelt geschehen Wunder. Das Ende von Lyrus nämlich war noch nicht gekommen.
Ein spielender Junge fischte am folgenden Morgen Treffies

Kadaver aus dem Hafenbecken und rannte dann voller Angst davon. So gelangte Lyrus auf eine Ratte und von dieser auf viele andere, doch er vermied jeglichen Kontakt mit seinen omnipräsenten Artgenossen. Wenn einer etwas von einer Frage und einem Löwen erzählte, sagte Lyrus kein Wort dazu und gab sich auch nicht zu erkennen. So kam er wieder in ein Lumpenlager, wo er für eine kurze Weile seinen Wirt verließ, um ein weiteres Mal zum Lumpengesindel zu sprechen. Er sagte alles, was er wußte. Denn dieses Getier kümmerte sich wenig um die Auslegung dessen, was es von Lyrus zu hören bekam, und hatte heiter und unbeschwert nichts anderes als die Lumpen im Sinn. Lyrus blieb lange Zeit zwischen den Lumpen und gelangte schließlich mit einem Ballen, der zum Export bestimmt war, auf ein Schiff. Er ließ sich wieder auf einer Ratte nieder und blieb auf ihr, bis er spürte, daß sie sich wärmeren Gefilden näherten, um dann zu einer Ratte überzuwechseln, die auf dem Schiff nur zu Besuch gewesen war und eigentlich an Land lebte. Nun schmeckte das Blut wieder wie in seiner Heimat, wie auf der Gazelle, wie auf der Hyäne. Lyrus erinnerte sich an sein früheres Leben und faßte neuen Mut. Es mußte doch möglich sein, wieder in Basras Gebiet zu kommen und vielleicht sogar den Löwen wiederzusehen.

Nach langer Zeit – Lyrus war älter und schwächer geworden, und oft hatte ihn nur die Hoffnung am Leben erhalten – konnte er tatsächlich wieder auf eine Hyäne springen. Die Hyäne trug ihn von Beute zu Beute, und Lyrus bekam wieder Löwen zu Gesicht. Aber niemals Basra.

Als eine Dürre über das Land hereinbrach, zog Lyrus' Hyäne – sie hieß Kruwai – hinter einer Löwensippe her in die Ferne. Kruwai war wie alle seine Artgenossen äußerst träge im Denken und verlor die Löwen schließlich aus dem

Auge. Er schlug eine ganz andere Richtung ein und kam nach einer Zeit des schrecklichsten Hungers an einen riesigen See, in dessen Nähe die Trockenheit weniger spürbar war. Hier gab es noch Gazellen. Wie Drauwdie wartete auch Kruwai auf eine Gelegenheit, sich an das, was die Löwen übrigließen und nicht mehr fressen wollten, unauffällig heranzumachen. Er war noch scheuer als Drauwdie, und Lyrus hatte so gut wie nie Gelegenheit, die Löwen aus der Nähe zu betrachten.

Eines Tages aber wurde es Kruwai zu bunt. Er wollte nicht ewig darauf warten müssen, bis zwei Löwen, die sich an einer Gazelle gütlich getan hatten und satt, wie sie waren, bei den Resten ihrer Mahlzeit liegenblieben, endlich aufstanden. Er näherte sich behutsam dem Kadaver. Auch ein paar Geier waren in der Nähe. Sie wurden genausowenig verjagt wie Kruwai.

Lyrus konnte die Löwen jetzt sehen. Es waren Basra und Betoel. Das Wunder war vollkommen!

Lyrus wußte, daß seine Kräfte nicht mehr ausreichen würden, sich für die Frage, sollte sie noch einmal gestellt werden, ein zweites Mal einzusetzen. Er fürchtete aber auch, daß es ebenfalls über seine Kräfte ging, Basra auf dem Umweg über unzählige Tierarten davon zu berichten, wie viele Tiere in fernen Landen riefen, der große gelbe Löwe sei ihr König. Er war zu fast gar nichts mehr in der Lage, und manchmal kostete ihn schon das bloße Festklammern an Kruwai alle Kraft, obwohl dieser sich langsam und bedächtig durchs Leben bewegte und niemals Jagd auf Flöhe machte.

Aber wie bedauerlich diese Kraftlosigkeit auch war, die Wiederholung der Frage wäre auch ein Glück, weil sie eine Bestätigung dafür gewesen wäre, daß der Löwe tatsächlich wissen wollte – und genau das hatte er ja schließlich auch gefragt –, wie es um die Ehrfurcht, die Anerkennung, den Glauben und die Macht bestellt sei. Ob er als König gelte und als höchstes Wesen. Jetzt, im Angesicht von Basra (trotz seines Alters durchlief ihn ein jugendliches Zittern des Glücks), war nichts gewisser als die Tatsache, daß es nur einen einzigen gab, der mit einem Prankenhieb die Welt und alle Welten aus den Angeln heben konnte, und dieser eine war Basra. Ihn wiederzusehen, zum Greifen nah, leibhaftig und erhaben, das war die große Erfüllung, die am Ende seines Lebens hier auf Lyrus gewartet hatte.

Basra und Betoel warfen sich verschworene Blicke zu, als Kruwai sich zwischen den Geiern durchdrängte und seine Pfote wie einen amtlichen Stempel auf das Rückgrat der Gazelle setzte.

»Huhu!« rief Betoel.

Kruwai hob den Kopf.

»He du – sag mal«, richtete Basra das Wort an Kruwai.

Kruwai sah ein, daß er zu weit gegangen war. Er hätte warten müssen, bis die Löwen sich verzogen hätten. Aber dann hätten sich die Geier über den Kadaver hergemacht, und für ihn wäre wohl kaum etwas übriggeblieben. Eine berechtigte Angst, aber trotzdem: Er war einfach zu frech gewesen. Mutlos ließ er den Kopf sinken.

»Heb den Kopf, Dämlack!« rief Betoel.

»Bleiben Sie ruhig, mein Freund«, sagte Basra. »Ich will Ihnen nur eine Frage stellen.«

(Lyrus vernahm schmerzlich, daß Basra, der Drauwdie geduzt hatte, Kruwai nun siezte.)

Kruwai reagierte nicht anders als Drauwdie. Er nahm die Pfote von der Mahlzeit und trat ein paar Schritte zurück.

»Bleib stehen, frecher Lümmel!« rief Betoel. Basra gab ihm laut kichernd einen neckischen Klaps mit dem Schwanz,

damit er still sei. Die beiden Löwen warfen sich vergnügliche Blicke zu. Was für ein Jammer, daß ich nicht etwas schneller denken kann, dachte Kruwai.
»Wissen Sie, wer ich bin?« rief Basra ihm jetzt zu. Lyrus fiel auf, daß Basra eine leuchtende Eleganz in die Frage legte, die nicht danach klang, als ob er tatsächlich etwas in Erfahrung bringen wollte, sondern sie nur stellte, weil sie einen schönen metallischen Klang hatte.
»Ein Extrakt aus Pilzen«, murmelte Kruwai ganz leise, denn das – so hatte seine Mutter ihn gelehrt – war das Allheilmittel gegen alle Übel. Die Antwort rührte Lyrus sehr.
Betoel stellte sich nun hinter Kruwai. »He, man hat dich was gefragt«, sagte er kichernd.
Ein Extrakt aus Pilzen half also doch nicht gegen alles! Kruwai schwieg und ließ den Kopf noch mehr hängen.
»Verzeiht mir, Sire, aber das ist doch wirklich die Antwort eines Tropfes!«
»Ganz ruhig«, sagte Basra und erhob sich. »Er weiß es sicher.« Der große gelbe Löwe stellte sich nun direkt vor Kruwai und sagte mit schmeichelnder Stimme: »Ich tu Ihnen nichts, mein Freund. Antworten Sie ganz ruhig. Oder glauben Sie etwa, daß ich unlautere Absichten hege? Aber nein, da kennen Sie Vater Löwe schlecht!« Gespielt überrascht rief er plötzlich: »Ups, da hab ich mich doch verplappert!« Und fuhr fort: »Ist mir einfach so rausgerutscht, die Antwort. Wenn Sie nun bitte ganz leise wiederholen wollen, wer ich bin, bekommen Sie zur Belohnung den Rest dieser Gazelle hier. Und der Löwe hinter Ihnen wird aufpassen, daß Sie alles ungestört auffressen können.«
Hier brach Betoel, der an Kruwais Hinterpfote geknabbert hatte, in ein lautes Gelächter aus. Kruwais Kopf berührte nun den Boden, und Lyrus, der in einer Hautfalte seines

Ohres saß, fing an zu weinen. Zu weinen über die Frage, die der Hyäne gestellt worden war. Die sein, Lyrus', Leben bestimmt hatte und während seiner Abwesenheit zu einem Spiel der Löwen verkommen war. Was für ein aufsehenerregendes Ereignis war Drauwdies Tod dagegen gewesen.
»Du fängst an mich zu langweilen, du dummes Tier, Vieh, animal, beast«, sagte Basra. »Na los, antworte!« Betoel biß zu, und voll unendlicher Traurigkeit stolperte Kruwai zwei Schritte nach vorn, so daß er jetzt unmittelbar vor Basra stand und der Geruch des Löwen ihm wie eine Sturmbö in die Nase fuhr. Ein Geruch, der alles, was in ihm an Lebenswillen noch vorhanden war, vernichtete.
Auch Basra konnte die Hyäne riechen. Das war das einzig Unangenehme bei diesem Spiel, das er seit Drauwdies Tod wohl schon an die hundertmal gespielt hatte und ihm rund um den See inzwischen großes Ansehen verschafft hatte. Bevor man eine Hyäne niedermachte, roch man sie! Das war ein kleiner Schönheitsfehler, man mußte das Spiel schließlich so schnell wie möglich zu Ende bringen.
»Also keine Antwort, was?« fragte er, während er versuchte, von der verdorbenen Luft so wenig wie möglich einzuatmen. »Heb dann wenigstens den Kopf.«
Kruwai gehorchte.
Basra drehte sich etwas zur Seite, um den tiefen Atemzug zu tun, den er für seinen Meisterhieb benötigte. Dann holte er mit der rechten Pranke aus und ließ sie etwa mit der gleichen Kraft wie damals bei Drauwdie auf Kruwais Unterkiefer herabdonnern.
Ja, genau wie damals. Der Unterkiefer krachte mit den Zähnen gegen Kruwais Oberkiefer, was ein erstaunlich hohles Geräusch machte. Der Schädel flog nach hinten, das Genick brach, und Kruwai sank mit grotesk nach hinten geklapptem Kopf in sich zusammen.

Basra leckte sich die Tatze. Vielleicht hatte er ihr diesmal doch etwas viel zugemutet, aber das wollte er Betoel keinesfalls merken lassen, der ihm schnell zur Seite gesprungen war und fasziniert war von dem alten Löwen, der es dem Jüngeren noch immer zeigen konnte und nun zum soundsovielten Male eine Hyäne mit gebrochenem Genick auf dem Schlachtfeld zurückließ. (Betoel selber hatte es heimlich schon oft ausprobiert. Es gelang ihm natürlich, die Hyäne zu töten, aber doch nie so, daß der Kopf nach hinten auf den Rücken klappte. Das ärgerte ihn sehr, aber solange Basra das Kunststück noch in solcher Vollkommenheit beherrschte und er noch nicht, schien es ihm ratsam, sich von seinem Ärger nicht allzuviel anmerken zu lassen.)
»Sire, das war wieder exquisit«, beeilte er sich zu sagen. »Seid Euch in mir eines Untertanen gewiß, der sich der Bedeutung des Wortes in jeder Hinsicht bewußt ist.« Gut gesagt, junger Löwe! Und so verließ Basra geschmeichelt das Schlachtfeld, auf dem die Reste der Gazelle, die tote Hyäne und die Geier zurückblieben.
Und Lyrus?
Basras mächtiger Prankenhieb hatte ihn von Kruwais Ohr weggeschleudert. Nun saß er auf der Erde. Eigentlich hätte ihn der ruinöse Schleuderflug aus der Fassung bringen müssen, aber er war schon so alt und gefühllos, daß eine plötzliche Ortsveränderung ihm nichts mehr anhaben konnte. Zum vierten Mal war sein Wirt zum Kadaver geworden.
Und ein weiteres Mal war seine Welt untergegangen. Mutwillig zerstört, wie man das seiner Ansicht nach nennen mußte. Die Kraft, die die Welt aus den Angeln heben konnte, war unverändert die gleiche geblieben.
Basra, der Löwe, der große gelbe Löwe, war unverändert

geblieben und jederzeit imstande, einen seine Macht spüren zu lassen.
Aber die Frage war eine andere geworden! Sie war zu einem Spiel verkommen, bei dem Basra nicht einmal mehr eine Antwort erwartete. Vielleicht war es beim ersten Mal, als Drauwdie das Opfer war, noch so gewesen, aber jetzt, nach wer weiß wie vielen Wiederholungen, die alle nur Basras Macht bestätigen sollten, brauchte die Frage keine Antwort mehr. Und der Auftrag, dem Lyrus sein Leben gewidmet hatte, war kein Auftrag mehr. Er war nicht mehr nötig. Vielleicht hatte es ihn auch nie gegeben. Aber dann hätte er sein Leben an einen falschen Glauben verschwendet. Wer kann sich so etwas schon eingestehen? Vielleicht hatte Zomptu gar nicht so unrecht gehabt, als er mit seinem Königsglauben wieder auf den Kater zurückwollte. All mein Trachten und Streben war ganz und gar vergeblich, dachte Lyrus. »Vergeblich!« flüsterte er leise.
Er saß auf der Erde.
Mitten in der Steppe.
Er saß auf keinem Tier, und so konnte er sich nicht mehr ernähren. Und er hatte keine Kraft mehr, darüber nachzudenken, wie er das ändern könnte. Jetzt, wo alles verschwunden war, fragte er sich, ob überhaupt jemals irgend etwas existiert hatte. Was war denn eigentlich nicht vergeblich?
All mein Trachten und Streben bestand darin, dachte er nach einiger Zeit, etwas zu vollbringen. Mein Trachten und Streben, das gab es doch wirklich, und noch immer fühlte er ein Glühen in sich. Das kleine Gesichtchen des Flohs wurde naß vor Tränen, als er langsam und mühsam auf der flachen Erde vorwärts stolperte.
Er kam an einen Grashalm. Er umklammerte ihn mit den Beinen und kletterte hinauf. Ein Floh auf einem Grashalm!

dachte Lyrus. Flöhe, so fuhr er in seinen Gedanken fort – und er dachte erhaben und eigentlich schon losgelöst von allem Irdischen wie ein sterbendes Tier –, Flöhe ernähren sich von Blut. Wie lange bin ich gewandert, wie weit bin ich gereist? Und jetzt klettere ich an einem Grashalm hinauf. Alles ist mir fremd geworden. Der gütige, der unendlich gütige Kruwai ist ein Kadaver, und ich, Lyrus, klettere an einem Grashalm hinauf. Und das alles nur wegen meines Trachtens und Strebens, dachte er, und durch seine Tränen schimmerte so etwas wie Glück.

Bin ich glücklich, fragte er sich, glücklich, weil ich allein bin und das Wesen meines Trachtens und Strebens erkannt habe? »Ich glaube«, flüsterte er, und die Tränen flossen von neuem.

Er kletterte weiter hinauf.

Es sind gar nicht die Löwen. Nicht doch! Seine Miene verfinsterte sich. »Aber wer dann?« murmelte er. »Wer oder was dann?«

Er kletterte bis ans Ende des langen, langen Grashalms. Ein leiser Windhauch trocknete seine Tränen und hätte den abgemagerten, kleinen Leib fast davongeweht. Lyrus schaute über die wilde Landschaft, bis an den Horizont.

Inhalt

Herbert Rosendorfer im dtv

Der Prinz von Homburg
Biographie
dtv 11448
Gescheit, anschaulich, genau, dennoch amüsant und unterhaltend schreibt Rosendorfer über diese für Preußen und Deutschland wichtige Zeit.

Ballmanns Leiden oder Lehrbuch für Konkursrecht
Roman
dtv 11486

Die Nacht der Amazonen
Roman
dtv 11544
Die Geschichte Christian Webers, Pferdeknecht aus Polsingen, »alter Kämpfer« und Duzfreund Adolf Hitlers, ist das Satyrspiel zur Apokalypse der Nazizeit.

Herkulesbad / Skaumo
dtv 11616

Über das Küssen der Erde
dtv 11649

Mitteilungen aus dem poetischen Chaos
dtv 11689

Die Erfindung des SommerWinters
dtv 11782

... ich geh zu Fuß nach Bozen und andere persönliche Geschichten
dtv 11800

Die Goldenen Heiligen oder Columbus entdeckt Europa
Roman
dtv 11967
Östlich von Paderborn: Außerirdische landen in Deutschland, und unaufhaltsam bricht die Zivilisation, unterwandert von der Heilssüchtigkeit der Menschen, zusammen.

Der Traum des Intendanten
dtv 12055

Ein Liebhaber ungerader Zahlen
Roman
dtv 12307

Don Ottavio erinnert sich
Unterhaltungen über die richtige Musik
dtv 12362

Rafik Schami
im dtv

»Meine geheime Quelle ist die Zunge der anderen. Wer erzählen will, muß erst einmal lernen zuzuhören.«
Rafik Schami

Das letzte Wort der Wanderratte
Märchen, Fabeln und phantastische Geschichten
dtv 10735

Die Sehnsucht fährt schwarz
Geschichten aus der Fremde · dtv 10842
Erzählungen vom ganz realen Leben der Arbeitsemigranten in Deutschland.

Der erste Ritt durchs Nadelöhr
Noch mehr Märchen, Fabeln & phantastische Geschichten · dtv 10896

Das Schaf im Wolfspelz
Märchen & Fabeln
dtv 11026

Der Fliegenmelker und andere Erzählungen
dtv 11081
Geschichten aus dem Damaskus der fünfziger Jahre.

Märchen aus Malula
dtv 11219
Geschichten voller Zauber, Witz und Weisheit des Orients.

Erzähler der Nacht
dtv 11915
Salim, der beste Geschichtenerzähler von Damaskus, ist verstummt. Sieben einmalige Geschenke können ihn erlösen. Da schenken ihm seine Freunde ihre Lebensgeschichten...

Eine Hand voller Sterne
Roman
dtv 11973
Alltag in Damaskus. Über mehrere Jahre hinweg führt ein Bäckerjunge ein Tagebuch...

Der ehrliche Lügner
Roman · dtv 12203
Der weißhaarige Geschichtenerzähler Sadik erinnert sich an seine Jugend, als er mit seiner Kunst im Circus India auftrat. Und an die Seiltänzerin Mala, seine große Liebe...

Vom Zauber der Zunge
Reden gegen das Verstummen
dtv 12434

Margriet de Moor im dtv

»Ich möchte meinen Leser genau in diesen zweideutigen Zustand versetzen, in dem die Gesetze der Wirklichkeit aufgehoben sind.«
Margriet de Moor

Erst grau dann weiß dann blau
Roman · dtv 12073

Eines Tages ist sie verschwunden, einfach fort. Ohne Ankündigung verläßt Magda ihr angenehmes Leben, die Villa am Meer, den kultivierten Ehemann. Und ebenso plötzlich ist sie wieder da. Über die Zeit ihrer Abwesenheit verliert sie kein Wort. Die stummen Fragen ihres Mannes beantwortet sie nicht.

Der Virtuose
Roman · dtv 12330

Neapel zu Beginn des 18. Jahrhunderts – die Stadt des Belcanto zieht die junge Contessa Carlotta magisch an. In der Opernloge gibt sie sich, aller Erdenschwere entrückt, einer zauberischen Stimme hin: Es ist die Stimme Gasparo Contis, eines faszinierend schönen Kastraten. Carlotta verführt den in der Liebe Unerfahrenen nach allen Regeln der Kunst.

Rückenansicht
Erzählungen · dtv 11743

Doppelporträt
Drei Novellen · dtv 11922

»De Moor erzählt auf unerhört gekonnte Weise. Ihr gelingen die zwei, drei leicht hingesetzten Striche, die eine Figur unverkennbar machen. Und sie hat das Gespür für das Offene, das Rätsel, das jede Erzählung behalten muß, von dem man aber nie sagen kann, wie groß es eigentlich sein soll und darf.«
Christoph Siemes in der ›Zeit‹

Siegfried Lenz im dtv

Marlen Haushofer im dtv

»Was das Werk der Österreicherin prägt und es so faszinierend macht, ist bei all seiner Klarheit sanfte Güte und menschliche Nachsicht für die ganz alltäglichen Dämonen in uns allen.«
Juliane Sattler in der ›Hessischen Allgemeinen‹

Begegnung mit dem Fremden
Erzählungen
dtv 11205

Die Frau mit den interessanten Träumen
Erzählungen
dtv 11206

Bartls Abenteuer
Roman
dtv 11235
Kater Bartl, Held der Katzenwelt und unumstrittener Liebling von Eltern und Kindern.

Wir töten Stella und andere Erzählungen
dtv 11293
»Marlen Haushofer schreibt über die abgeschatteten Seiten unseres Ichs, aber sie tut es ohne Anklage, Schadenfreude und Moralisierung.«
(Hessische Allgemeine)

Schreckliche Treue
Erzählungen
dtv 11294
»...Sie beschreibt nicht nur Frauenschicksale im Sinne des heutigen Feminismus, sie nimmt sich auch der oft übersehenen Emanzipation der Männer an...«
(Geno Hartlaub)

Die Tapetentür
Roman
dtv 11361
Eine berufstätige junge Frau lebt allein in der Großstadt. Die Distanz zur Umwelt wächst, begleitet von einem Gefühl der Leere und Verlorenheit. Als sie sich verliebt, scheint die Flucht in ein »normales« Leben gelungen...

Eine Handvoll Leben
Roman
dtv 11474
Eine Frau stellt sich ihrer Vergangenheit: Zwei Jahrzehnte sind vergangen, als sie unerkannt in das Haus ihrer Familie zurückkehrt. Sie hat damals eine Ehe und eine Affäre aufgegeben. Nun steht sie ihrem Sohn gegenüber.